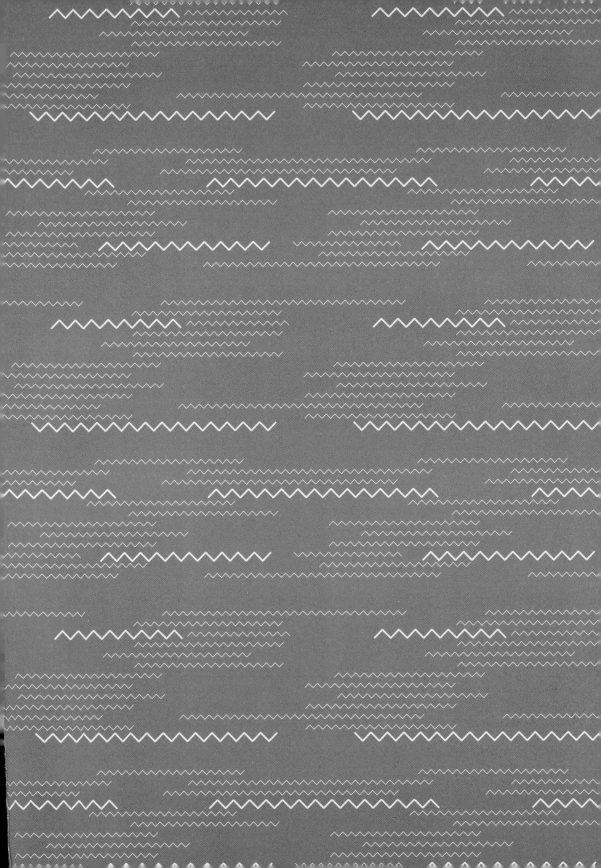

做自己的人生教練

YOUR TURN
HOW TO BE AN ADULT

II

茱莉．李斯寇特－漢姆斯 Julie Lythcott-Haims 著　韓絜光 譯

目次

第八章　賺錢、存錢、花錢

我寧可把兩萬五千美元送你，也好過拿去辦一場頂多五小時的宴會。

——我爸，討論我的婚禮時

我一點也不想聽我爸說這種話。

開什麼玩笑，你是要我不辦婚禮嗎！沒說出口的疑問，像雲霄飛車在我血管裡奔竄，我只差沒有放聲尖叫。與其說是氣憤，我更覺得困惑，我心裡納悶：「老爸到底在想什麼啊？」

維持婚姻二十八年後，我終於明白他的意思。他想說的是複利效應的神奇，正常來說，你把錢投資進股市，大約每八年財富就會翻倍，假如他當年投資兩萬五千美元，到今天就有超過二十萬美元了，但我卻把錢花在……買蛋糕。

好啦，蛋糕以外當然還有其他花費，但你懂阿姨的意思，那是不小的一筆錢。沒錯，婚禮是人生僅此一次的盛會，你絕對會希望能邀請親朋好友來見證你和另一半許下終身承諾，也會希望一切細節都如你所願；照片拍起來都漂漂亮亮——我和老公丹恩選擇了黑白婚紗照，在那個還沒有IG的時代，二十多歲的小夫妻拍黑白照還挺前衛的。日後你會細細品嘗這段回憶，不停向子女重述當年的故事，但是如果一輩子都把錢花在**當下**覺得自己真心想要的事物上，你永遠都只會有一個棉花糖，不會有兩個。誰不想要兩個棉花糖？就算你不喜歡棉花糖，也會想要兩個的，兩個絕對好過一個，相信我。

棉花糖實驗：延遲享樂不只是道德勸說

所以，我到底在說什麼？我說的是一篇厲害的小研究。一九七二年，心理學教授華特・米歇爾（Walter Mischel）在史丹佛校園內的賓賓幼兒園（Bing Nursery School）進行這項實驗，他分給一群小朋友每人一個棉花糖，然後告訴他們，能忍耐十五分鐘再吃的人，可以得到第二個棉花糖。有些小朋友一口就吃掉了第一個棉花糖，但也有人乖乖等上十五分鐘，拿到了第二個，可想而知之後也都開心地吃掉了。這些小朋友和我同輩，現在應該都五十幾歲了，教授追蹤這些孩童多年後的發展，發現長大之後，當初能忍耐十五分鐘換取第二個棉花糖的小朋友，在包括標準化測驗、在校成績、在職評量等多項指標評量中都比較「成功」。哇，想不到吧。

原來，如果你是有自制力的人，能在當下做些犧牲來延遲滿足，往往能在日後獲得比較大的回報。研究結果也發現，即使在當初的實驗裡，有些小朋友看似自然而然表現出自制力，但自制力其實是可以教導學習的。我們可以學習延遲滿足。每個人都有望拿到兩個棉花糖。

但關於棉花糖實驗有件重要的事，大家不能不知道，近來有研究者重複試行這個實驗，結果發現小朋友能否延遲滿足，意志力的影響不大，反而與富裕程度比較有關。貧窮的孩童拿到第一個棉花糖，往往會立刻吃掉，考慮他們的生存條件，這反而是明智之舉。富裕的孩童可能會想到實驗結束後，他們說不定有三個棉花糖能吃，相對來說，現在忍耐一下又有什麼難的呢？但我不盡然同意。

棉花糖實驗可以與花錢做個簡單類比。比方說，不要現在就把所有錢花光，存下一部分投資於他處，到最後你會有更多錢。這不是要你人生只顧著數錢。但你會希望有足夠的錢，除了能過上你希望的生活，還能資助你關心的人事物。人賺錢的目的不只是替未來存錢，因為當下在你人生發生的事也很重要。（我的朋友瑪麗都說，你總不會想一輩子替六十五歲的你當契約奴隸。）但是為你的二十歲、三十歲負責的同時，能不能也為你的六十五歲、甚至八十歲負責呢？這也是長大成人的考驗之一。沒錯，收支平衡是一組複雜的難題。這也是本章所要討論的重點。

雖然看起來沒那個必要，但金錢經常觸動人的情緒，有時觸動的程度甚至超乎預期。我們對金錢的初始認識，直接受父母的行為和態度影響——他們怎麼分配（或不分配）飲食、房租、日用品、醫療等基本花費；對物質財富抱持何種態度；是容易衝動購物，還是堅決不買任何他們認為沒必要的物品；對開銷是開誠布公，還是覺得必須隱瞞；其中一方花錢是否需要另一方同意；金錢是否引起紛爭——這些記憶像背景音樂一樣，每當我們思及錢的問題，就會自動在我們的腦中播放。而後我們會以父母留下的觀念為基礎，建立自己對金錢的態度和決定。

負責花錢，也要為花錢負責

- 我有沒有把錢花在「對的」地方（誰決定什麼是對的）？
- 我有沒有欠信用卡債，我對購買那些東西有何感受？
- 我是否靠學貸來完成學業，對於這項投資，我覺得值得還是後悔？
- 我會不會打開帳單來看（就先別說付清了），或是不敢面對？
- 先不論值得的意思，我選擇的工作「值得」嗎（誰決定值不值得）？
- 我所受的教育，是否代表我應該比現在更懂得理財？
- 我信任另一半的財務決定嗎？
- 我是不是用錢來突顯我的價值？
- 我是不是被這個商家或這個朋友佔便宜？
- 我能接受與這個人分攤花費嗎？
- 我是不是仍接受父母資助，我覺得心安理得嗎？
- 為什麼我犒賞自己的時候有罪惡感？

阿姨承認，錢的事好幾次讓我忍不住落淚，多半是我意識到自己犯傻吃虧或做了極度不負責任的決定。我上大學時拿到人生第一張信用卡，新生入學時，各家銀行的攤位排滿走廊，等不及要招攬像我一樣少不更事的消費者來簽約。

不能怨銀行。好吧，部分可以怪他們，但我才是那個在昂貴餐廳和昂貴商店濫刷卡的人，動機都是一些我後來才明白很不健康的心理陰影——比方說，我想讓店員和服務生知道「我不是他們刻板印象裡買不起昂貴商品的黑人」。

我知道爛透了，但不論是多複雜的心理創傷慫恿我掏出卡，我知道刷下的每一筆金額，責任終究都歸諸於我。

那時候，我其實不太清楚信用卡的運作機制——我不知道我只能刷卡購買銀行帳戶裡的錢可支應的額度。應該說，這我當然知道，但我沒有記錄開銷的方法，花費多少全憑記憶，結果證明記憶絕不可靠，所以每個月的信用卡帳單寄來，我常常很驚訝花費居然這麼高，幾個月、幾年下來，驚訝更變成了驚嚇。除了我的花費以外，待繳金額還包含欠款需付的利息，利息本身就很可觀了，總額更是因此不斷累加。

沒多久，我每個月只付得出最低繳費額度，要到**後來我才知道，每家銀行幾乎都用最低額度這一招讓客戶永遠深陷卡債。如果你每月只繳清最低額度，你的卡債會永遠還不完**，最後你所付的利息費用將遠遠超過你買東西的所有花費。所以千萬別上當。他們就是這樣騙你的。

到了大學畢業時，我的兩張信用卡加起來至少欠款三千美元（今日大約是六千兩百一十九美元），而我第一份工作年薪兩萬美元（稅前），房租每月五百美元（是的，在當時算很貴；我一心嚮往上流生活，所以選擇了高檔公寓大樓。）這下子我該怎麼還清信用卡債？我把頭埋進沙中，假裝問題會自動消失。但並不會。

就這樣過了兩年，我二十三歲，打算去讀法學院，已經搬回東岸和父母同住。我和丹恩也訂婚了，正如火如荼地籌辦婚禮，計劃在隔年夏天舉行。因為我的通訊地址已經改回父母家，所以包含信用卡帳單在內，我的信全都堆在他們的餐桌上。某天晚上，他們喚我過去，從他們的表情看得出是很重要的事。媽媽說：「我們希望你和丹恩展開新生活的時候，不要背負債務。」老爸遞給我一張三千九百八十五美元的支票，正是我的債款總額。我瞬間覺得腦袋發熱，血管突突直跳，眼淚霎時從臉頰滾落。我收下了那張支票。（有家人願意解救我，我知道是莫大的幸運，也要求自己把同樣的愛傳給下一代。）

時間快轉十五年，即將四十歲的我在大學擔任學生輔導主任。我的學生所接受的大學教育非常昂貴，他們在考慮主修科系和未來職業的同時，也很煩惱該怎麼妥善運用求學期間的花費才能發揮最大效益。我總會告訴他們，我們當然希望善加用錢，但也要記住你的人生僅此一回，你也需要趁這個時候摸索你的個性、擅長的事、重視的事，然後實際去做那些事。我給的建議常常是鼓勵他們一旦瞥見快樂，要有勇氣去追求。

沒錯，應盡的責任要盡，但也要資助夢想。雖然在討論金錢的章節，又談收支平衡又談追求快樂好像很奇怪，但我真心相信，價值觀在這裡也適用。

我以前的學生狄娜，從大學及研究所畢業後，總共背了近一萬五千美元的學貸和卡債。不只債務比我龐大，而且她來自工人階級家庭，不像我有家人能保我。

狄娜在臉書上很坦然談論自己的債務，經常表示渴望早日還清，也會分享自己如何撙節飲食、房租到社交生活的種種開銷，同時仍能在紐約過上有充分樂趣的正常年輕人生活。她的貼文經常有很多人按讚，但留言寥寥無幾，她不懂為什麼。只是沒多久，私訊如雪片般飛來：「我需要向你學習！」「你怎麼做到的，教教我！」「能不能給我一些建議？」

狄娜戳中了大家的痛處。她那些大學畢業的朋友很慚愧自己那麼不懂得理財，而且只敢告訴狄娜，不敢讓別人知道。所以狄娜在應付自己的處境之餘，也私下當起朋友的顧問，我們在本章後段會聽到更多她的心路歷程。

阿姨在此希望你能獲得一些鼓勵，了解金錢可以為你所用，而不是一件令你恥於開口、徬徨迷惑，甚至害你長久焦慮的事。阿姨希望你明白，錢不只是左腦（分析）的強項，也是右腦（創意）可以大為發揮的概念。你和金錢的關係，牽涉到你這輩子會反覆問自己的一些最基本的問題。如何賺錢或花錢，並沒有單一正確的做法。至於掉眼淚嘛，人長得愈大，愈少為了事情哭，錢也包含在內，因為我們愈來愈清楚自己何以會做此決定。把錢花在自己認定最重要的事物上，我們就不太會為錢落淚。甚至還可能因為做的決定獲得豐厚回報而歡喜落淚，並且引以為傲，因為我們有所犧牲才得此結果。忍耐片刻換得兩個棉花糖，然後盡情品嘗，有時能為我們帶來無限喜悅。

在未來等你的只剩「高房價」

你既是花錢的人，也是賺錢的人和存錢的人，在開始具體討論你之前，有必要先認識一下你也身在其中的社會經濟背景。目前現況可以歸納如下：這個數學公式的左邊是「收入」，右邊是「房租／房貸、食衣住行開銷」，然而今日對於來自各個階級的一般人來說，等式的兩邊完全不成比例。你爺爺假如開口就罵你們這一代懶惰，不懂得認真工作，說他當年和朋友在你這個年紀早就白手起家云云，他可是錯得離譜，以下舉的例子會幫助你（和他）了解為什麼。

過去的人有一個觀念可以依靠，社會稱之為「向上流動」，意思大致是說：新一代的孩子能受到比父母完善的義務教育，以前父母上不了大學，現在孩子可以（或是能上比父母更好的大學），也因此畢業後能找到比較好的工作、賺比較多錢、有比較好的居住環境等等。（這個觀念顯然比較有利於某些族群，特別是像申請房貸或買房的時候，在全國銀行業者和房地產仲介商共謀之下，非裔美國人的機會遭到制度剝奪，持續了大半個二十世紀。）但整體來說，二十世紀至少有好幾十年間，不論人種、族群或社經背景，各階層的美國人幾乎都能看到兒孫的生活水準提升，也被稱為「實現美國夢」。

只可惜，我們今日生活的美國，與你的祖父母及父母一代生活的美國已經相去甚遠。我出生那年（一九六七年），兒女長大後收入高於父母的比例為九成，至二〇一七年驟減為五成，在這五十年間學貸債額還突飛猛進，所以現在的年輕人不只收入沒父母多，每月還須多繳一大筆父母以前大多不必負擔的費用。單只考慮這兩件事就好，所謂的「美國夢」在你正要邁入成年之際已經蒙上一層陰影。噢，對，別忘了還有疫情。

「最低基本工資」以前真的代表可以維生的薪水，但現在的話差得可遠了。羅斯福總統因應經濟大蕭條後民生低迷，於一九三八年首創最低基本工資的概念，用意是要給予勞工多於能維持基本生活水準的錢，確保人人的薪水至少都足以溫飽。領取最低基本工資的勞工（那個年代幾乎都是男性），一人所賺的錢至少能維持一家三口生活在貧窮線之上。

經過了八十年，在美國許多地區，最低基本工資不用說養家了，想拿來養活自己都是個笑話。今日若要說在美國還有哪些郡縣，一個全職工作賺取最低基本工資的人租得起一房一廳的公寓，恐怕十根手指就數完了。

那你要問了，薪資多少才合理呢？財務規劃師依經驗法則給的一個好建議是，一個人每月花在居住的錢，不應超出月總收入（稅前收入）的三分之一，這樣才有辦法負擔飲食、日用品等其他基本開銷。我住在舊金山灣區，這裡有幾個郡鎮最近調整最低基本工資，調升到號稱可供維生的時薪十五美元。我知道有些地方最低基本工資頂多時薪八美元，十五美元在你們聽來可能很多。也的確，假設一週工作四十小時，時薪十五美元加總起來，月薪有兩千四百美元，年薪則約三萬美元（年薪計算方式：假設每年工作五十週，乘以每週四十個小時，等於每年工時兩千小時。）問題是在灣區很多城鎮，一房一廳的公寓租金中位數落在兩千七百美元（年租金三萬兩千四百美元），這時候稅前月收入兩千四百美元又有何用？

很顯然，在我的居住地和其他眾多地區，都急需地方民選代表關切這個破在美國夢上面的大洞：要不必須升高人民薪資，要不就得平抑房價和租金，能兩者兼行會更好。但在此同時，我們每個人仍必須矢志向前。能不能盡己之力，為自己創造更好的環境，終歸在於我們自己。有時候這代表我們必須離開老家，尋找負擔得起的地方，在異地工作、生活、茁壯。阿姨不會跟你說去哪裡生活才對，只是希望鼓勵你想一想，你現在住的地方財務上是可負擔的嗎？（哪些城市在物價收入、工作機會和生活型態方面適宜青年居住，上網很容易搜尋到各樣調查和列表。）

不要靠爸，但也很難不靠爸

薪資跟不上物價上漲，加上學貸負擔沉重，看似是今日年輕人在金錢方面遭遇的最大問題，其實還有一些細微但同樣嚴重的變化也起了作用。

職業工會曾經比現在普及，受雇就業比較像雙方握手同意彼此的責任義務（不論那是法律、工會，或偶爾雇主基於善心定下的義務），你找到一份工作，保有這份工作，往後一輩子就做這份工作。這種「終身職」的概念，現今幾乎不復存在。在某些方面的確也是好事，擁有更換工作的彈性乃至於轉換職涯的自由，人生比較豐富精采。（像我寫作本書，從事的是我的第三種事業，我一直很享受這種流動性，每次轉換跑道也是一次重新編整、重振旗鼓、重新來過的機會。）

而另一些方面來看，勞工和雇主不再「一生一起走」，勞工難免會擔心未來的財務狀況，你能指望在這間公司待上五年嗎？這間公司五年後還在嗎？你究竟能指望什麼？用於保護勞工權益的勞動法，在這二十多年來逐漸毀壞，「不支薪實習」的構想興起，企業公司藉此獲得你的免費勞力，你雖然能把實習經歷寫進履歷，實際卻拿不到半毛錢來繳帳單。

而且你還得家境夠富裕，才能奢望應徵不支薪的實習工作，比方說，你的爸媽就算沒有直接養你，至少也幫你分攤了絕大部分日常開銷。這代表本來就有條件優勢的人，更能接下這個前途光明但不給薪的工作，替自己的履歷多添一筆功績，反而是那些需要契機的人，卻因無力負擔無薪工作，錯失了大好機會。這種趨勢加倍不利於窮人、藍領階級以及有色人種（家庭相對較不富裕），也不利於同性戀和跨性別族群（家庭就算有資源，通常也較不願意協助他們）。

除了殘酷的不支薪實習工作之外，二〇〇八年金融危機過後（金融危機對你們這一代的衝擊大過其他世代，因為當時你們許多人才正要踏入職場），零工經濟崛起——這種觀念認為，一個人可以也應該永久以自由工作者或顧問身分承攬專案工作，靠鐘點費或一次性收費湊足可持續經營的收入。這種工作方式雖然充滿自由與彈性，可以自己決定工作時間，自己選擇要接下哪些案件，但零工沒有傳統的勞工福利（例如定期健康檢查、牙科眼科看診優惠、人壽保險、雇主指定基金提供的員工退休金計劃等等）。你還年輕、健康、有活力，也不必撫養家眷的時候，沒有這些福利似乎也無所謂，但其實風險很高，萬一你的牙齒裂了需要訂製牙冠呢？萬一你需要好的心理諮商師呢？萬一你診斷出惡疾，或是寶寶即將誕生呢？

然後又有斜槓風潮，其實就是在正職外兼差副業來貼補收入。例如，公立學校教師斜槓當共享計程車司機，在我們這個地區十分常見，因為教師的薪水在高物價的居住環境尚不足以支應基本開銷。我們家附近食物銀行的經理就向我透露，他們的客群有絕大比例是退休教師，很多人都靠斜槓兼差（一個不夠可能要兼兩個）才得以餬口。學校教師是社會的重要成員，賺的錢卻到老都不夠養活自己，這個社會顯然出了些問題。也許你和你們這一代人會協力矯正這個錯誤和其他問題，我們會在第十一章裡討論。

至於現在，我們要談的是更基本的事：你的收入。先別氣餒。你對自己的決定還是有很大的掌控權。住在哪裡、做什麼工作、如何花錢，這些都取決於你。所以，本章接下來將要討論，你可以怎麼做這些艱難的決定，平衡用錢的輕重緩急，建構快樂的人生。現在善做決定，未來終將予你回報。

算一算自己可以活到死嗎？

首先，我們得談談死亡。（你一定納悶為什麼，但請先忍耐我一下。）因為若要規劃財務未來，不能不接受人終有一天會死。我知道這件事令人不自在，相信我，阿姨很明白你才不想談這個。但我們非談不可，至少得小聊一會兒。

我年輕的時候一想到死就怕得要命，凡是與死相關的念頭一不注意跑進腦中，我就會渾身發抖，想盡辦法甩開引起這些念頭的思緒。但最近接連有兩個大學時代的好友才五十出頭就離我而去，馬格努斯和艾瑞克，他們相繼猝死，相隔幾乎正好一年，讓我不禁開始懷疑，不知道我活不活得到五十五歲，七十或八十歲就更不用想了。青少年時代總覺得生命無限，但人生走到某個節骨眼上，那種感覺忽然就被生命註定有限的無奈所取代。

思索死亡也代表面對現實，那就是遲早有一天，我們將不再有能力照顧自己。誰也不希望自己晚年窮困潦倒、身體虛弱又無所依靠，但我們也不能理所當然認為，到時一定會有家人朋友陪伴在我們身邊。即使萬幸一路走得安好，依然會帶給親友莫大的悲傷。

我一向私心盼望我和丹恩能在同一瞬間嚥氣，想到要身邊少了這個人還要在這世上多活一天，我就覺得難以承受，他是這麼好的一個人，我一邊打下這段話，他正好走進書房，端了一花瓶鮮黃的非洲菊給我，是他剛剛才為我摘的（親一個！）。但若我因為害怕悲傷而不敢設想未來，我就是在逃避一個重要的事實，那就是我也會老（希望如此）。逃避這個事實，我可能就不會妥善規劃晚年的生活，也不會預先計算人生盡頭所需的花費。就不說心理壓力了，單是逃避的實質代價就很龐大。所以，別迴避這個話題。

距離無可避免的死亡還遠，你首先會步入一個人生階段，叫作退休。辛勤工作了大把歲月後，你來到這個可以大為放鬆的時期，對很多人來說，應盡的義務少了，多了很多閒暇可以旅遊。我也才剛開始思考退休生活。

我比較常在想我下一步要做什麼，不太會想什麼時候要結束忙碌，所以我懂你很想跳過這整段，但是真的錯過可惜。而且啊，討論死亡的段落你都熬過了，何必現在放棄呢？不論是為了身體著想，還是為了銀行戶頭著想，長大成人除了要思考現在，也需要思考未來，因為年輕的你若懂得事先設想，老年的你也將受惠。

我們之中或許有少數人，可以指望將來繼承有錢親戚以錢或房地產的方式留下的龐大遺產（如果是你，非常恭喜），但其他**九成九的人都不會繼承到足夠一生花用的錢。所以我們有必要聊一聊退休後生活需要的資金。你的退休金有三個來源：政府預備給你的、雇主預備給你的、你預備給自己的**。首先說說政府給的吧，答案很簡短：大概不多。

我說的是，你可能聽過社會安全保險，這也是老羅斯福總統因應經濟大蕭條所構想的善舉，用意是確保年長民眾老年（當時認定是六十五歲後）不至於窮困潦倒。保險方式是勞工從每一筆薪資繳交出一小部份至社會安全局的「信託基金」，基金成長速度會勝過通貨膨脹，所產生的額外結餘，待將來勞工滿六十五歲退休後，再發給勞工資助其晚年生活。問題是，實際的金錢運作並不像說明的這麼單純——這和個人先從薪水裡拿一筆錢存進自己戶頭，等六十五歲以後再拿出來用不一樣。反之，一個人繳交的錢，當下會先用來支付別人的退休金。這是一份終極跨世代契約，把愛傳出去的終極版本。

但接著，戰後嬰兒潮成為美國歷史上人口最多的一代，壽命也比前人更長，緊接在後的 X 世代（我的世代）人數則少了很多。所以，這是一個數學問題：因為嬰兒潮世代人數眾多，壽命又長，X 世代沒有相應人數的勞動者可以供應嬰兒潮世代的退休金。所以你常會聽到勞保恐將破產或社會保險信託基金即將耗盡（只要現行還有勞工在繳納保險，基金永遠會有一些錢，只是未來世代能領到的退休金，恐怕會比以往少上許多。）可以想見，國會遲早必須合作協商解決社會保險金的破洞，以確保今日青年勞動者未來能領到的退休金，不少於今日老人已經領到且還會持續領下去的退休金。（說實在的，這個問題恐怕還盼千禧世代和 Z 世代的行動派挺身解決，請容我這個 X 世代、未來社會保險金還得仰賴各位的阿姨斗膽這麼說。）但是記住，二〇二〇年勞工平均可領的社保退休金約為每月一千五百〇三美元，除非你計劃退休後住到物價低廉的地區，或有意過極度儉約的生活，不然幾乎可以肯定，你月領的社保退休金絕對不夠支付退休後的月開銷。

不只政府的社會安全保險計劃給予退休生活的資助，不比父母或祖父母輩的年代，今日會給付員工退休金的雇主也少之又少。雇主給付退休金，是雇主在你退休後保證發給你的一筆錢（萬一你不幸身故，則發給你的丈夫或遺孀）。受工會保障的勞工往往可爭取到雇主給付退休金，今日也還有少數產業維持雇主給付退休金的慣例（包括軍人、地方及州政府、醫護人員、公立學校、消防員、警察等）。但若是私人企業雇主，今日願意主動給付員工退休金的比例僅有約百分之十七，代表我們大多數人都無法指望退休時拿到雇主給付的退休金。

本章後段我們會看到魏斯利的例子，他有幸到雇主給付退休金，你會看到員工與雇主之間的忠誠信任，如何讓魏斯利走向南轅北轍的人生。但要記住：退休後過得好不好，終歸在於我們個人現在能否做出明智決定。所以現在的你其實就能扮演救星，拯救未來老年的你。為退休生活存下適當的錢，責任在你。你甚至可以現在過得簡約一點點，如近藤麻理惠說的，只購買及擁有真正「激發喜悅」的東西，多存下一些錢，讓自己退休後有比較多錢可以花用。說不定，你還能留下些許優厚遺產給你的兒女或孫子女呢。

說到人生目標，坊間有滿架子的書宣揚人應該盡早退休、多多旅行，好像盡早退休就是人生的最大目的。可是你記得嗎，如果你像前面討論過的，尚在探索自己的個性和人生想要的東西，而且也允許自己去追求，那麼你可能有幸找到了自己想做的事，不管做了多久都欣喜如初。事實上也有研究指出，人若徹底脫離工作，很容易衰弱枯萎。所以我自己覺得，我們大可不必早早就停止工作，除非有一天身心真的逐漸停擺，何妨到了那時再想：「好啦，我用這具身體活在世界上的時間，看來快到盡頭了。我這一生活得很盡興，我也已經留了一筆錢度過最後這幾年。」當然也可以選擇現在從事不大喜歡的工作，期待三十年多後存夠了錢，可以在某個碼頭邊翹著二郎腿納涼，一手拿釣竿，一手拿你愛的飲料。阿姨不是教你一定要怎麼安排退休生活；只是提醒你要考慮退休生活。看得出差別嗎？

錢能讓你的人生無悔

想像所有支出排列成一條光譜，你最重要的需求（例如食物、住宅和醫療）集中在一端，其他「也許有一天」的夢想則一路排向另一端。在最基本、最急迫的用錢需求獲得滿足後，接下來該如何賺錢、花錢、借錢或存錢，我們將有數之不盡的抉擇要做。各種「應該這樣、應該那樣」的觀念，其實通常來自他人的期待和意見，都不是很有用的判斷依據。

資源如何分配往往因人而異。我們的優先順序也會因人生階段不同有很大的出入。現在線上串流影集配平價葡萄酒是我們的主要娛樂來源，也許之後又變成現場演唱會，哪一天說不定還得訂機票和飯店，因為你愛的樂團將在告別樂壇前舉辦最後一場演出（像我的老鷹樂團！）；也許今天，你需要買中古車換掉現在開的中古車，因為舊車撞爛了，保險公司不再全額理賠修理費用；也許今天，你的另一半五十歲生日，他鍾愛的經典老爺車我們雖然買不起，但尚且可以租一天替他慶祝；也許今天，你需要買生日禮物送朋友，過幾天同一位朋友又為某件大事發起了募資計劃；也許今天你還在替自己付學貸，沒過多久已經變成投資五二九計劃（注：美國政府提供民眾補助子女讀大學的投資計劃），籌備兒女的大學學費；也許有一天，我們開始存頭期款買房子；也許有一天，我們自身的醫療需求佔據焦點；也許某一天，哪怕旁人都笑我們傻，我們仍決定追隨心中再也否認不了的熱忱，回學校讀研究所。不管上述這些事有無發生或何時發生，我想強調的是，你要如何用錢，無非是只有你能做的決定。你的決定可能和朋友或家人有著天壤之別，那也沒關係。**永遠別忘了，這是你的人生，你奇妙而寶貴的人生，你僅有一次的人生，屬於你的錢，是屬於你的選擇**。

比方說，你借學貸去讀藝術學校，或修讀相關科系未來想當社工，誰要是笑你愚蠢，你大可不必理會。沒錯，這方面的學位未來是比較難走向高薪工作（反觀學醫或法律未來比較能賺錢，很多人就甘願欠下高額學貸攻讀這些學位）。但若你的心和你的腦子都告訴你，你就是想當個畫家，或是在寄養服務系統中陪伴兒童，那你就應該去做。

當然你也要知道，你有可能必須用薪水交換工作滿意度，這代表你可能會需要兼差，或是搬到比較負擔得起的城鎮居住，即便如此也無怨無尤。嘿，別忘了，阿姨我也經歷過。我從一個企業律師改行在大學擔任行政工作，四十多歲又重回研究所希望能當個作家。每一次轉職，最初賺的錢都沒有原先多。但每一次改行都讓我更感到快樂。別因為別人認為某個職業薪水優渥代表「成功」，你就悶著頭去做。不管是法律事務所、醫院，還是華爾街的公司，富麗堂皇的外牆內，有苦難言的員工都不在少數，此時再多的收入都比不上斷然辭去工作更使人解脫。我以前讀法學院，總共借了七萬九千五百美元學貸，支付學費、宿舍和伙食費用——換算至今日的幣值是十三萬七千八百四十一美元。而我當上律師後，第一年薪水是七萬七千美元，財務規劃師都說，有這樣的收入背學貸才「有意義」。

不論你從事什麼工作，一定多少都有收入（這是重點！），而不論稅後實際入袋的薪水是多少，你都不會想全部花光的。你的花費必須比收入少一些，你才能存一些些錢下來，以備不時之需，萬一臨時有大開銷還應付得來，當然這也是為退休著想。

存錢比你想的更重要

我和丹恩剛成家立業時，沒存下半點錢，因為我們覺得自己賺來的每一毛錢都有地方等著花。（事後想想，其實當初如果少叫幾次外賣披薩，存錢並沒有想像中的遙不可及！）年齡漸長，我們在各自的領域愈來愈在行，收入也慢慢提高。丹恩在日後成為潘朵拉傳媒公司的新創事業工作，我是大學名校的輔導主任；某一天，結婚二十年的我們忽然驚覺：「等等，我們賺了那麼多錢，但存款都到哪裡去了？」問題出在我們從來不是懂得存錢的人。比起為退休存錢，我們向來習慣賺多少花多少。在這方面我們真的很愚蠢。別和我們犯同樣的錯誤。

若要解釋我們出了什麼問題，簡單來說，就是**我們腦中各自藏著一個數字，我們自己知道一旦超過那個數字，就表示花費太大了。我們從沒彼此商量一個具體金額**，但我們心底都曉得花費多少金額代表超線。

我和丹恩從交往之初就說好把雙方的收入全放在同一個碗公，共同支付所有開銷，而不是他的收入付他的帳，我的收入付我的帳，頂多再用第三個碗公合資支付公帳。不是每個人採行的辦法都和我們一樣。剛開始交往時，我們捨得花的最高限額大概是一百美元。到我法學院畢業結婚以後，限額大概提高兩百五十美元。

衣服向來是我最喜歡買，但也買得最有罪惡感的東西，但和你想的可能有點不一樣。我從成年以後，外表幾乎一直是個大尺碼的男人婆，想找到我買得起、穿得下、風格也合我喜好的衣服真的很難，日常添購衣服的需求因此常常變成我發洩情緒的管道。

丹恩和我的收入增加以後，花錢的限額也從兩百五十美元提高到五百美元，甚至更高。結果我每次去買衣服都會買到限額才停。其實想到自己提著大包小包走進家門讓丹恩看我買了什麼的畫面，我每每都有點想哭，並不是丹恩會責備我，他超級支持我的購物需求，從來不會讓我自責花錢；但眼淚是我的身體給我的信號，我知道我是因為跨越了那條用錢的界線才會這樣忐忑不安。

小至衣服與外食，大至居家裝潢和公益捐款，乃至於旅行、買東西給孩子，以及網購各種稀奇古怪的玩意兒，經年累月之下，我和丹恩不斷升高花錢限額，已經到了荷包失血的地步。錢不停往外流到……某個地方。我大部分的收入來自於公開演講，這代表暑假期間，我通常賺不了什麼錢。所以雖然從各種客觀標準來看，我們的收入是很充裕的，可是我們卻曾經連續兩年到了夏天才驚覺：等等，現在該拿什麼錢來付帳單？真的很荒唐，因為我們的收入加總起來明明比過去都多。

丹恩和我坐下來慎重商量，往後我們應該把收入的百分之五或百分之十存起來，除了能用於度過收入較少的那幾個月，說不定還能實現我們這輩子想在加州北海岸買第二棟房子的夢想。接著，我們便意識到，不管想達成哪一個目標，我們都必須把花錢限額降低九成。舉個例子，過去我們能不惜砸下一千美元，買一張既美觀又舒適的設計師品牌躺椅擺在客廳；現在需要買第二張躺椅了，我們只能把預算限定在一百美元內，對我們來說這是很激進的改變（你真該看看我們夫妻倆在平價家具店沒精打采的模樣），但真的有用，我們不只找到一百美元的躺椅，而且意想不到的是，親朋好友來我家總會不由自主坐進這張躺椅。大家都喜歡它！

還有一件事徹底改變我們的財務前景，是我向別人家學到的一課。他們只是小康家庭，但很努力工作存錢，籌備兒女的大學學費和自己的退休金。每兩週薪水入帳以後，他們會立刻提領現金，然後把其中一成收進標示「學費」的信封袋，另外一成收進標示「退休」的信封袋，剩餘的才用於繳付當月房租和其他食衣住行開銷；兩個信封袋裡存的錢，則每月一次存入銀行賺取利息。

這種做法反映的思維叫作「先付錢給自己」，意思是與其指望付完帳以後還剩下一些錢能存，不如把存款當成你最重要的支出，首先將它繳清。丹恩和我學到這個方法，立刻去開了新的銀行戶頭，一個用來存暑期的支出，另一個存海邊小屋的夢想基金。往後薪水一入帳，我們就先付錢給這兩個戶頭，這連帶也迫使我們縮減其他開銷。反觀以前，我們的當月花費一下子就失控，我們往往得寅支卯糧，犧牲長遠的需求和夢想。

阿姨也向你自白過了，我在二十多歲的時候，只要想買實際上負擔不起的東西，就會求助信用卡。假如太常這麼做，或是持續了太久，你會發現自己陷入一個怎樣都爬不出來的債坑。我又提起這件事，是為了闡述另一個重點，那就是過度倚賴信用卡，不只會害你欠下驚人卡債，還可能會毀壞你的信用，害你往後認真想要買車或買房時申請不了貸款。我說的是你的信用評分，這是你有必要了解及追蹤的一件事；信用評分評量的是一個人還款的可靠程度，而這會影響你購買高價資產的能力。良好的信用評分得自於經常準時繳款，能幫助你享有低息貸款的權利，反之若是信用評分不佳，你的貸款利息很可能比較高。

目前信用評分公司眾多，每一間公司用的評量標準可能稍有不同，但全都會檢核你是否準時繳款，以及你在某一時刻使用了多少可用信用額度。比方說，假設信用卡公司給予你的信用額度上限是一萬美元（如果你像我一樣天兵，可能會高喊：「哇呼，我好有錢！」），不代表你應該借到最上限！信用額度上限是供你在**真正急難**的時候使用的。**根據經驗，想維持良好的信用評分，你借用的額度最好別超過上限的兩成**（適用於所有信用卡和所有分期貸款，包括車貸、學貸等等）。

基本上，我和丹恩不得不採納了一個新的消費心態。就算你能負擔更好的生活，還是盡量過得像研究生一樣簡單，你會看到你的財富慢慢成長的。

複利的魔力

我向朋友克里斯・安德魯斯（Chris Andrews）求教，問他想為晚年存錢有什麼眉角。克里斯生於千禧世代，是西北互助（Northwestern Mutual，提供多樣化保險商品和財務規劃建議的金融公司）超人氣的財務顧問。他首先最想告訴你：「職涯中及早開始為退休存錢，時間就是你最大的優勢。時間這名推手能讓複利充分發揮魔力。」他所說的魔力，就是複利產生的效用。

我用兩個例子說明：

- 案例Ａ：二十二歲起，年存一千美元（平均月存八十三點三三美元）至遞延課稅的證券帳戶，此後固定年存一千美元，直到六十五歲退休。假設年平均投資報酬淨利（稅後）是百分之七，則這個人退休時將有二十八萬三千美元可用。
- 案例Ｂ：三十二歲起，年存一千美元。假設年平均投資報酬淨利同樣是百分之七，只是晚了十年開始存錢，退休時僅有十三萬六千美元可用。

所以呀。乍看之下，晚十年開始年存一千美元，只會造成一萬美元外加些許利息的差異，但因為複利（意思是每年本金會再加上利息一起重新投資）的魔力，實際差異更大。只是在二十二歲到三十二歲之間，設法多存了一萬美元，我們這位二十二歲的明智青年到六十五歲時，存款就硬是多了十四萬七千美元！很扯吧！

好好好，我知道你們有的人現在八成心想「靠，我都三十四歲了，不等於完蛋了嗎？」先別著急，這不是阿姨的用意。我的用意是要提醒你：**現在就開始存錢**，多少都不要緊，**開始存就對了！**老後的你絕對會感激你當初願意開始。因為呢，你想到了嗎？就算到了三十二歲才恨自己沒早點懂得儲蓄，也好過於四十二歲才開始嘗試投資。看看下列數據吧：

- 四十二歲起，年投資一千美元（同樣百分之七的年平均投資報酬淨利），到六十五歲退休時只會有六萬兩千美元。
- 懂了嗎？而且啊，我們舉的例子只是年存一千美元，等於月存八十三點三三美元，等於每天才存不到三美元（約新台幣九十元）。這下子清楚了吧。只是省下一杯咖啡、茶或果汁的花費，不用額外工作或犧牲，你就能為晚年攢下一筆資產。所以何必只甘於這樣？想想你如果每天不只存三美元，而是十美元呢。以下是「四十二歲 v.s. 三十二歲 v.s. 二十二歲」開始日存十美元，最後的差異：
- 四十二歲起，日存十美元，每年可存下三千六百五十美元，假如將這筆錢放入證券帳戶，往後固定年存入三千六百五十美元，年均投資報酬淨利假定是百分之七，則此人六十五歲退休時，將有超過二十二萬五千美元可用——報酬遠比每天存約一杯咖啡錢（退休時有六萬兩千美元）多得多。

- 同樣的事如果三十二歲開始做，退休時將有四十九萬八千多美元。比起日存三元左右，也足足增加了十三萬六千美元。
- 再來看看二十二歲就開始日存十元吧。注意了。這個人到退休時將有超過一百零三萬四千美元。哇！

每天十美元，每週七十美元。我知道，嘴巴說說都很容易。但看到複利的魔力以後，你真的會想試試看，對吧？要記住，就算你做不到日存十美元，也不必為此自責。挪不出錢可能有很多原因。阿姨在這裡只是要說：開始存點什麼。盡你所能就好。跌倒了就爬起來重新再來，你可以的。

聰明存錢法

克里斯・安德魯斯也想告訴我們，存錢雖然是最重要的第一步，但下一步要充分活用這筆存款，以求更好的稅務效率（tax efficiency），「政府利用稅則來激勵美國民眾做出某些行為。例如政府為讓更多美國人儲蓄退休金，願意補助特定種類的帳戶，好讓你多留住一點錢，慢慢流入稅庫的錢則會少一點。」這代表把錢存在哪裡也很重要。

因為你們這個世代身處零工經濟時代，我也想先從這裡談起。零工經濟的優點是能自由決定工作內容、工作時間、工作地點。缺點則是沒有雇主提供的「福利」，包括各種協助你應付突發狀況的保險組合，以及預先提撥薪水到退休金的機會，簡單來說，如果你是零工經濟型態的勞動者，照顧你未來需求的責任全在於你自己。克里斯建議你可以先開羅斯ＩＲＡ帳戶（Roth IRA，ＩＲＡ是個人退休帳戶的縮寫），「這可能是現行彈性最大、成效最顯著的退休金儲蓄方式。不必由雇主提供計劃或福利，你自己就能把錢存入羅斯ＩＲＡ帳戶，開戶手續簡單，費用也低。」基本上，你只需要登入任一線上投資平台，例如富達投資（Fidelity）、嘉信理財（Schwab）或先鋒領航（Vanguard），開立羅斯ＩＲＡ帳戶，就能開始存錢了。

五十歲以下的納稅人每年稅後最多可存下六千美元作為退休金。你存入的錢所獲利息每年可遞延課稅，而且滿五十九歲半以後可以全額提領不必課稅（假如提早領出則有罰款）。不過要注意，至二〇一九年規定，這個儲蓄工具僅限年收入不滿十三萬七千美元的單身納稅人，或雙人年收入不滿二十萬三千美元的結婚夫婦可使用。所以，這不是高低收入皆適用的選項，但絕大多數民眾應該都能用。阿姨知道每年要挪出六千美元，對很多人來說真的不容易（相當於月存五百美元或日存十七美元）。但咱們簡單計算一下，就知道為什麼值得一試：

- 四十二歲起年存六千美元，六十五歲時至少將有三十七萬一千美元……
- 三十二歲起存的話，至少將有八十一萬九千美元……
- 二十二歲起存的話，則會有超過一百七十萬美元。（而且別忘了，因為這是羅斯 IRA 帳戶，等你滿五十九歲半以後，提領這些錢是不用付稅的！）

我今年五十三歲，沒錯，我和丹恩有一天終於醒悟，開始懂得多為我們的錢負責（可惜不是在我們把搬家貨車失火燒毀家當後獲得的兩萬五千美元理賠金揮霍一空之前，我錯過兩次宇宙送錢來給我投資，第一次是我的婚禮）。我一開始也很懊悔：「**為什麼我不早點開始做這件事！**」其實就是因為我不聽爸爸的話，哈哈。

好了，假如你不是零工勞動者，而是為提供福利的雇主工作，這些福利可能包含提供你一個四〇一k退休帳戶（若是非營利組織，則是四〇三b退休帳戶）。你可以選擇稅前存入傳統四〇一k或四〇三b帳戶（意思是薪水還沒發給你，就預先撥出一筆錢，和你的聯邦稅及州稅預扣稅一樣），也可選擇稅後存入羅斯四〇一k或四〇三b帳戶。（截至二〇一九年，五十歲以下員工每年最多可提撥一萬九千五百美元）。傳統四〇一k帳戶這時會比羅斯更理想，因為你存入的錢**尚未課稅**，代表你未來退休後可以用複利賺得的利息來為這筆錢付稅，但羅斯IRA也不失為一個好選項，因為倘若你必須提早領出這些錢，你實存的金額不會產生罰金（只有利息會有罰金），而且等你滿五十九歲半後可以免稅全額提領。

克里斯舉了一個例子，說明傳統IRA和羅斯IRA在需要用錢時的差異：「假設你六十五歲，現在需要十美元買一杯咖啡——考慮物價通膨，以後一杯咖啡就會這麼貴！如果你的錢存在傳統IRA，你就要提領十二到十三塊，甚至十五塊（依你退休後的稅率而定），才能淨得十美元付給咖啡店。但如果你的錢存在羅斯IRA，你只要提領十美元就行了，因為羅斯帳戶內所有的錢都不必再課稅。」

重點在於，克里斯說：「你有兩個選項可選，而且兩個都很不錯。如果你才剛開始工作，賺得錢不多，選羅斯就很適合，因為你目前收入低，被課的稅率也低，而且以後提領退休金就都免稅。反之，如果你有穩定的正職工作，而且薪水優渥，傳統四〇一k就比較適合你，因為你可以遞延到退休後再付稅，到時候你的課稅級距可能也比較低。」克里斯常建議客戶可能的話，不妨兩者並行。（注：台灣主要有三種退休金：勞工保險老年給付、國民年金、勞工退金。）

有些雇主提供的退休金帳戶還有一個非常讚的外加福利。你每提撥一筆錢到退休帳戶，雇主也會等比例提繳一筆錢給你。這些都是你無酬賺到的，所以雇主假如願意給予這項福利，千萬別擺著不拿。先說清楚，他們不會平白拿錢給你，你自己必須先貢獻一定量的薪水到退休帳戶，雇主才會提繳相對應的錢，而且員工應提撥的薪水比例是由雇主各自規定。查清楚公司要求的比例，然後開始提撥吧。以後老到走不動的你，絕對會感激得要命。（如果你錄取多個工作，正在權衡該接受哪一個，不妨問問對方的徵才人員：「貴公司會提供雇主提撥退休金嗎，如果有的話，比例是多少？」這是一項很重要但大家不太熟悉的福利，可以納入你的選職考量。）

當然，你自己的提撥額可以不必限於雇主的提撥額度。衡量其他開銷後，你可能負擔得起提撥更多，說不定還能達到法律規定的最上限（截至二〇一九年是每年一萬九千五百美元）。從薪水裡拿走一筆錢雖然心痛，但很多人也發覺自己根本沒察覺錢有少，因為從一開始就沒入袋過。到頭來就像我們薪水裡的各種預扣稅一樣，你對它的來去沒有太大感覺。但慢慢日積月累之下，你的退休金已經在戶頭裡愈滾愈多，等待你有一天派上用場。

你也應該研究一下各式保險，保險有助於你應付突來的巨額開銷或真實的意外災害（包括醫療險、牙科保險、眼科保險、租屋保險／購屋保險、車險、壽險）。

【別只聽我說】

邁向財富自由不是遙不可及

本章有請到兩位專家，魏斯利五十九歲，從成年後便持續供給老婆孩子比自己小時候更高品質的生活。另一位是我以前的學生狄妮，現年三十六歲，她居住在全球首屈一指（物價也名列前茅）的大城市，但仍成功還清五萬美元的學貸和卡債。更了不起的是，狄妮擺脫債務後，考取了財務顧問執照，能夠用自己的慘痛經驗幫助他人開始為退休後的日子存錢！

魏斯利——決心脫貧，讓自己更聰明

我初次見到魏斯利是二〇〇五年，我的妹妹與他的媽媽結婚，熱鬧混亂的婚禮排演和家人聚餐讓我們認識了對方。那也是我家孩子年紀夠大、記得自己參加過的第一場婚禮，當時我女兒四歲、兒子六歲，兩人都很期待在婚禮上當花童和戒童。我還記得自己當時想，多美好啊，我家孩子能在長大過程中見證兩個女人（或兩個男人）也能像每一對異性戀情侶一樣締結婚姻。我小時候可不是這樣（在我出生的年代，在很多州甚至連跨種族婚姻都是違法的），我永遠不希望我的孩子把這些千辛萬苦爭取到的權利視為理所當然。

魏斯利是非裔美籍男性，開始工作後，幾乎一輩子都穿著UPS快遞司機的咖啡色襯衫短褲制服，這份工作讓他得以從貧窮翻身，從藍領階級爬上穩定的中產階級，並且娶妻生子，在多年後過上舒適而滿足的生活。

我想了解魏斯利善用了哪些機制，雖然從經濟拮据的起點出發，最後仍能成功向上流動，實現屬於他的美國夢，於是我打電話找他聊一聊，我們通話的那一天，他正好領到快遞公司頒發的三十年服務勳章，這代表他將能獲得特殊的福利。

魏斯利的父親在取得電腦科學博士學位前夕，突然心臟病發驟逝。魏斯利這時才九歲。他的母親一夕之間淪為單親媽媽，撫養兩個幼子，又沒有工作，於是告訴兒子必須自己堅強起來。「我還很小的時候，我媽媽就說：你有責任帶自己去上學。我去這裡那裡做什麼事，都要自己想辦法。我的意思是，她會為我們張羅三餐、添購衣服，但說實話，她沒時間送我去上學、去打工、去棒球隊或足球隊的練習。」也因此魏斯利上了高中以後，絕大多數時候都必須替自己負責，他周圍的朋友處境也大多相同。他在溫蒂漢堡打工，時薪兩塊三毛五。他的高中同學大約只有三分之一上大學，「其他人都和我差不多」他告訴我，「要不只能上社區大學，要不就去當兵。」魏斯利高中畢業時，覺得自己沒有必要的資源和心力順利完成四年制大學的學業。

他搬出家裡，申請上佛州蓋恩斯維爾一所社區型大學，叫聖塔菲學院（Santa Fe College），同時在溫迪克西超市打工當大夜班補貨員。他在當地不同公寓大樓之間搬來搬去，第一年遇過三名不同室友，「我努力平衡工作和學業，盡可能準時付清電費和瓦斯費。這些基本開銷在當時對我都是困難。我花了一陣子才有辦法應付。但我做的一些事讓第一個學期兵荒馬亂。簡直就像《動物屋》（Animal House）那部電影。我們喝啤酒、開派對，偶爾去一下學校，其他時間都在打工。我們基本上像一群大孩子。我需要長大。」

超市經理看似很支持魏斯利半工半讀，但卻會故意排與上課時段衝突的班給他。魏斯利想換班，經理會說：「不行啊，這個時段我們需要你。」還會對他說：「你這樣的人在外面找不到別的工作了。」魏斯利索性輪值大夜班，以兼顧工作和學業，但這種作息非常累人。「大人應該會做出正確選擇，堅持把書讀完，但我還不是大人，我對周遭沒有半點控制，但只要我工作，我至少有錢付帳單，至少能獨立過活。」他選擇休學到超市當全職員工。

二十三歲時，他遇見了未來的妻子，安潔拉是白人，年紀比他小幾歲。那是一九八四年的事，他們要到十三年後才會成婚。「但我們從一開始就互相承諾要為彼此負責，我到這時才感覺一切穩定下來，感覺我終於真的是大人了。我不想說一切圓滿了，因為一路上永遠有很多跌跌撞撞。我們的經濟非常拮据，還不到破產，但三不五時就會被斷電，也完全沒錢放假休閒。我的時薪只有四美元十美分，我常會看著別人的房子問自己：『我什麼時候才買得起這樣一間房子。』我還記得我曾看著一輛要價三千美元的新車，沒過多久忽然漲成兩萬美元，我心想：『我到底要怎麼付得起？』」

魏斯利在超市做了三年左右的全職補貨員，「差不多形同放棄上學了」，沒想到那一年耶誕節家族聚餐，他叔叔奎特曼私下告訴他，他爸爸生前嘴上常掛著一句話：「不論你做什麼工作，一定要把書讀完。」他在超市的工作沒有未來，魏斯利自己心裡也有數，所以這句忠告來得正逢其時。

他重回聖塔菲學院，並且從一九八八年開始在 UPS 快遞兼差打工，開公司著名的咖啡色貨車裝貨送貨，員工私下戲稱那是「紙箱車」，不只能在美國各地大街小巷看到，遠至尼泊爾等地也都有快遞貨車的蹤跡。他輪值兩班：凌晨三點到早上九點，與下午四點到晚上八點。「我在兩班之間去上學，平常就在車上唸書。」他在快遞公司兼差的收入，比在超市全職工作還多。沒多久，魏斯利就獲得轉任正職司機的升遷機會，那是他夢想的工作，但他婉拒了。他想先拿到社區大學的學位。奎特曼叔叔傳達給他的父親的忠告，銘印在他腦海。

最後一學期的某一天，他下課後和教授閒聊，聊到自己年初婉拒快遞公司的正職工作。教授很認真地看著他，問他那份工作薪水多少。「我告訴他，新人年薪三萬八千美元，資歷久了應該有五萬美元。他的眼神像是在問我，你在想什麼？我說：我明年畢業了再去做。他說：嗯哼，很好的打算。」魏斯利的教授是在強調，這是一個絕佳的工作機會，魏斯利如果能夠接下，將來收入會比很多有學士學位的人還多。

現在他比更迫切希望賺錢了。安潔拉希望盡早結婚。魏斯利已經準備好在UPS快遞展開正職事業。一九九四年，他從聖塔菲學院畢業拿到副學士學位後，正式當上UPS快遞司機。「那是我們重大的一步。我很高興。正式上班第一週，我心裡就想：我可以在這裡做到退休。」三十多年後，魏斯利的夢想很快將能實現。

他和安潔拉於一九九七年結婚。「我向安潔拉許諾，未來十年我們必須努力賺錢並為退休後存錢。」聽他陳述他們的理財策略，我很驚訝，魏斯利留意的退休建議有很多我從來沒聽過，雖然我明明才是中產階級出身的人。也或許只是我忽略了那些建議，因為我一出生就含著銀湯匙，從不覺得有必要擔心？「我們得到一些幫助，也有一部分是運氣好。」他這麼形容（他母親、母親的伴侶，以及安潔拉的母親，在他們結婚前協助他們湊出頭期款買下一間公寓）。「他們花了三個月才審核通過我的貸款。」魏斯利告訴我。「因為我是黑人，又沒有信用歷史，我也不知道可以自己去銀行，所以我找了貸款代辦。結果他們三天兩頭打電話到我公司問：他確定還在這裡上班嗎？」

好不容易，公寓交易順利完成，他們的經濟狀況漸漸有了穩定的樣貌。「你聽了可能覺得是芝麻小事，」他說，「但我終於可以帶老婆出門度假，而且行前已經先繳完水電帳單，不會回到家裡發現停水停電，對我來說這是一件大事。我花了好幾年才做到，大概是在UPS工作了三年後吧。」他們另外買下一間獨棟房子，幾年後賣掉當初的公寓淨賺九萬美元，他們用這筆錢付清新家的房貸。這代表從現在開始，魏斯利的薪水大部分都能存下來當退休金。同時，魏斯利也非常努力工作，幾乎無一日告假。

研究顯示，快遞貨運司機一天需上下貨車五百次，多數司機覺得膝蓋最吃不消。頻繁的彎腿、抬腿、跳下車吸收震動，積累下來是不小的傷害，「我做了二十多年，星期六也幾乎都沒放假。貨車上沒有冷氣，你開著貨車還要小心別撞死人。」但從多年前在超市補貨上架開始，魏斯利向來都知道如何當個模範員工。

高層主管從一開始就很欣賞他，不斷想提拔他出任管理職，但一位恩師勸他，留在當前的階位對他的財務規劃反而比較有利。「管理職並沒有大家以為的輕鬆。他們一週工時七十二小時。我決定單純勞動就好。」他喜歡勞動，這是他希望的工作型態。他從小就覺得自己不想一輩子坐辦公桌，也討厭一整天關在大樓裡。「我知道自己需要待在戶外，搬搬東西、流流汗。我好像天生就喜歡這些事。要我坐在一個地方不動，我反而會睡著。」何況司機的福利也好——除了每年須預扣兩百五十美元保險額以外，其餘醫療及牙科費用均由公司全額負擔。

魏斯利的第一個退休機會，出現在他為公司服務滿二十五年之際，他正值敏感的五十九歲。如果此時退休，他可以月領三千美元左右的退休金，而他每月只須自付五百美元，自己和家人便能享有醫療福利。「非常划算。」身為一個不曾享有員工退休計劃的人，我不只開了眼界，還有一點羨慕。而且，他不只把四〇一k退休帳戶的自提額繳到最上限，每次發薪水都不忘買入一點UPS的股票，他撥出來的這些錢全都坐生利息，等待他和妻子及兒子魏斯利三世未來花用。

他的兒子出生在二〇〇一年，魏斯利說，他最驕傲的是能供兒子不愁吃穿。「我們的下一筆重大投資是讓小魏斯利受大學教育。他這孩子很聰明，還申請到佛羅里達光明未來獎學金，負擔他百分之七十五的大學學費及學雜費。」

魏斯利和安潔拉最近售出一些股票，在他兒時就常去的一座湖畔買了幾塊地。「我有個好兄弟住在那裡。我們後來也覺得，想在湖邊有個地方養老。到時花點退休金蓋我們的第二個家，一定會值得的。等我退休後，我打算把我那艘二十三呎格帝威（Grady-White）鹹水釣船租給有興趣釣魚的觀光客，佛州水岸可以釣石斑和西班牙鯖魚。之後我可能會找件事來做，一週做個三十小時也行。我沒辦法啥事不幹，整天坐在門廊外納涼。」我幾乎已經能預見魏斯利和家人活出美國夢，而我看見的光景非常美好。

狄妮——誰說藝術不能當飯吃？

狄妮出生於德州沃斯堡，生長在典型的「勞動階級黑人家庭」，她是家族中第一個上大學的人。我為本書第一次採訪她時，她三十三歲，剛還清所有債務。她在二〇〇六年從史丹佛大學主修戲劇畢業，二〇一〇年接著於佛羅里達州立大學取得表演藝術與編舞碩士學位，之後她搬到紐約市，追求職業舞者的夢想。曾經與世界知名編舞家合作，巡迴國際演出，產出原創作品。

不過，大學和研究所的日子也讓她欠下三萬兩千美元的學貸和信用卡債，而紐約市專業舞者的年薪平均只有兩萬兩千美元。她覺得自己的債務「決定了我人生能做的事，因為我沒有錢，不能接低酬勞的企劃或不給薪的實習工作，但這些機會對新進藝術家來說，往往是重要的墊腳石。」但她勇敢挑起責任，**在三年內用藝術家的薪水還清了所有債務**。她也把做法告訴我，讓我能與各位分享。

「生活在紐約市，吃飯可能會花掉你很多錢。我堅守省錢計劃，這常代表我一星期只去超市採買一次。有好幾次，我的還債計劃舉步維艱，我只能嘲笑自己。我會特意多走好幾條街，繞過我喜歡的餐廳，然後拍影片自嘲說：『今天沒辦法，Shake Shack 漢堡！』」

先說說狄妮的債務從何而來吧。大學時期，聯邦裴爾助學金（Federal Pell Grant）和獎學金雖然負擔了部份學費、住宿、伙食開銷，但她還是有借學貸的必要。至於其他生活花費，她父親替她申辦了一張信用卡，讓她用這張卡購買回德州的機票、衣服、課本等等。她還在學時，她父親每個月會繳付信用卡的最低繳款金額，「到我畢業後，剩餘的欠款就送還給我，我有責任付清。」

她在佛州州立大學的碩士學程提供研究生教學獎學金，但這些錢只付得了小部份學費和膳宿費用。所以，她又不得不再借學貸，並另辦一張信用卡支付日常開銷。待兩個學位先後到手後，她已經欠下超過三萬兩千美元，加上還款期間所生的利息，債務總計約五萬美元。

信用卡債是我們很多人頭痛的問題。我在前面也提過，回想大學時代，我其實不太懂塑膠貨幣的運作機制。我喜歡閃亮長方形小卡片上的戳印和浮凸的數字。拿著它，我彷彿也成了有錢人，和我們鎮上華麗的購物中心裡，在花草布置優美的中庭大廳來來往往的貴婦人一樣。每次和朋友出外用餐，帳單一來，我就會抽出信用卡扔在桌上，有時只付自己的帳，有時則替大家買單。能買單請朋友吃飯，讓我覺得自己很成功。但我並沒有把信用卡當成支票簿，如果是支票簿，你會記錄支出，然後加總起來才知道是不是快歸零了。信用卡不一樣，信用卡似乎沒有極限，我好像可以一直不停花下去。直到大學畢業我才驚慌地發現，我不知道怎樣才賺得了這些錢還債。負債也讓我備感羞愧，我不敢跟任何人說，包括我的父母和當時還是男友的丹恩。我擔心債務會透露我不堪的一面，貶損我的價值。我從頂尖名校畢業，即將進入頂尖的法學院，但我的債務就像成績單上多了一個刺眼的 F。

和狄妮不同的是，我幸運生在經濟富裕的家庭。所以當我的個人財務一蹋糊塗時，父母用他們上層中產階級收入張開的安全網，就像在我下方鋪了張彈簧跳床，讓我還有機會從谷底彈回來。我也告訴過你，我爸媽後來替我付清了卡債，我只能呆立原地淚流滿面。我至今仍羞於承認，我真的沒有好的金錢頭腦。狄妮可不一樣！

狄妮和她這個世代的許多人一樣，與大學畢業後的薪資所得相比，她們都背負著高到不成比例的學貸。這可不只是因為狄妮選擇當藝術家。對於很多在經濟大衰退期間步入成年的人來說，正職工作難找，薪水又停滯不前，經濟學者也表示，薪資持續停滯下去，長此以往將影響這一群人的經濟前景。不過，不論是何因素導致我們陷入困境，遇到入不敷出的時候，我們都有兩個選擇。我們可以憤恨不平，絕望地兩手一攤，徹底避談這個話題（換言之，就是做些只會繼續把我們往債裡推的事）。或者，我們也可以設法制定並遵行一個能有助擺脫債務的計劃。狄妮選擇了後者。下面我就要來說明！

「除了收入低而債務高，我還住在高物價的城市。」狄妮告訴我。「但我是現代舞舞者，這個產業核心就在紐約市。從業約三年後，有一次我去參加大型公開試鏡。所謂的大型公開試鏡，就是你會和五百人一起坐在地上等待叫號，等了幾個小時以後，上台試演兩個動作。我當時為錢所苦。我跟另一名舞者說：『要是接不到這個工作，我就要去找其他白天的兼差了，因為銀行急著要錢。』結果我沒有接到那個工作，但我開始制定計劃繳付學貸。」

「我讀了丹・艾瑞利（Dan Ariely）寫的《誰說人是理性的》（*Predictably Irrational*），書中提到改變消費習慣，我受到激勵，決定設下一個還債期限，並把我的還債過程公諸於世。我對自己說：很好，我想要還清債務，而且我要在三年內，到我三十二歲生日前實現！接著我把這個想法貼上臉書。立下目標的時候，我其實也不知道該怎麼做。但都在臉書公開了，目標也等於定了。」

「我如果每次只繳還最低付款額度，等於我的學貸加卡債共三萬兩千元，我卻得要用十年支付近五萬美元。**所以我卯起勁來接額外的演出、縮減開銷到只剩基本必須的花費，一有可能就多繳一些債款。我真的會拿著額外的現金，走去自動存提款機繳信用卡費**。我一整季就那一兩套衣服，搭配不同飾品換著穿。其實誰也不在乎。」

聽狄妮敘述她還債的過程，我也在腦中計算了一下。她自律的程度令我震驚。我甚至還沒問她怎麼吃飯、怎麼負擔居住呢——我有點害怕探聽太多，擾人隱私，但我有必要知道她的計劃如何執行。所以我還是問了。

「我的日用採買預算是每週四十美元，另外留十美元以備萬一需要在外吃飯。我的住處附近有一間喬氏超市、一間零售食品商店，我選擇去喬氏超市。我雖然個子小，但專業舞者必須填飽肚子才有力氣一天跳舞八小時。我會準備富含纖維、脂肪和蛋白質的餐點，增加飽足感。我吃很多蔬菜、米飯、豆子、地瓜、鷹嘴豆、香米、黑豆、酪梨。我也會隨身帶點零食，以免排練中肚子餓想買東西吃。有一次，兼差的同事沒問過我就吃掉我放在冰箱的水果，我乾脆做了一張告示寫著：『請不要吃我的食物。我正在還學貸。』」

「找到穩定又可負擔的住處，也是盡早還債的關鍵。我現在住在藝術村，在紐約這就像中了住宅樂透一樣。首先你必須證明你在藝術產業工作，收入也符合要求。接下來有很長的等候名單。我每個月都打電話去確認我現在排第幾個。等了十個月後，我終於分配到一間住屋。在這裡，兩百平方英尺的單人套房，月租金落在六百三十美元到九百五十美元之間，包含水電瓦斯和網路費，還可免費使用排練空間，替我省了很多錢，因為紐約市的排練空間平均每小時費用要二十美元。我的住處很小，感覺就像成人宿舍。但我不在意。」

「我出外都搭地鐵移動，另外留了點錢以免急事需要搭計程車。有時我會購買優步或來福的禮物卡，限制我當月的交通花費。禮物卡用完了，我就告訴自己：沒了就是沒了。用別的辦法代步吧。我發現比起憑記憶力提醒自己不要多花錢，可用的錢有個實質上限，比較容易控制預算。」

「社交活動和出遠門也會對我的預算造成壓力。我那些時尚的紐約朋友會邀請我去昂貴的酒吧和活動，很難每次都拒絕。我很老實地告訴一些朋友說，我的手頭緊迫，他們都很能接受。他們如果邀請我去超出預算的活動，我會說：『我會去露個面。』真的就是去露個臉，在碰面地點和朋友聊個幾分鐘，他們準備入座或進入音樂場館的時候，我就先告退。」

「一般而言，我那些藝術家朋友也比較會注意花費。**我們會拿親友票互相招待看對方的演出，或者聚會的時候，每個人各自準備五美元左右的零食到場一起分享，這樣大家都有得吃**，也都負擔得起。在紐約也有很多免費活動可以參加。有個朋友自己做了公開的『免費活動月曆』。我們出門前會先熱鬧一番，我可能花不到十美元也能玩得開心。」

聽完狄妮敘述她的理財習慣，我有點侷促不安。我的年紀比她大得多，但無論是自律或犧牲的能力都遠比不上她。我其實自己也在偷偷做筆記！狄妮的朋友也一樣——這是她在臉書上宣告還債決心後意想不到的收穫。

我也學會在收入不規律的情況下分配預算，收入不規律是很多藝術須面對的現實。我可能入選一個為期兩年、按季付酬的專案。哪一天又在《勁爆女子監獄》（*Orange Is the New Black*）當臨演，之後在千里達及托巴哥有三星期的駐點演出，然後又有半天上《塞斯・梅耶斯深夜秀》（*Late Night with Seth Meyers*）模仿碧昂絲的新歌《檸檬特調》（*Lemonade*）扮成網球名將小威廉絲跳舞。這些工資匯入戶頭的時間都不一樣。我必須建立一套制度，確保日常的帳單都能準時付清，同時還能撥出額外的錢還債。」

至於目標本身，即三年內還清債務呢？「我準時完成了——甚至呢，還比原定三十二歲生日早了一點。」

「為了慶祝，我替自己在布魯克林區舉辦了一場派對，叫『狄妮脫離債務紀念日！』結果來了好多好多人。每個人都跟我說：快教我怎麼還債！真的很有趣，因為剛開始把還債過程貼上臉書時，底下沒有多少人留言。但我卻收到不計其數的私訊，每個人都想找我聊聊。各種行業、各種經濟階層都有人面臨債務。有的人感嘆在學校從沒學過個人理財，有的人有學貸方面的疑問，也有的人只想分享他們剛付清的信用卡債。可以說，這本來不是我的用意，但後來卻成了我影響最大的藝術企劃。」

狄妮帶給我非常大的啟發。她先是分析問題，然後運用她從自律中學到的經驗，學會逐步還清債務。在我初次為本書採訪她的三年後，我又聯絡了狄妮。她現在依然無債一身輕。她希望為其他無數受債務所困的人服務，所以考取了認證理財顧問（Accredited Financial Counselor®）和認證理財規劃師（Certifed Financial PlannerTM）證照，在非營利單位擔任理財顧問，也設立了自己的財務健康諮詢平台。

二〇二〇這一年考驗了她的做法。她因為新冠肺炎失去不少朋友、同事、鄰居和一名親近的家人。她原本在一個市立機關擔任理財顧問，疫情之初，該機關將她列為必要員工，但害怕每天搭乘紐約地鐵通勤會染疫，所以不久便跳槽至其他公司。疫情對紐約市造成經濟衝擊，她的很多朋友因此搬往郊區。劇場關閉，演出場地也所剩無多。同時，狄妮的住宅正好夾在醫院、看守所、法院和警局之間。「黑命貴運動是我的日常。」她說。整個夏天，她只要一走出家門就會看到上百人，「甚至上千人」，為黑命貴運動在布魯克林區遊行。

「有時候，我不知道我的疲憊是心理的、情緒的、精神的，還是身體的。」她說。「但你知道哪一種問題我沒有嗎？金錢問題。我在七年前就開始做縝密的理財規劃，付清所有債務，建立一筆救急存款，並且有意識地積累財富。所以二〇二〇年的混亂來襲時，我早有準備。二〇一九年秋天我意外受傷，不得不臨時取消舞蹈演出，但我有救急的存款。我確實少了些收入，但我沒有負債，生活開支也低。我有辦法東山再起。我知道怎麼重回正軌。我一直在培養財經方面的能力，當作第二個能賺錢的技能，以免有一天不能跳舞了，所以我後來才能快速轉換跑道，找到財經服務方面的工作。」

狄妮也說：「現在的你好好整頓財務，未來的你一定會很感激自己。我預測不到全球疫情大流行，但我有財務應急規劃。」現在的你可以開始為未來的你做哪些事？

將任何收入的一成存下來。存錢是個熟能生巧的習慣。這個習慣能在理財之路上保護你。

若你選擇借貸，要盡量少付利息。盡可能把債務利率壓在百分之七以下。若你不符合低利率資格，又非借錢不可的話，利率盡量別超過百分之十。

假如你有利率超過一成的債務，請盡快設法處理。企業向你收取利息所賺的錢，通常用來支付酬勞給股東，這些股東八成都擁有遊艇。除非是你自己的遊艇，不然別替人家出遊艇的錢。

建立累積財富的心態。金錢財產只是財富的一種。活用各種類型的財富，打造符合你心目中充實人生的生活。

「還債的過程中，我難免也有幾個月實在沒有錢能多還，我不會因此苛責自己，到最後債務依然消失了。不再欠任何人一毛錢，感覺真的很好。從今以後，可以思考我想如何累積財富，不必再為了考慮還債而壓力重重，這也讓我備感快樂。」

「現在身為專業財務顧問，我會不會建議大家像我一樣激進地還債？我會說，不一定，因為每個人的情況都不一樣。像我是沒有小孩，也不用為其他人負責。最好的辦法是自己多做功課，找到值得信任的諮詢對象，建立一套適用於你的策略。」狄妮本身自然也是一個值得信任的諮詢對象。我把她也列入了附錄的參考資源裡。

回顧自己的故事，狄妮發覺從我們初次聊到她的債務以來，她在短短幾年間有好多體悟。比方說：「大學畢業後，我抱怨**我爸把信用卡債『轉贈』給我，現在看來，那著實是一份禮物。因為有他在那四年間準時繳款，我畢業時才有格外良好的信用歷史**。我現在終於明白，他做的事對我是個幫助。」

她講起這件事的時候，我不禁注意到本章還有一個主題前後呼應，那就是要認真聽爸爸的話。

【重點整理】

不要被錢控制，要先學會控制錢

認識金錢的流通運作、了解你能如何運用金錢，不僅能讓你感覺更像個大人，也能幫助你實現夢想。但有一件事比擁有需要的錢更重要，那就是你必須認識自己，知道自己需要什麼，才可能過得和諧而快樂。照顧自己，可能是你長大後最需要做的一件事。接下來我們來談談心，聊完冰冷的錢，該來聊聊溫暖的你。

第九章 最大的財富

人人都有他的苦處。我們只需要去愛別人的真實樣貌。但願他們也愛我們。

——克萊兒・布朗醫師，《良醫墨菲》

你可能還年輕，覺得自己百毒不侵，也永遠不會老。如果是這樣，你現在十之八九不會想聽我說。

也有可能，你一點也不覺得自己永生不老。你可能感到悲傷、恐懼、徬徨、厭倦，覺得自己令人失望，或者不被看見。

不論你處於上述哪一種狀態，阿姨都在這裡支持你，但還是希望你能繼續讀下去。

我今年五十三歲。依照醫學界的身體質量指數來看，我體重肥胖（對，我說出來了）。我不覺得自己肥胖，但這是社會對我會有的評價，反正我愛自己就好（不過還是謝謝你，莉索）；此外，我幾年前診斷出患有輕微氣喘、糖尿病前期，希望不會惡化成真的糖尿病；我自己覺得我可能有焦慮症，只是一直沒嚴重到覺得需要求醫。我還是一個自找壓力、無微不至的 A 型控制狂。這算是個問題嗎？哈哈哈哈。還好我沒有蛀牙！

這本書關注的是你，不是我。但阿姨和你分享我自己，是因為希望你知道，我一點也不會批判你的體重，或是你有沒有什麼病。我也希望你明白，我非常清楚我不可能知道你正在為了什麼苦惱，或正在努力克服什麼事。但即便將這些都考慮進去，我還是覺得有必要強調，人生是一場漫長而美好的單車之旅，**身體和心靈就是推動你前進的兩個輪子，所以你一定會希望照顧好自己的身體和心靈**。我在這裡不是要提倡哪一種自我照顧的方法比較好，我只是剛好在生命的道路上走得比較前面，希望回頭為你照亮前路，此刻你可能覺得這束燈光刺眼，但我希望你明白，有一天你也會邁向五十三歲，很可能在各方面都不再像現在一樣健康強壯，轉換跑道可能也不再那麼有意義。所以，在你摸索自己擅長的事、喜愛的事，然後著手去做那些事的同時，別忘記如果你能盡量充分並正確地認識自己，並且好好照顧那個自己，你的成年人生會過得更長也更有樂趣。這麼想吧：因為**未來的你希望過上充實人生，所以未來的你會對你說：「拜託請好好照顧此刻的你。」**

你與眾不同，沒有不對

你是美好而獨特的個體，我想要透過書直接與你對話，但同時也對眾多的其他讀者說話，難度非常高。本章尤其難以做到，因為本章想探討的是你的內心構成本質。我所分享的例子，你不見得真的有共鳴。但希望你至少明白這是我的努力，我也希望你給本章一個機會。

我會用「狀況」這個詞來涵蓋一切，包括心理健康和身體健康遭遇的問題（小病小痛、身體傷病、重大病症），到你學習和消化資訊的方法差異。有上述任何一種狀況造成困擾，就算不到動搖也會大幅影響你的生活品質。我在這裡能給絕大多數人的建議，就是盡你所能認識**你是誰**、**你面對什麼狀況**、**你需要做些什麼**才能成長茁壯。而且阿姨盼望你能善待自己所是的這個人，哪怕全世界似乎都在對你的價值說三道四（假如沒有直接出手想「矯正」你）。

我也會不時拿自己當例子做具體說明。雖然我通常都會盡力用他們喜歡的名稱來稱呼某個群體的人，但這些自行賦予的標籤也是會隨時間改變的。身處於該群體之外的人，有可能未能同步了解群體目前偏好的稱呼。比方說，我之所以知道這回事，是因為討論種族身分的時候，在「黑人」和「非裔美籍」等用語風行以前，我們被喚作「黑鬼」，現在也依然有些人稱我們為「有色人種」（其實我們並不喜歡這個稱呼）。酷兒族群搶回了自己使用「酷兒」（queer）一詞的權力，這個詞以前一度用於詆毀他們。（類似還包括「神經病」和「瘋子」等詞語，以前多被用於詆毀思覺失調症患者，很多人因此避用這些詞語。）我也稱自己是酷兒，比起更具體（對我來說）稱我為雙性戀，我比較喜歡酷兒一詞，因為酷兒的包容性更大，能涵蓋所有非異性戀和非順性別的身分，我自己覺得最能形容我的身分認同。

我記得，以前大家慣稱「東方人」，後來漸漸有人說：「不，請稱我們亞洲人。」以前大家慣稱「殘障」或「特殊需求」，後來漸漸有人說：「不，請稱我們身心障礙者。」我也記得從某一時期開始，性別酷兒呼籲不要看見某些代名詞就做出假設，同時開始創造性別中立的新名詞來申明身分。

我記得以前大多數人都不曉得什麼是「順性別」，而我們現在當然已經習慣以此指稱性別認同於出生性別相符的人，相反者則稱為「跨性別」。在情緒領域，我聽說有些人喜歡用「心理健康考驗」和「心理健康共同體」來代替其他把心理健康與「疾患」劃上等號的名稱，但也有些人偏好直接稱「心理疾患」。又如在認知領域，我聽說自閉族群的人創造了「神經多樣性」（neurodiverse）一詞，並且傾向用這個新詞自稱。我也聽說「神經多樣性」這個詞包容廣泛，既包含所有處於自閉光譜上的人，也包含其他腦部功能如學習能力、注意力、情緒表現、社交互動和自律能力天生有差異的人。

有的人如果有「學習差異」或心理認知方式與社會認為的「正常」不同，傾向於稱自己是「功能不同」；但我知道也有人覺得，不說「學習障礙」卻說「學習差異」反而是有問題的，因為在一個不注意、不在乎或不能配合他們需求的社會裡，他們的難處感覺和障礙無異。也有人說擁有天賦才能的同時又有學習差異，等於是「雙倍與眾不同」。我很明白，即使我在這裡盡量讓我的用字遣詞包容所有看法，但因為我本身的所知有限，一定還是不免會漏掉某些指稱。

我也知道，人人都有權使用對他自身來說最有意義的詞語。（像我稱呼自己還是比較喜歡用黑人代替非裔美籍。）而且每個人，不論身分、差異，或是否診斷出某些疾病，都是獨一無二的個體。神經多樣性群體裡，沒有哪兩個人是一模一樣的，同理也沒有哪兩個黑人是一樣的。我尊重且推崇差異，雖然同時我也努力想寫一本能與每一個人對話、吸引每一個人的書。這是個敏感的領域，我會盡己所能不要在書寫中造成任何傷害。

簡單來說，本章希望在推崇人豐富多樣的差異之餘，談談在照顧自我方面，我們共同能做的事。在我們嘗試解構、建構及維持一個健全的成年自我的時候，不論我們是誰，同樣都有一些事應該納入考慮。

如何看待心理健康

就在我寫作本書的同時，十八歲青少年每兩人有一人接受過心理診斷，與前幾個世代相比是極大的轉變。心理健康考驗和學習差異過去在書中可能只會被勉強放進註腳，但如今已值得躍入版面中央。動畫影集《馬男波傑克》（*Bojack Horseman*）會這麼紅不是沒有原因的。波傑克是一匹馬，也是過氣的好萊塢明星，影集以他的故事，饒富意義地討論成癮、憂鬱、種族歧視、自毀行為、性別歧視、性別氣質、創傷等等話題，以及其他林林總總我們人每天都會面臨的考驗。我喜歡。

聽我二十一歲的兒子索亞說，拿心理健康作文章的網路迷因比其他主題都多。我從索亞那裡得知，對於正在處理心理健康考驗或神經多樣性的人，大眾態度通常偏向：你就不能挺過去、列張表、開心一點嗎？假如你無法表現出身心健全或神經典型的樣子（即至少稍微符合標準，像所謂的正常人），你就無法融入所謂的社會。他給我看 subreddit（他目前最愛的社群媒體空間）上面的迷因哏圖，我盡了最大力氣去理解，雖然不盡然懂某些哏圖的笑點，對於圖像的言外之意也經常一頭霧水，但我還是有了相當的認識，知道這些迷因有許多是在肯認痛苦，展現同理和支持，我發現這種迷因文化非常令人振奮。

二十一世紀的頭二十年，美國兒童、青少年與青壯年經歷焦慮、憂鬱、孤獨和自殺傾向的人數激增。我於一九九八到二〇一二年在史丹佛大學任職行政輔導人員，向諮商中心尋求協助的學生人數多到我們必須聘雇更多諮商師和醫師才行。（史丹佛校園在這方面與其他學校並無不同。）經診斷有學習差異的人也大幅增加。時代與以往明顯不同了。我故意在這裡大聲說，**因為有太多與我同年紀或更年長的人，總是認為「現在的年輕人是怎麼了？」而不會想「哇，時代真的不同了。」我知道時代改變了**。原因尚且莫衷一是，但盛行的理論包括：（一）因為汙名化減輕了，更多孩子願意為過去世代忽視不理的問題接受診斷；（二）環境因子可能促使案例增加；（三）父母過度保護的教養方式，與孩童焦慮及憂鬱比例增加有關。阿姨不是專家，沒資格探究原因，我只想讓你知道阿姨明白，**生活對你來說可能是其他長輩不能理解的難**。

阿姨屬於 X 世代，我們從小到大，心理健康考驗與學習差異和癌症一樣，是大家只敢私下耳語的事。你會為對方感到難過。假如有這一類障礙的是自己家人，你甚至可能會覺得尷尬或羞恥。社會上的普遍心態認為**是他們不正常，或者是他們自己的錯**。是的，與更早之前慣常用野蠻的方式治療他們或單純把他們關起來（不幸的是就算到了今天，精神病院仍是帶給人更大創傷的地方），這樣的態度也算是有進步了。但不論到 X 世代出生後，社會觀念有多少進展，在我小時候，大眾聽見心理健康考驗與學習差異，態度普遍依然無情且傷人。

當然，我知道前幾個世代的人不像我們現在，他們無從了解腦與身體的化學反應、壓力與創傷、先天遺傳體質，以及環境和經驗對基因組成的影響，尤其後者是一個相對新的學問，稱為表觀遺傳學（epigenetics）。你很幸運生長在科學研究蓬勃發展的時代，有充分的藥物支援，社會的認知程度、接納程度較高，給予心理健康考驗與學習差異者的資源也多得多。如果你有狀況，有極大機率你的家庭、所屬團體或學校裡有人會注意到、說出來，並設法給予協助。或者你也可能自行求助。你可能有診斷結果。（你也可能沒有診斷結果，但你感受的苦痛一樣成立。）如果尋求專業的關懷及資源，你可能有醫師、諮商師、精神科醫師或教練。你可能接受過或現在仍持續接受治療。你可能某種藥物、方針、服務、支援或其他的應對方式。你所生長的時代，對這些事有更加充分的覺察和留意。這是好事。但以如今常見的程度，學習差異和心理健康考驗有理由也被稱為正常。如何理解及充分接納各種不同的人進入生活的各個領域，我們在這方面還有很長的路要走。

我不該忽略自己的孩子

說到成長，最核心也最個人的一件事，莫過於釐清**我是誰**、**我是什麼樣的人**，以及**我怎麼樣才能運作得做好**，如此一來，你才能繼續維持有效地運作。承認自己的狀況之前，首先需要理解你的狀況是什麼，在可能的範圍內盡可能去釐清它（你可能需要專業診斷，或由臨床醫生或相關專家給予建議），然後接受並接納這就是一部分的你。這個過程可能會來回反覆發生，因為我們會不斷認識關於自己的不同面相，新的自我又會再經歷不同的事。時而進步，時而倒退，這都是很正常的。

你可能剛發現自己某些特別需要關心照顧的面相。初次發現從客觀角度來看，自己與原生家庭或同儕團體的主流典範不同，你可能會覺得大受衝擊。你可能有點傷心，你的差異沒有在小時候就獲得支持、承認或說出來。你可能從小就內化了他人的看法，覺得自己令人失望、是個累贅、天生愚笨，甚至你這個人單純就是個錯誤。我朋友黛比・雷伯（Debbie Reber）是《非典型小孩》（*Differently Wired*）一書作者，她告訴我：「就像一股浪潮似的，青年人紛紛察覺：**哦，原來這就是我一直以來發生的事**。有的人因此如釋重負。也有的人氣憤難消。每個人都算是用各自不同的方式，承認了自己的狀況。」

聽她說到這些不同的猜量，我有切身的感觸。

索亞在小學四年級時診斷出有注意力不足過動症（注意力不足型）、書寫障礙（手寫問題型，即寫字表達想法的這個肢體動作有困難），以及極輕微的焦慮症。我們為他請了一位寫字輔導員，有一陣子也定期接受諮商。但事後想想，我覺得我和丹恩身為父母，因為認為他頭腦聰明、學業表現也好，所以從沒把這些事當作大問題，不然就是認定他長大了自然會克服。但我們錯了。我得到他的同意，與你們分享這段心路歷程。

小學時期，因為寫字這個動作對他非常困難，他獲准去操場時也可以隨身帶著小錄音機，口述記錄他的見聞，回家以後我們會替他打成文字。這些錄音帶我常聽到幾乎要哭出來，因為背景中有操場的各種喧鬧聲，有其他孩子的喊叫，而我這個容易分心的孩子，還在努力想要說明腦中複雜的想法。但他還是做到了。中學時期，學校允許他用「簽名」證明自己確實花了很長的時間寫功課，不必因為沒能寫完受罰，這個妥協作法可以使用三次，我相信他三次都用完了。中學畢業時，校方告訴我們，索亞在校表現優異，升上高中不用列入特教班名單。我們聽了很生氣。（我在會議上問：照你的意思是，假如他成績都拿 C 就可以進特教班，但因為他都拿 A 所以不行？這豈不等於是說，特教班的目的只是為了提升成績，而不是給學習差異的孩子一點喘息空間。我還記得索亞轉頭看我，眼底透露他也察覺這是不公平的。校方回答說：「對。」我和丹恩——受過這麼多該死的教育，人生從來過得順遂——當下只覺得被這些複雜的個別化教育計劃和五〇四特別照顧計劃（注：美國一項公立學校為身心障礙學生應提供特別照顧的計劃）搞得頭昏眼花，校方言外之意又暗示我們不應該替兒子爭取這些，所以到頭來我們什麼也沒做。何況，索亞的確都拿了A。）

快轉到高中時代，索亞學業表現良好，雖然每天寫功課對他來說都是一場苦熬，到了高二，他每晚得花五個小時才有辦法把功課寫完，抗拒吃藥多年的他，為了學校作業開始吃藥，寫功課的煎熬才從五小時減少至三小時。我還記得，我們去請索亞的兒科醫師簽名認可他可以參加田徑隊的時候，醫生表情之錯愕，因為從這件事顯見索亞現在終於每天又「拿回」兩個小時，可以做自己想做的事了。索亞的標準測驗成績也很好，但他拒絕在這上面多花時間，原因我不確定，但我們也不強迫他。之後他上了一所校風嚴格的小型文科學院，沒有尋求特教資源，從此開始了緩慢的崩潰和燃耗，工作量和責任都超過了往昔藥物和家人所能給予的支持，他的表現開始下滑，漸漸失去自信，繼而表現得更差，他自己苦苦掙扎之餘，情緒也備受折磨。（應該不必我提醒你，身為他母親的我，以前在大學當主任，工作就是協助別人家的孩子謀生？）

不知何故，我幫助了別人，卻沒能幫助自己的兒子。不僅僅是沒能幫助他，我最失敗的是沒有看見他。

等我和丹恩終於察覺兒子求學有多辛苦，索亞自己也已經得出了結論，他決定暫時休學。我們安排他去看一位很好的精神科醫師，除了給予藥物，也有語言療程可以幫助他。我們也決定，我們做爸媽的真的應該更認識注意力不足過動症和焦慮症。我們買來成堆相關主題的書籍輪流閱讀，用便利貼在書上標滿重點。索亞暑假回家進他爸爸書房用印表機，看到那些書疊在書桌上，出來後跟我說：「媽，我看到爸書房裡的書了。」我心一沉，很怕他生氣，覺得我們認為他有病。沒想到，他正視著我的眼睛說：「謝謝你們設法了解我這個人。」他的臉上帶著微笑。

做父母的讀到這裡，想必無不眼眶泛淚。因為我們誰也無意傷害孩子。但看看我和丹恩，說自己多愛索亞，一直以來卻忽略他，不去認識，不去了解，自以為懂他，其實根本不懂。我無法倒轉時光，改變我給兒子的回應，但往後我全心承諾要當一個孩子值得擁有的母親，我也希望他終於獲得的理解、終於被看見的感受，也能發生在你。所以，你若對這段故事有共鳴，不妨也在這頁貼上便利貼，拿給需要一讀的人看看。

認識、接納自己

在你開始認識自己的運作方式以後，下一步就是接受及接納自己，最後達至一定程度的自我接納，我稱之為自愛。承認自身狀況，是一個複雜、反覆且長達一生的進程，包含持續不斷的自我探索，以及練習接受時有轉變的自我。我以前的學生亞曼達・蓋倫德（Amanda Gelender），現居阿姆斯特丹，是組織策略顧問、作家、心理健康倡議者及社會影響研究專家，她這樣說：「不是說我今天拿到診斷，我就充分了解自己的狀況，可以朝著自我接納邁進了，對很多人來說，事情沒這麼簡單。自愛和自我療癒不是一條直線，隨著你成長、遭遇新的經驗和考驗，兩者也會不斷發生轉變。你可能得到了一個診斷結果，完全吻合你這輩子以來的感受，你終於覺得獲得理解、如釋重負，與一個懂你的群體有了連結。你可能遇到一個隨便打發你或誤診你的醫生，造成更多痛苦，還耽誤了治療。你可能有一段穩定健康的時期，但緊接著又陷入更深的痛苦和復發。你的傷痛可能源自於長期不斷的虐待或創傷，需要改變整個結構才有可能根治。你可能要嘗試過許多不同的治療方式，才會找到感覺最對的方法。與自己建立真誠關愛的關係，是一個必須終身努力的過程：用最大的耐心和同理心，承認你不時改變的需求、渴望與苦惱。」

個人經驗讓我知道，了解及接納自我有時是個飄渺的目標。所謂的自愛，代表你發自內在對自己有良好的觀感，而不是有外部條件證明你的價值，例如他人給予評價或是你有所成就，你才覺得自己好。（請注意，自愛不等於自戀。自戀是被自己所惑，拒絕看見自身的缺點，什麼過錯都怪罪他人，而且對人缺少同情。）**自愛的美妙之處在於一旦學會以後，不論別人說些什麼，不論別人如何排斥或忽略你，都沒有人能對你造成情感傷害。**因為你發自內心知道，你值得受到尊重也值得被愛，如果有人無法對你表現愛和尊重，你明白問題出在他們的內心，而非出在於你。你現在可能會覺得：**拜託，嘴巴說說當然容易！**阿姨明白，盡量跟著我讀下去，好嗎？

有很多因素能在暗中損害我們自愛的能力。活在資本主義經濟之下，代表我們從小就被教導，一個人的價值決定於他所產出的能力能否化為商品販售給他人。換句話說，資本主義灌輸我們，個人的價值等同於他賺的錢（甚至更慘，等同於他擁有的錢，不管那是不是他賺的）。所以，假如我們的身心靈做不到或不願意去做資本主義重視的事，可能就會覺得遭受評判，好像自己不僅沒有價值，甚至不配當個人。這方面，障礙者公民運動一直站在最前線，對社會價值提出質疑及新的定義。在社會層面上，像是歐洲中心主義和瘦即是美的審美標準，這些訊息也可能影響我們的自我觀感。亞曼達也說：「**主流社會和主流媒體多半維護一種非常狹隘且歐洲中心化的審美標準**，假如你不白、不瘦、不是順性別異性戀，或身體功能不健全，可能就很難感覺到自己在社會上是受到肯認的、像自己一樣的形象是有人代表的。自愛於今只被根深蒂固的權力結構和產業經濟拿來利用，從自覺缺乏魅力、沒有價值的人們身上搾取利益。」

從微觀層面來看，原生家庭成長背景也會影響我們的自我觀感。有的人從小所受的教養，足以讓他不論遭遇何種情況，都堅信自己值得受到尊重與被愛（如果是你，請心懷感激，好好珍惜你這一方面的生長背景）；但我們其他人，從小多少受過程度不一的傷害，必須努力練習對抗那些暗示我們不夠好、沒必要做自己，或擺明說我們就是沒人愛的各種訊息。我說「努力練習」，指的是透過諮商，或對話、正念冥想、書寫等其他方式，以及其他允許我們承認、指明、消化，及至釋懷負面自我印象的做法，實現心靈的成長。學習欣賞自己的價值，有時是艱難至極的功課，但我自己的經歷讓我知道，辛苦是值得的。自愛像是超級英雄等級的情緒隱形斗篷；**一旦擁有它，你不管和任何人互動，情感都不會受到分毫傷害**。我猜你現在想要了，對吧？

但我們不是超級英雄，他人又是我們人生旅途重要的一部分——他們都有自己的個性，行事也都有自己的原則。所以我們不只得練習無論如何都要盡量愛自己，同時也要練習在與人相處時承認自己的狀況，敢於為我們的需求開口。你的狀況若是「看得見」的，你有機會得到一些協助，或至少受到承認。聽到你表達需求，旁人比較有可能當真，相較之下，狀況屬於「看不見」的人，就算設法傳達困難和需求，旁人可能也不會「相信」。話雖如此，很多狀況看得見的人，也不見得會遇到願意認真傾聽他們的人，他們的特殊需求也不一定能得到回應。如果你有看得見的狀況，甚至也有可能引來別人妄自假設你的需求，認定你能或不能做什麼。他們有可能會熱心過頭，尤其如果你失明、失聰、有身體缺陷、坐輪椅，或裝義肢，更是明顯。當然，也有很多人同時有看得見和看不見狀況，但只有一部分苦處被看見、被承認。此外還有他人出於對狀況的無知或偏見，對你施加的汙名抹黑。他們無知是他們的問題，但這不代表刺在身上你不會痛。很痛的。

「看不見」的狀況——例如神經多樣性、憂鬱症、焦慮症、慢性偏頭痛，或患有自體免疫疾病，如慢性疲勞症候群或多發性硬化症。這些狀況所面對的困難截然不同，因為我們表達需求以後，旁人往往「不懂」或「不相信」我們。我從朋友克莉絲身上直接體會到這件事，她患有多發性硬化症，屬於旁人不見得能「看出來」的疾病，但我知道這種病徹底掌控了她的身體。

二〇一九年夏天，克莉絲和我們夫妻倆一同前往德州的邊境城鎮，與艾爾帕索（El Paso）比鄰的克林特（Clint）。我們前來抗議政府不當對待移民兒童。克莉絲一連兩天都全力以赴，自己做標語、舉標語，對過往車輛喊口號，籌組及協助志工，還負責對媒體發言。到了第三天，她蜷縮在旅館床上，一動也不能動，因為疲勞和疼痛令她極度衰弱。隔天，趁著體力恢復許多，疼痛也減輕多了，她向我說明「湯匙」的概念，這是將近二十年前由克莉絲汀・米瑟蘭迪諾（Christine Miserandino）首次提出的比喻。米瑟蘭迪諾患有狼瘡，她用平時餐桌上的湯匙來量化自己每一天的身心能量，在她看來，身心能量是可計量的，想要維持就必須補給。健康的人每天有無限量的湯匙，但慢性疾病患者的湯匙數量有限，日常做的每一件事——穿衣服、吃早餐、打電話、製作抗議標語，都會消耗湯匙，直到用完為止。慢性疾病患者可能一天尚早，湯匙數量就已經用完了，必須休息等待湯匙重新補足。克莉絲告訴我：「我如果為了撐過今天，先借用明天的湯匙，明天能用的湯匙會更少，狀況會更慘。」

對我們這些身心能量似乎無限，或者很容易恢復的人來說，湯匙的譬喻有助於我們體會，對於患有自體免疫疾病或其他「看不見」的慢性疾病，或是面臨嚴重心理健康考驗的人來說，身心能量是一種有限的資源。我想說的是，如果你正面臨慢性且看不見的狀況，阿姨鼓勵你認真想想，有誰是你能夠信任又有安全感的人，把你的狀況告訴他們，尋求他們的理解，就像克莉絲對我一樣。假如你以前沒聽過湯匙的比喻，現在覺得與你的狀況很有共鳴，可以上網查查相關資訊（#spoonie 在 Instagram 和 Twitter 上都是很熱門的標籤）。

另一個承認自身狀況的重要方式，是持續接受原有的支援。不管是諮商或是藥物，別因為你即將步入下一階段，升大學或研究所、開始新工作、搬到新住處，就讓支援中斷。這些重大轉變可能像是抵達終點，讓你覺得我做到了，我不用再接受諮商、支持或服藥了；也可能像是付出代價，讓你覺得我在這裡不想背負汙名，所以不能再接受諮商和支持了。但別忘了，你目前擁有的一切支援都源自於你的需求，沒有必要因此慚愧。不管停止診療有多吸引人，通常來說，中止診療並不是很有大人作風的事，尤其當你處於人生的轉折點（必然有更多壓力），毅然拋棄截至目前提供你重要支援的事物，很有可能造成危害。（除非身體告訴你，目前所做的事正在傷害你——這特別會發生在藥物上。）阿姨甚至敢說，「承認自己的狀況」也包含妥善選擇學校、職業、來往的團體，要有明確證據顯見和你一樣的人在那裡會受到歡迎，也有成長發展的空間。（就像假如你是酷兒好了，你也會希望先查清楚，你即將進入的新職場、新學校、新團體，對你是不是一個安全友善的空間。）

而且不論你身在何處，要能真正承認你的狀況，你得找到懂你的人。你在學校、職場、團體中可能找得到。但網路有個美妙之處，透過網路你能在全球各地找到與你狀況相同的人，網路也讓你能夠與人交流、尋得支持、單純做自己，不必擔心你的狀況引來大驚小怪。你可以透過網路交換祕訣和策略，遇上特別難熬的日子也能互相關心、互相安慰。線上團體能對抗孤立，甚至每一天都為人帶來能挽救生命的交流連結。我們在疫情期間見證了很多實例。

如何分辨你有心理狀況

急性嚴重的健康狀況不容易忽略：你的胸口劇痛、骨頭斷了、做不到自己吃飯、打掃環境等日常基本事務。但憂鬱症慢慢進逼、腫瘤慢慢長大、無力與社會互動，或是疼痛從輕微逐漸加重，這些相對就很難察覺。你起先只覺得「我不太舒服」，然後懷疑「我可能有狀況」，到後來才意識到「我現在急需要幫助。」該怎麼判斷何時需要向外求助？又該怎麼做，才能及時代表自己出手干預呢？

不論你遇到的狀況是什麼，就像我的好朋友唐納文・伊斯瑞說的，**「覺得痛苦，就是最好的指標」，代表你需要尋求幫助了。他的意思不是認為你應該等到覺得痛苦再行動—他主張的是預防痛苦**。我愛死這傢伙了。我從大學時代就認識他，他真的是一走過來就看出我心裡苦，而且也大方幫助我不再感到那麼孤單。很高興他也願意給各位一些建議。唐納文是史丹佛大學維登健康中心的資深心理健康衛教師，在校內幫助學生的生活多點美好、少點痛苦。身體疼痛以及因此引起的心理不適，一般來說很容易察覺，除非你矢口否認。但精神的痛苦，起初不太會有清楚可感的疼痛。唐納文說，我們要學會注意心理痛苦的表徵，哪怕是最細微的徵象，例如「疲勞、感覺喘不過氣；經常陷入沉思、擔心、自我批評、分析癱瘓、不健康的自我懷疑」，這些看似小事，其實很有可能使人步入唐納文所說的「受困」狀態，進而導致拖延心理，或更嚴重的狀況。他說：「身體不活動，就會僵硬或便秘。水不流動，就會淤塞不通。金錢不流通，就會導致衰退或蕭條。假如情緒不流動，也會引發憂鬱。所以，判斷健康的好指標，就是活動。反之假如你受困了，困住的感覺就是尋求協助的好指標。」唐納文說，就像你的車在路邊拋錨不動了，你不會呆坐在那裡等。「理想上，你會聯絡修車技師，讓車子能再度發動。」換個情境，就是找諮商師、醫師，或其他類型的治療師。

良好的心理健康，不只是短暫脫離你原本身陷的深洞。「無精打采的反面，其實是欣欣向榮。」唐納文引用社會學者柯瑞・凱伊斯（Corey Keyes）的研究向我解釋。凱伊斯提倡的概念認為，健康不只是疾病消除而已。唐納文說，我們需要練習察覺自己現在是欣欣向榮，還是無精打采，方法是時常問自己：「我現在的生活充實嗎？我在生活中是否有所成長？我保有好奇心嗎？需要我用心處理的事情有不有趣？我是否能偶爾感受到心流的狀態（體驗到全心沉浸於工作／活動之中的喜悅）？我投入的工作是否給予我使命感？我知道我的『為什麼』嗎？我是否有與他人連結的感受？我是否感覺到自己歸屬於某個團體？或者以上都沒有，我覺得困頓或空虛，困在拖延成性的惡性循環，或困在有毒的關係裡。」（小訣竅：透過養成正念練習，你也能教導自己分辨當下的感受，第十二章會介紹方法。）唐納文說，如果我們單憑一己之力很難走出重複的模式，就需要向人徵詢意見。「你得想辦法發動你的車。」他的意思是找到能與你談心的人。但如果你無法向外求助呢？

即使困難，也要捍衛自己的需求

如果你明顯扭到了腳踝，或咳到半個肺都快吐出來了，你的朋友十之八九會叮嚀你去找醫生治療。但如果你心裡的苦是別人看不見的，你需要培養勇氣當自己的辯護人，捍衛自己求助的權利。當然了，你的內心愈痛苦，愈是難當自己的辯護人；因為一不小心失足，就會滑向深谷。而且我們很多人都不習慣向人表現自己的脆弱。

唐納文承認，求助的確是脆弱的表徵。但他也是學者布芮妮・布朗（Brené Brown）的支持者，唐納文轉述說，布芮妮教導我們：「脆弱，是通往人生所有好事的門戶。」唐納文說：「我們以往認為求助是軟弱的表現，現在我們需要改變心態，相信開口求助是聰明人和成功的人會做的事。」

唐納文常用一段「迷你饒舌」來說服學生相信，求助其實是聰明之舉。我在第三章和各位分享過。「你們並不完美。」唐納文會說：

> 你們知道嗎？游泳名將菲爾普斯有游泳教練，體操好手西蒙・拜爾斯也有體操教練，小威廉絲網球那麼厲害了，也有揮拍教練。你呢？你各位真的厲害到不需要任何幫助嗎？

他接著又問：

你們之中有多少人樂於幫助別人，但卻不會向人請求同等的幫助？

問完這些問題後，唐納文會請學生練習求助：

看看你的待辦事項，分辨哪些項目事可以尋求協助的。就算是很簡單的事（請朋友去超市時順便幫你買你最愛的零食），也能讓你慢慢習慣開口。對方說不定很高興能幫你的忙，你們的交情說不定能因此而更好。

在你心中有一塊情感的肌肉，只要你懂得善加運用，可以為你提供強大的保護。這塊肌肉叫作「心理彈性」，而以下是心理彈性鍛鍊的過程：想像你還在學走路。你笨拙透頂，站起來幾次就摔倒幾次。第一次嘗試絕對做不好。但到了不知道第幾次，你逐漸掌握要領，體力和平衡感也在過程中提升了，你開始能意識到周圍環境，於是你放膽走出去，準備好挑戰下一件事……爬樓梯！

我朋友亞狄娜．格里克曼（Adina Glickman）與學員討論培養心理彈性時，很喜歡用上述這個形象化的比喻。多年來，她史丹佛大學生提供學業上的支援和輔導，很多學生苦於時間管理不當和拖延成性，而且這些事還可能只是表徵，底下隱藏著其他狀況。亞狄娜現在是私人執業的學業、生活和事業輔導教練。她常教導學員：「學習走路的過程中發生的事，不只是我們是擁有一個有目的的目標（我想走路），也不只是我們堅持不屈（我要繼續維持下去），而是我們從經驗中有所學習。心理彈性，是我們反省挫敗、理解原因後從中學習的能力。」

時間還是有療癒效果

當學員遭遇重大挫敗，亞狄娜會帶領他們回顧更早以前遇過的挫折，以及後來走出來的過程，她知道這能幫助學員抵禦當前的處境。「要找到心理彈性，無可避免會依循一個起伏的過程，從期待到失望，再到心情低落，接下來與人交流此事，得到不同的觀點，心情發生轉變，然後生活環境也改變了，風向隨之轉變。我會說：你遇過別人拒絕當你的舞伴。也遇過你想唸的學校退回你的申請。你絕對有一些經驗可以用於現在發生的事。主動反省過去，有助於理解現在。」以下是個例子：

學員：他拒絕當我的舞伴以後，我有足足三天沒踏出房間。

亞狄娜：所以，你還記得第一天，你覺得**我死也不想再走出我的房間**？

學員：對。

亞狄娜：後來呢？

學員：三天後，我在房間裡無聊到受不了了。

亞狄娜：是啊。**心情會改變**。

學員會對亞狄娜說：「我一旦哭了，就永遠停不了。」但她會回答：「不，你不會永遠一直在哭。你可能會哭上幾個鐘頭，但後來你會口渴，你會起身去喝水。你不可能邊喝水邊哭，一定會暫時中斷。之後你可能又會開始哭，但你遲早得去尿尿。時間推進，生活推進，遲早會有電話響。」這裡想教大家的是，你以前也遇過煎熬，但當時的心境後來也改變了，現在你遇上另一個煎熬的狀況，但遲早你的心境也會改變。

有時候，我們會為自己的無能為力更加氣餒。亞狄娜說：「很多人會說，我明明是個堅強的人，為什麼會這麼難過？或者會說，我都做了這麼多，為什麼這件事還是一直困擾我？但心理彈性的關鍵不只在於你——關鍵是你以目前的狀態可以怎樣合理面對這件事。關鍵是開始了解自己在世界上的位置和能力，以及配合世界當前的樣貌，這兩者又需要做些什麼調整。我們不會跟黑人說：『你開車幹嘛不放輕鬆。』說這種話根本是白癡無腦。我們也不會跟女人說：『認真一點，你也能賺得和男人一樣多。』因為現實比這複雜太多。凡事都是有來龍去脈的。每個人都有必要了解自己對脈絡的影響多深，脈絡對我們的影響又有多深。」

她也建議學員有機會多聽些他人的經驗，多練習理解他人的遭遇。「你還年輕，代表你自己的經驗尚未大量累積，所以有必要與他人交流，了解別人曾經怎麼處理事情。就算只是收集不同觀點的故事，也有助於創造動力，幫助自己的心境向前推進。倘若能消化比你自身感受更大的經驗，你就多了一種觀點。你的痛苦會變成『世界上不只有我這樣』。有能力為此刻的心境撐出一些空間，就能幫助心境改變。」

亞狄娜說，你愈能「體會自己的經驗」，心理彈性也會愈強。「等你到了三十歲，你會有更充足的經驗和更多參考基準。到時你就能說：噢，我記得那件事，感覺真的很差，我當時除了傷痛什麼也看不見，但我熬過來了。」

亞狄娜喜歡協助對方練習思考「眼界」，意思是除了眼前的狀況，你同時還能看見多廣的時空。眼界愈大，愈能幫助你「理解一切的發生」。她舉了個例子說：「人年紀愈長，通常能想得愈遠。你五歲的時候，大腦尚未發育成熟，欠缺對時間的認知，所以眼界非常短淺。你只會問：**今天點心吃什麼？今天能去看電影嗎？到了高中，假如有人要你制定五年的計劃，你會覺得我哪知道五年後我想幹嘛，預想一年或許還行。但等你歲數更大，活過的日子更多了，你愈有辦法說：我現在能展望比較久遠的未來，因為我也有久遠的過去。**」

心理彈性這東西相當厲害。誰都希望能一彈手指就獲得心理彈性，或報名課程就拿到執照，或期待有人為我們創造心理彈性，但這是不可能的。人生就是我們的老師。曾經遇過的煎熬日子，會幫助你認識何為煎熬的生活，你也愈有機會培養出心理彈性，只要我們願意如亞狄娜說的去「體會自己的經驗」（即練習感受心情並消化心情，如果有專業人士協助會更好）。另外，有些日常可得的生活經驗也能自然鍛鍊人的心理彈性，例如從事團隊運動。我私下一位從事股票投資的朋友（我在第三章提過他，他盡可能只請最優秀的人才來做替有錢人投資理財這份高壓工作），他就說：「要有心理彈性，首先要練習失敗，尤其是團隊合作的失敗，這樣的人才不會一見事情不如理想就被情緒沖昏頭，什麼事也做不了。從事過團體運動的人似乎都有這種能力。這也是我們的頂尖員工共有的特質。這些員工將團隊運動學到的教訓和經驗運用在職場。**運動員即使輸了無數場比賽，仍舊能以運動員身分被不同隊伍徵募。很矛盾不是嗎？徵募運動員不見得只會在獲**

勝隊伍裡挑人，也不代表球員沒犯過錯誤，何況球員的失誤都公開在大庭廣眾之下。但他們依然有價值。想像教育學術方面如果也能創造一個自然培養心理彈性的學習環境，豈不很好。」

沒錯。我也盼望有人想像這件事。但那會是另一本書了。

遊戲隱藏的力量

焦慮症，是今日全體人類最常面臨的心理健康考驗。

不過關於管理焦慮情緒，阿姨想告訴你一件你可能沒聽過的事。英國牛津大學一項研究指出，玩某些遊戲可以治療焦慮症（和創傷後壓力症候群）。（是真的！）我是在珍・麥高尼格（Jane MacGonigal）的書《超級好！用遊戲打倒生命裡的壞東西》（*Super Better*）讀到的。等等我會再為你介紹作者，但現在的重點是，研究者發現，需要持續大量運用視覺處理能力的圖像遊戲（如俄羅斯方塊或《Candy Crush》）和類似效果的卡牌遊戲（如神奇形色牌）「能幫助我們停止擔心出錯」，因此可以阻斷焦慮。這是因為「焦慮──跟痛苦和創傷記憶一樣，也跟渴望一樣，需要意識關注才能推演開展。」焦慮雖然是應付威脅和壓力的有用反應，但麥高尼格博士也說：「如果焦慮並沒有幫助你辨認自己能積極採取哪些具體步驟，反而只是造成沮喪，那就先去玩個遊戲吧。同樣的，你明明真心想做或必須去做的事，如果焦慮一直勸阻你不去做（例如搭飛機、發表簡報、參加社交活動），不妨玩個幾分鐘的遊戲擋住焦慮。」

研究遊戲玩家的心理力量，以及這些力量如何幫助遊戲玩家解決現實世界遇到的問題，並以此取得博士學位，珍・麥高尼格是全球第一人。光聽就很酷吧？她就像來自未來的巫師，身負的使命是要推動我們走向更好的時空。她說自己人生頭號目標，是希望有朝一日見到遊戲設計師獲得諾貝爾和平獎提名。我有幸和珍見過一次面，當時一名同事邀請她來校園演講，與大二的同學聊聊該如何選擇主修科系。

玩線上遊戲可培養現實生活所需的能力，珍對這方面的知識不單只來自她做的研究，她對這件事也有親身體會。二〇〇九年，她因為輕度創傷性腦損傷，必須強迫腦部休養數個月，以使腦功能恢復正常。這段時間裡，她的頭痛持續不斷，不僅很難閱讀、寫字、說話，就連想事情也很難想太久。時間久了，她開始覺得絕望，絕望的心情終至轉變成自殺的念頭。有一天她意識到，**我再不想辦法把這些做成遊戲，我真的會殺死自己**。

於是，她為自己設計了一個角色，開發出名為《腦震盪殺手珍》（*Jane the Concussion Slayer*）的遊戲（命名靈感來自影集《魔法奇兵》〔*Buffy the Vampire Slayer*〕，後來又改名為《超級好》（*SuperBetter*）。透過中命名壞蛋、研發技能、徵召盟友，並且每天更新進度，珍熬過了漫長的腦震盪後康復期，在遊戲中獲得傳奇勝利，現實中也痊癒了。如她自己所說：「我不只是好多了，我康復得超級好。」珍把她的遊戲分享到網路上，幫助了五十多萬人之後，開始有幾名獨立研究者研究起她的遊戲，她把這些寫成書，書名就叫《超級好！用遊戲打倒生命裡的壞東西》。

《超級好》這款遊戲至今依然活躍，珍本人也是。不只許多對抗憂鬱症、癌症、成癮、體重問題和其他各種困難的人會利用這款遊戲，有些人並無特別的困難需要改善，只是想提升某些生活層面，也會玩這款遊戲。阿姨鼓勵各位想一想，玩遊戲的技能能為你的現實生活和現實的你做些什麼。請你一定要知道，我並沒有小看你遇到的困難。我只是希望向你介紹這個經過很多科學研究證實的酷方法，說不定派得上用場。下載《超級好》到你的手機，為你的勝利目標取個名字，開始玩遊戲吧。

十九個技巧，生活更美好

我朋友喬伊・霍特葛瑞夫，西北大學的工程學教授兼主任（在第六章提出手電筒比喻的那位），見過無數聰明伶俐卻被焦慮壓垮的學生。因為喬伊這個人對人類心靈的信心不亞於他對工程原理的信心，他說服西北大學的「在位者」讓他成立「個人發展工程事務處」，教導工程學生即興劇、搖擺舞、情緒商數等等，當作「邀請學生在工作中投入靈魂」的方法。但他設了機會，不代表學生就會自動來報名。事實上，學生興趣缺缺。於是他想出一個理由來吸引他們的左腦：「想有巔峰表現，照顧好自己是務實的辦法。」結果奏效了！

根據我向喬伊學到的事和我自己的人生經驗，以下是阿姨給你的自我照顧指引。（自我照顧不必購買一大堆產品，也不用仿效你在 Instagram 上看到的各種完美形象。有很多方法和形式，不必一定要花錢消費，或挪用不屬於你的文化。）阿姨列出的自我照顧清單，其實無非是些關心自己的老派方法：

一、**深呼吸：**廢話。但你知道嗎？你的心臟和肺合跳的浪漫舞蹈，可以有效控管你的情緒，也是你身體健康的基礎。認識你的呼吸節奏：什麼會讓你呼吸急促，怎麼樣能平緩下來。自我覺察會帶來更良好的心肺健康。焦慮來襲時，深呼吸也是回復放鬆狀態的好方法。

二、**睡個好覺**：小時候，爸爸媽媽會要求你在固定時間上床睡覺，等你老了，可能用盡方法也很難維持熟睡。所以中間這幾年很可能是你睡覺最幸福的歲月，想要幾點睡覺、睡在哪裡、如何入睡都決定在你。對了，你如果是老愛吹噓自己睡很少的那種人，建議你別再這樣了。你有可能是迫於無奈而睡得很少，比如你爸媽要求你所有科目都要拿 A，不在乎你睡多睡少。又或者你所在的職場有類似觀念（例如推崇奮鬥文化）。無論如何，別再這樣就對了。當大家都在吹噓自己不用睡覺，會形成一種比較「誰睡得比誰少」的有害文化。（就跟吹噓自己經常喝得酩酊大醉一樣。嘿，如果就是你，這也是你最好停止的事，如果你還希望當個正常運作的大人。）你的身體和頭腦真的會在睡覺時充電更新（我是說真的）。健康長壽的的人生得力於睡眠。所以從現在開始，該怎麼做就去做，改成吹噓自己每天能睡足八小時怎麼樣呢？

三、**多喝水**：科學家說，人體約可忍受三星期不進食，但不喝水只能撐三到四天，因為沒有水，器官就會開始停止運作。（從這方面看，《我要活下去》的節目又有了全新的意義，對吧？）很多飲料含水（如果汁、汽水、咖啡、茶）。但每天仍應該喝下充足的白開水，你的引擎才能運轉滑順。

四、**動起來**：身體需要你選擇喜愛的活動，實際動起來。如果你的運動能力有限，向照顧者或物理治療師尋求協助。瑜珈、皮拉提斯、健身操、太極拳、舉重都是和緩的運動，但一樣能穩定鍛鍊肌肉，達到流汗強身效果。有氧運動可以走路、游泳、跑步、上武術班、球類運動、跳舞、園藝工作、騎單車。不論你做哪一種運動，目的是要強化你的心肺功能，鍛鍊靈活的肌肉、關節和肢體協調。你也會喜歡運動後分泌腦內啡，喜悅流遍全身的感覺。疫情期間，我好幾度深陷沮喪，甚至屢次感到絕望，都是踩完跑步機獲得的腦內啡將我拯救出來。

五、吃得營養：食物等同燃料。光是放慢步調，好好品嘗食物，對你的靈魂都有好處。阿姨年紀一把，見過很多飲食風潮來了又走，我永遠不會跟你說，哪種飲食方式對你的身體和生活型態最好。該怎麼吃、該吃什麼能讓你有飽足感，又能維持腸胃消化健康，你得自己尋找答案。可能的話，吃東西應該要讓你開心。（我沒有明說，但若你覺得自己有飲食方面的障礙，阿姨鼓勵你尋求協助。本章「別只聽我說」的部分也會介紹一位患有飲食障礙症者莎拉的案例，希望對你有幫助。）

六、伸張你的自主權：如果你的父母對你保護過了頭，隨時都要知道你的行蹤，一舉一動都命令你該怎麼做，每一件小事都要求稟報，一天到晚耳提面命，又或對你百般挑剔，或者任何大小事都搶著替你處理，那麼你的父母或監護人很可能在無形中損害了你的自主權，但自主權是身心健康和執行功能的基礎。好好照顧自己，代表你有必要告訴這些一片好心的家人：「我愛你們，但這些事我可以自己來。至少我會自己嘗試。」這會是你與父母劃立健康界線的一大步，你要能當個健全的大人，這是必經的過程。有必要的話，你可以在這一段貼上便利貼，拿給需要的人看。（新研究發現，父母極力替你緩和恐懼，好讓你不用經驗恐懼，有可能反倒把這些恐懼轉化成嚴重的焦慮。比方說你怕黑，父母於是確保你永遠不會置身黑暗；你害怕獨處，父母於是確定你隨時有人陪；你挑食，父母於是只準備你愛吃的食物。）如果你對上述內容有共鳴，也建議你與父母和諮商師談一談。

七、消化你的感受：我的英國母親和她的同鄉，光是想到對事物有任何感受就渾身哆嗦，更不用說與人談論感受了。我很多亞裔的同事與朋友，也都如此描述他們的父母。另外不論族裔或國籍都有權威型父母，對育兒擺出「不聽話就滾蛋，老子說了算」的姿態，絲毫不在乎你的感受、看法或需求。此外也有情感忽視或虐待的父母，對你視而不見或施加傷害。（如果你不是被這樣的父母照顧大的，請務必要感謝上蒼！）

不論生長在怎樣的家庭，也不論你是怎麼長大的，悲傷、失望、恐懼、沮喪、憤怒都是人之常情。壓抑這些情緒當下或許（看似）有用，但積存久了，這些情緒會跟隨不去，像口袋裡的石頭一樣拖著你，妨礙你的社交能力，讓你難以用和善平靜的態度與人來往。所以你需要一個抒發情緒的出口，例如寫日記、冥想、創作藝術，或是與其他人類對話。

稍微將目光從你的內在自我拉向外在世界，請容阿姨說一句，不論當前你的生活經歷什麼事，周圍都還有更大的力量在作用，那是你無能為力無法控制的。現代生活的忙碌引發了孤獨的議題，對科技的依賴也減低了人彼此來往合作的機會。氣候變遷、收入不平等、政治對立、結構性歧視、槍枝暴力氾濫等生存威脅也對人產生負面影響。而且這些都還是新冠疫情前的危機。

置身動盪的環境可能令你意志消沉，但假裝這些事不存在也不會比較好過。關鍵是要承認它、消化它，然後繼續前進。與家人朋友聊聊你現下的煩惱。也花點時間聊一些你慶幸的好事。並且永遠只把心力放在你能控制的事物上，這包括你的呼吸、你的自我價值、你的行動、你的反應。你可能比你認為的還要堅強。

八、找到使用社群媒體的平衡點：阿姨不會要你關閉 Instagram 帳號，但阿姨會提醒你（第五章也提到過），研究顯示，在你情緒不安定或自我觀感浮動的時候，社群媒體對你的心情影響較大（正面互動讓你更加自我感覺良好，負面互動讓你感覺更差）。但若你目前情緒穩定、心智堅強，則社群媒體貼文對你的自我觀感則不太有影響。所以你當前的狀態，你自己最清楚。你是不是美其名說要放鬆心情，結果臉書、IG滑個不停？是的話，何妨試試看改與好朋友當面聊聊天，或靜下來看看書。別人精心修飾過的生活、紛雜到有爆炸之虞的看法，都應該小量攝取就好。（關於社群媒體對你心境的影響、對人際關係的阻礙或幫助，可以回頭複習第六、七章）。

九、勇於開口表達需求：我自己在這方面也吃過很多苦頭。我從小就意識到，我不太能得到我需要的情感支持，那是一種被拒絕的感覺。所以在我長成青少年，乃至於成年後，我一直習慣讓別人猜測我的感受，而不用我自己開口（這樣子是可以免於遭人拒絕，但很少能獲得我期待的結果）。要到我四十歲及至現在五十多歲後，我才漸漸敢於開口表達需求。我鼓勵各位多多嘗試。希望獲得期待中的安慰或解答，這很可能是最快的方法。

十、定期健康檢查：很多年輕人不知道要做健檢，所以我們就來探究原因。可能你負擔不起醫療費用，或是經常覺得受到醫療從業人員有意無意的批評，所以不願意再去看診（阿姨懂，相信我）。這些都是合乎情理的阻礙。如果是錢的問題，查查看你所在的鄉鎮縣市有沒有服務低收入民眾的醫療院所，另外也可以查詢《平價醫療法案》（Affordable Care Act）在該州的實施細則。**如果你幸運有健保或牙科、眼科醫療保險，就算你覺得自己很健康，也請善加利用。理想上最好每年做一次全身健檢，**接受各項檢查，接種適合你目前年齡、性別、健康風險、生活型態的疫苗。

你應該要能坦然面對你的醫生／護理師，不怕受到嘲笑或批評，所以假如他們對你有偏見，不管是什麼原因，都建議你另尋醫療服務院所。

如果你性生活活躍且非固定伴侶，應每半年做一次性傳染病檢查，確知自身狀況之外，也能如實告訴你的伴侶。牙齒也好每半年檢查及洗牙一次。狀況必要時，要去做視力檢查。總之，不論你的戶頭有多少存款，也不管某個醫生對你多沒禮貌，你的健康比什麼都重要。血壓升高、某處長出腫塊或黑痣、血糖等身體「糖量」過高，久了都有可能導致更嚴重的病症。所以，勇敢踏出這一步，好好善待你此刻擁有的身體吧。老後的你會感謝現在的你。

十一、尋求諮商：也許你有很多情緒煩惱，足可花些時間與諮商師聊一聊。每星期一個鐘頭，有人願意靜靜坐著只聽你說話，難道不好嗎？阿姨自己也曾受惠於心理諮商，所以要在這裡為它說幾句好話。（坊間有不少收費合理的諮商師，獅子大開口的當然也不少。很多會依照你的財務能力提供浮動收費。另外，如果你有醫療保險，請選擇有「行為健康」項目的諮詢方案，這是我們所謂的心理健康在保險公司的代稱。）好的諮商師會協助你釐清到目前為止經歷過和現在仍在經歷的困難。你可能會漸漸覺得與諮商師建立交情，等你好轉以後要與諮商師告別，你會有點難過。但找回對自己的信心重新投入世界才是最棒的感覺。而且只要你有需要，回去諮商師依然會在。對了，如果你的父母是不准你表露感情的類型（見前文），抵抗他們這種想法也是自主能力的展現。你形同宣告：我的家人或許不認同人的情感，但那是他們。我的人生由我主宰，由我決定我需要哪些資源和協助。

還記得第六章的心理諮商師蘿蕊・葛利布嗎？她認為一般人忍耐太久才敢主動找人談談。「很多人沒有想到，長大成人也代表要懂得照顧自己的情緒健康。情緒健康不是可有可無的，也不代表你貪圖快樂——你首先要有健康喜樂的心境，才能當個功能健全的大人。很多人會等到憂鬱症嚴重到沒力氣下床，或是焦慮症嚴重影響生活後，才覺得需要求助。但我建議大家，只要出現我不清楚怎麼了，但我覺得不對勁的感覺，那就夠充分了。你有必要把情緒健康置於優先。它會影響你的人際關係、友誼、家庭生活、工作成就。大家有必要優先照顧情緒健康，不能為了兼顧其他事，就對情緒置之不理。」

最後一個提醒。跟用藥一樣，你需要確定你的諮商師對你是有用的。我和丹恩在二〇一四年接受婚姻諮商，有一次約診當天，正好發生一名手無寸鐵的黑人青少年麥可・布朗（Mike Brown）在密蘇里州佛格森遭警員槍殺，布朗命案後來成為黑命貴運動發起的基礎。我當時看了新聞心煩意亂，遲到了十分鐘才慌忙衝進診間，並道歉解釋發生的事。丹恩看著我，臉上寫滿難以言喻的悲傷，但白人男性諮商師卻是一副「你有病嗎？」的表情。我們後來又繼續接受了幾個月的諮商，但現在回想，我早從那一天就對他失去信任，早該二話不說去找新的諮商師。**假如你發覺你的諮商師好像不懂你，或世界觀與你不同，你盡可以中止彼此的關係，尋找新的諮商師**。

十二、明智用藥：很多人成年後，往往會覺得**太好了，我撐到長大了，不必再吃藥了**。阿姨要提醒你，不要因為步入下一個人生階段，就輕易拋棄原本定期服用的藥物，因為很有可能是藥物幫助你走到現在。（各位在本章「別只聽我說」的段落會讀到一名躁鬱症患者傑夫的例子，他最常面臨的掙扎，就是與自己爭辯該不該服用緩和躁症的藥物。）話雖如此，亞曼妲・傑蘭德（Amanda Gelender）說：「對神經多樣性的人來說，用藥是很複雜的事。藥物如果對有助於維持健康，你當然希望服用，有辦法長期穩定服藥，對有的人甚至是一種幸運。但你也需要傾聽身體和直覺，判斷藥物是否對你有幫助，並且盡可能安全健康地使用（突然中斷用藥並不安全）。我服用過數十種精神科藥物——遇過藥物很有幫助的時期，也遇過用藥過度受副作用傷害、身體極度不適的時期，還有一段時期，我慢慢減少藥物劑量，試試看不吃藥以後大腦的狀態。心理健康治療方面沒有哪一種全體適用的方法，藥物只是眾多選項之一——我們應該把焦點放在藥物的取得與自主權，不應該以有或沒有服藥來羞辱別人。我們只能以手邊可得的資源盡量做到最好，身在一個從病患身上獲利的衛生體系裡，我們要知道獲取健康是很難的。」永遠要記住，就算別人有和你類似的診斷和處方，吃不吃藥仍會依每個人的狀況有所不同。有時我們會為了吃不吃藥與朋友立場相左，或因為停藥或恢復用藥而影響自我觀感的良劣。但每個人都有自己的路要走。盡量別讓別人的評判影響心情，導致你不去做必要的事。

十三、**找到同伴**：我在第七章分享過，人際關係是長壽的關鍵。所以好好照顧自己也包括與你真心欣賞、對方也真心欣賞你的少數人建立堅實的連結。（不見得一定要是真人關係。有的人覺得 MMO RPG 大型多人在線角色扮演遊戲是能與人自在來往且有意義的地方。也有人覺得透過 Twitter 反而能認識共有相同興趣、關心相同議題的人。疫情也讓我們看到在特定情況下，網路有時是我們與人安全來往的唯一管道。）不論真人或線上，這裡要強調的是自選家人的概念，朋友（不管是個別的人或一個群體）是讓你有歸屬感的一群人，你感覺有義務對他們忠誠，與他們來往讓你的人生多了某些意義。這些人是你能否好好這顧自己的關鍵因素。有的人在原生家庭就擁有這種關係，有的人沒有，但你可以為自己選擇同伴。

十四、開懷地笑，盡興地玩：笑和運動一樣能促進分泌腦內啡，即可以暫時消除疼痛、壓力、焦慮的神經化學物質。說笑話、看Netflix的喜劇節目、去喜劇俱樂部看表演。（不要在職場或一群陌生人間講笑話。幽默之所以能逗人笑，往往是因為搔及敏感議題。**因為每個人關心的事不同，容忍限度也不同，某個人覺得好笑的話，別人或許感到厭惡。**相信我，你絕對不會想跟吃素的人講吃掉寵物豬的笑話，雖然那可能是你最愛的笑話。）至於玩，意思一如字面，就是玩。做有趣的事。做無聊的傻事。開心起來。放鬆身體，放鬆心情。放下煩惱玩個盡興。

十五、多多擁抱：我父親是公衛博士，基本上非常奉行西醫，但撫養他長大的繼母是美國黑人原住民女性，讓他學會尊重先於西方科學之前的智慧。一九八〇年，身任醫務總監助理兼美國公共衛生軍官服務團團長，籌辦了一場另類醫學研討會，會後他帶了一件T恤回家給我，胸前寫著「每天擁抱四次」。擁抱有療效的概念在當時還只是一種盲信，所以當時十二、十三歲的我看了覺得很是驚奇。現在我們根據研究已經知道，擁抱能促使身體釋放「好心情荷爾蒙」血清素和催產素。當我們互相觸碰、擁抱或挨近坐著，身體都會分泌這兩種激素，減低壓力荷爾蒙水平、降低血壓和心律，甚至能減輕痛覺。有證據指出，即使只是擁抱寵物或娃娃也有相同功效，所以就算身邊沒人（或沒有你能自在擁抱的人），你還是能獲得抱抱的好處。

十六、體驗性高潮：哈！阿姨猜你沒料到有這一項。但這是一本討論「轉大人」的書，**愉悅的性也是健康、健全的成年人生的一部分。你可以與人一起也可以自己做到。**（如果你從小受到禁止自慰或女性性高潮的戒律約束，是時候拋開這些有害的觀念了）人體驗性高潮時，身體會分泌強烈的神經化學物質多巴胺和催產素。多巴胺帶來喜悅，催產素創造信任和親密感。不論性別、性向和關係狀態，每個人都有資格感受性高潮的歡愉，不必非得經過誰的允許。

十七、有一個去處練習感恩及尋求指引：關於這點，我絕不會告訴你一定得怎麼做——你可能信仰虔誠，也可能重視性靈但沒有宗教信仰；你也可能抱持百分之百世俗的價值觀和信念。重點在於找到某種屬於你的信念體系，定期溫習以獲得支持和鼓勵。擁有一個你能安頓身心的地方，就算只是腦中通往內心深層念頭的空間也無妨，你可以在那裡思索自己感謝的人事物，也可以依照你最需要的方式，尋求成長的指引和支持。要記住，沒有人期待你要完美。你還在成長。直到嚥下最後一口氣以前，你都會繼續學習及成長。練習表達感謝及尋求指引可以成為你成長路上的羅盤。

十八、寬恕：阿姨沒有資格告訴你，對於你所經歷的事，你該有什麼反應或感受。阿姨想說的只是假如懷抱怒氣和創傷不放，你在心理層面上會發生的事：到最後那可能會使你的傷痛惡化。我在這裡希望協助你預防此事發生，萬一已經發生了，我希望幫助你緩減。

我以前很擅長生氣。我的情緒外加言詞都是有利的武器，進可當劍，退可當盾。老實說，我們全家都很擅長。但步入四十歲後，我漸漸能體會任何壓抑在心中的怒火就像在柵欄內瘋狂亂衝的野馬，對我的心臟或血壓都不好。（我周圍的人也不會多愉快。）所以，即使你還沒準備好原諒一個人，為了你自己著想，開始練習寬恕或許是值得的。寬恕不代表赦免某人鑄下的傷害，只代表你已經決定把你身上的傷痛放開。原諒會把你的力量還回給你。這條建議也包含原諒你自己。我朋友亞狄娜說得好：「你的怒氣只會使你的血液沸騰，不是他們的。你的憤怒只會關起你自己，不會關住他們。不斷生氣就像自己喝下毒藥，卻希望對方被毒死。原諒看似是讓對方脫身，但其實是讓你自己成長。」

亞狄娜也補充說，假如你生氣的對象是自己，不管是氣自己傷了別人或氣自己失敗，「原諒自己首先需要你願意寬待自己。」好好評估發生的事，思考你原本可以怎麼做，下次又或許能怎麼做。原諒自己，你的腦袋才能停止回想那些片段，然後向前邁進。你的感恩和指引練習在這時候正可帶給你莫大幫助，輔助你釐清你在哪一方面應該原諒自己或他人。至於真正嚴重的創傷，接受諮商治療或許對你有益。

十九、最後，永遠別低估小睡十五分鐘的力量：阿姨得承認，我從來就不習慣小睡（一來白天我很難輕易入睡，二來要按照規定時間醒來我也不開心），但西北大學的霍特葛瑞夫教授向各位保證，小睡十五分鐘能大大改變你的生活。時長是關鍵，因為要是睡太久，進入快速動眼期才醒來，你會昏沉無力。（聽起來可能很矛盾，因為一般都說要進入快速動眼期才是「好品質」的睡眠。重點是小睡求的不是睡眠品質，而是要讓你的電池快速充電。請把小睡想像成快充強化，而不是完全充飽電。）

【別只聽我說】

專業助生命一臂之力

東恩——重新認識自己

先讓各位知道我們將在這裡談到什麼，東恩的故事重點是消化感受之重要，也會討論到青少年自殺。從他十六歲高二起，我就認識他了，他和我家兩個孩子是同學。那一年，東恩一共有三個朋友了結性命，這從來就不是十六歲少年該經歷的事。東恩回憶當時：「逝去發生時，我最震驚的是這些都非意外，而是他們的選擇。雖然我們生長在帕羅奧圖，算得上條件很好很好，但我這些朋友的內心卻憂鬱到覺得有必要如此。事發後我馬上藏起情緒，想繼續照舊過日子。」

東恩很用功，學業也很突出，但好學生的形象也悄悄啃噬著他。他的生活離不開課堂拿「好」成績，考上「好」大學，找到「好」工作。我在學生自殺事件後續那一陣子，對東恩稍有認識。社區裡有幾個大人和我一樣，希望幫助孩子消化事件，也為社區帶來改革，因為這所定義的成功，給孩子的生活形成極大壓力。那陣子，每次我與東恩互動，他的眼神都透露出他的內心與人相隔千里。現在二十二歲的東恩，自己到地獄門前走了一遭，目前復原良好。他願意分享自己的心路歷程，盼對各位有幫助，我非常感激他。

「我的雙親都來自中國。」他說。「我出生在新加坡，還是小嬰兒的時候，全家就搬來了美國。在中國，誰要是有心理健康問題，大家只會閉口不談。身為亞洲人，就算來到了美國，不管你有什麼感受，周圍也只會說：心情沒什麼好談的，抬起頭，繼續過你的日子就是。如果面對的事並不嚴重，這樣子處理還可以。但若是會留下創傷的事件，就像高中發生的事，那這實在不是很好的建議。」但東恩算是做到了，偶爾對外表現出情感掙扎，他爸媽會說：「你只是正逢青春期，這是成長的必經之路。」

他選擇就讀密西根大學，在那裡他可以埋首於世界一流的學術研究，投入他喜歡的運動。他在二〇一七年入學，但大一生活才過了一個月，他某次走進演講廳時忽然「覺得很不對勁」。「我記得我環顧四周，頓時間恐慌起來，因為每個人好像都盯著我瞧。我思緒混亂，呼吸急促，幾乎喘不過氣。」他衝出教室大樓。後來他形容那是他第一次恐慌症發作。

他母親當週剛好到學校來探望他。他把事情告訴母親，跟她說：「你一定要帶我去住院檢查，以免我做出什麼傻事。」他在高中也處理過心理健康問題，「但從沒這麼嚴重」，他覺得現在控制不了自己。他意識到：「我不能再拖下去了。」他向我形容，他需要「實質的幫助」。

幸而與高中時期不同，東恩的母親現在明白事態嚴重。「請她帶我去醫院，我等於徹底表現出脆弱面。很明顯我不只是心情低落，也不只是一時半刻『過不去』。我完全攤牌了。看見我赤裸的情緒，她終於有了切身的感受，她才意識到：噢，兒子遇上的事很嚴重。到了醫院，東恩被診斷出有憂鬱症和焦慮症，入院休養了一個多星期。出院後，父母帶他回到灣區家中，他加入「強化門診計劃」(Intensive Outpatient Program，簡稱ＩＯＰ)，計劃一般包含每天六小時的團體與個人療程。治療階段之初，他有一次在家附近的超市遇見高中同學。「我只是看到他們，甚至沒跟他們說話，恐慌症又小小發作。我換氣過度，慌忙躲進超市洗手間讓自己冷靜下來。」

IOP計劃是東恩這輩子第一次獲准（且被鼓勵）傾倒出所有壓抑的情緒。他在高中接受過幾次諮商治療，每次都很尷尬，因為他覺得自己明明無話可說，卻得被逼著說話。但IOP提供大量團體諮商機會，這種形式與東恩很投合。「這代表我能與其他也在應付心理健康問題的人互動。傾聽別人的故事後給予回饋，能幫助我消化自己的情緒。」低風險、零壓力的環境讓他覺得輕鬆，但這裡又提供了他需要的結構，讓他不會再原地打轉。

在IOP經過六週，東恩回復接受比較傳統的一對一諮商，他也不再像以前那麼排斥。剛開始接觸的幾位諮商師和他不太對盤，但他繼續尋覓對的人。「這跟試穿鞋子很像。」他告訴我。「找到適合你的，你才能獲得適當的治療。」

二〇一八年秋，東恩復學讀大一，但這次轉讀位於矽谷的聖塔克拉拉大學，離家比較近。努力修習必修學分之餘，他意外發現有一堂課叫作「生命書寫」，網路評價這門課「改變人生」。他心想，嗯哼，改變人生的經驗，我說不定用得上。但這門課起步緩慢，教授當過僧人，每次開課會要全班靜坐五分鐘，東恩乾脆把握這個機會，閉上眼睛啥也不想。到了第二個星期，東恩發覺自己「在靜坐中感覺很平靜，甚至靜坐完還能持續一會兒，當天的社交焦慮也比較不嚴重。」他留下來繼續修這門課，開始留意自己的狀態，期間除了學會寫日記的價值，也學到如何練習正念，以及向人敞開心扉的好處。

「所以我現在才能這麼坦然討論我的心理健康。只有透過對話才能克服這些疙瘩。每個人其實都在接受某種形式的治療，可能是與家人朋友聊天，或是在部落格發文、創作藝術、創作音樂。

敞開心胸說話有時候非常難。假如你有創傷經驗，甚至很難把發生的事整理清楚。但說出來是最好的消化方式，你也才能慢慢走向康復。」

生命書寫課程啟發東恩每日記錄自己的心理健康狀態。「每天早上第一件事，我會先靜坐冥想，檢查自己是否有哪裡不舒服，有沒有哪一件事對我造成壓力。每晚睡前，我會實際提筆在紙上寫下我的壓力，仔細思考我可以做什麼來停止壓力。」他發現疫情期間和黑命貴運動在社群媒體上帶來創傷刺激的時候，這些辦法格外有幫助。

我問東恩未來有何打算，這時才訝異地得知他主修財金，因為財金常常是不確定自己想做什麼的人的預設選項。我多管閒事問他為什麼。他笑著說：「老實說，我也不確定自己有沒有興趣，但我需要有個主修，而我知道財金領域很有彈性，或許能通往一些機會。我真正想當的是諮商師。那絕對是我往後人生會慎重考慮的職業，但我知道自己的內心現在還沒有足夠的力量去關心他人的問題。我現在的狀態還不到能幫助別人。」我問他，父母對他可能改念心理學有何想法，沒想到他說父母很支持。「看到心理諮商對我的幫助以後，他們反而很鼓勵我走那條路。他們覺得我將來有能力幫助其他孩子。」

在我看來，東恩比以前認識自己很多，他也贊同。「我也這麼想。」他說。「在整頓心理健康的過程中，你也會更加了解自己是怎樣的人。」如果時光能倒轉，他會跟年輕的自己說什麼？「好好評估你做這些事的原因。人很容易陷入自認為應該做的事。你必須明白自己的動機。如果你想上頂尖學府，找個漂亮的工作，只因為帳面上好看，這不是真正值得追求的事，因為永遠會有更好看更漂亮的東西，你永遠不會對自己滿意。搞清楚你是什麼樣的人、對什麼事感興趣，這比什麼都重要。要基於喜歡去做一件事，不要因為能增加上大學的機率才去做。加入社團不要因為寫在履歷上好看，要因為對那項活動有興趣。」

「不論此刻看來多麼悲慘。」他接著說。「明天永遠會到來。雖然短期來說，壓抑忍耐似乎最簡單，但你若始終不去面對情緒，它們遲早會找上你。要知道停下來喘口氣從來沒有關係。你充分有資格感受到這些心情。做適合你的事，必要時接受治療，這很重要。有需要就休息一年，暫時休學都沒關係。你需要好好珍惜你的心理健康，它會跟著你一輩子。你如果不照顧它，它會把你活活吃掉。現在回想起來，剛休學的頭兩個月，我和社會斷絕聯繫，心裡常想，這怎麼會發生在我身上。但經過這些年，我現在明白發生這樣的事反而才好。」他說。「我因此看清我必須**做自己**。」

莎拉——完美有害健康

看過來，這是一段關於飲食障礙和強迫症的故事。

莎拉是我在史丹佛大學的學生。她現年三十歲，住在亞利桑那州坦佩市，正於亞利桑那州立大學攻讀教育政策博士，未來無可限量。但十年前，莎拉患有名為拔毛症（trichotillomania）的一種強迫性疾患，意思是患者會不停拔頭髮或挑出分岔的髮梢；她同時也患上嚴重的飲食障礙。大三那一年秋末，她雖然學業表現優異，心理狀態卻跌落谷底。「我就像流落街頭的小狗，與別人或其他生物互動極少，只顧做自己的事，晚上找個安全的空間睡覺，如此而已。我什麼事都提不起興趣。只求得過且過，不要死掉就是。」

莎拉成長於波多黎各首都聖胡安，有一個雙胞胎兄弟和兩個姊姊，分別比她大兩歲和三歲。父母雙方都是波多黎各人。父親兒時多半生活在芝加哥，母親則生長在母國相對貧窮的家庭。她父親很有才華和潛力，但不幸經歷過一連串極度創傷的經驗，包括服役於越戰，獲頒兩枚紫心勳章。到了莎拉少女時期，父親已陷於酗酒當中，偶爾會動粗。被莎拉形容為聰慧、親切、勤奮的母親，後來當上小兒科醫師，盡一切所能維持著這個家的完整。鄰里間都知道她母親不惜上山下海照顧每個有需要的人。她為努力和成就立下了很高的標準，莎拉也迫切希望追隨這個標準。

莎拉和兄弟姊妹從幼兒園到高中都上同一所天主教學校，莎拉的學業天分很早就表露無遺。「我每個科目都拿手。給我課本，我看了就能學會。真人講課，我聽了就能記住。我一直算是很幸運，能用西方教育理想中的方式學習，而且各種榮譽手到擒來。我是拼字比賽冠軍。我在九年級考PSAT標準測驗，成績比全校每個人都好。但我最突出的是數學。從我七年級一直到畢業，我每年都代表波多黎各參與全國或國際競賽。我在波多黎各，基本上是同齡數學最好的學生。」

但莎拉漸漸覺得，她只能完美，否則就是不夠格，沒有中間地帶。「八年級有一次，我回到家跟媽媽說：『媽，我的榮譽西班牙語測驗拿到九十二分。』她聽了之後說：『剩下八分到哪裡去了？』我知道她其實想問我知不知道錯在哪裡、有沒有把對的學起來。她期許我傑出，但當時我解讀到的，是她要求我傑出。」

莎拉還記得第一次感覺這種壓力無法緩減是在什麼時候。「我十六歲，剛從委內瑞拉比完中美洲及加勒比海區數學奧林匹亞競賽回來，我拿到銀牌。我和媽媽正在外面採買，她突然接到消息，她的一位病人緊急住院，於是我們立刻趕去。醫院裡原本氣氛肅穆，這時她一個醫師同事走過來打招呼，問說：『這是妳女兒吧，是哪一個？』媽媽回答：『數學家那個！』同事說：『原來是你，我聽說你很優秀！』媽媽接著說：『對呀，她剛去委內瑞拉比完數學奧林匹亞，拿到銀牌。要是能拿金牌就好了，但我們還是很驕傲。』」從莎拉的語氣聽得出來，即使過了十四年，這段記憶依然扎人。「我低頭盯著我的衣服，盡量忍住不哭。那是我很愛的一件連帽上衣，胸前印著Green Day 的樂團標誌，附有袋鼠口袋。我低著頭，發現口袋縫合處破了一個洞。我很想放聲大哭，因為媽媽說的話，也因為我最愛的上衣毀了。」

莎拉在家裡無處傾訴這些煩惱，就連對兄弟姊妹也沒法說，雖然她平時和他們很親近。「媽媽也不是全然沒感覺，在醫院那天，她當下就意識到傷了我，因為她立刻伸手到我背後，像要安慰我似的用手指替我梳理頭髮，就像有的人話一出口就後悔了那樣。後來那一整天，她也對我異常溫柔友善。但我從沒聽過媽媽對誰道歉。不管什麼事都一樣，從來沒有。她隨時隨地都在努力維持場面。我心裡覺得，**可惡，我明明是全島功課最好的孩子，對我的父母來說卻還不夠好**。你會覺得自己是個廢物。對日常生活沒有任何期待，只是在應付而已。我心想，**我會考上史丹佛，到時一切就不一樣了**。」

但莎拉只是從油鍋跳入火堆而已。進了史丹佛以後，「教室裡這個人參加過青少年奧運什麼鬼的，那個人十六歲就創辦遊戲軟體公司。我在學校真的看不出自己有何特別。我只是一個波多黎各來的孩子，數學不錯罷了。」她的宿舍室友，莎拉形容是個「跟風主流又愛搞小團體，不覺得黑人以外的膚色有被歧視的白人」這個室友一天到晚只會稱讚莎拉的外表，不會肯定她頭腦好或個性好。「我整天聽到的不外乎是**你好漂亮、你好瘦、你好有異國美**。我的波多黎各特徵在她們眼裡好像很奇怪。身處於白人和有錢的同儕間，那種權力不對等的關係超級明顯，雖然我當時還不清楚這些概念。我的飲食障礙幾乎在我入學後就開始了。」

莎拉回家過暑假，她母親看出她有心事（她畢竟是小兒科醫師）。「有一次我們在車上聊起來，但中途被打斷。我很想繼續聊，但她直接開了新的話題。我猜她肯定覺得那只是必經的階段。」假期結束，莎拉回到史丹佛，學業表現依舊優秀，但飲食失調也同樣持續。「我知道身體需要營養，吸收不到營養就會反噬自己。但我的外在表現很好。飲食不正常沒有妨礙我的課業或研究。」

但情況到了大三開始惡化。「我會不由自主地拔扯頭髮抒解壓力。（這就是拔毛症。）有一天晚上，我將近半夜還吃掉一大碗早餐穀片，有一種暴食的感覺。之後我又熬夜了四個多小時，一直在挑我的頭髮，因為吃了那碗穀片讓我萬分焦慮。我常常坐下來動也不動，一坐好幾個小時，什麼事情也沒做，只是努力不讓自己精神崩潰。我沒有娛樂，沒有與任何人交流，每天只有悲慘可言。有一天，我正在吃一條穀麥棒，那是我當天僅有的一餐。室友見了就說：『嘿，可以分我一口嗎？』我在人前還能按捺情緒，所以我分給她了，但我內心其實徹底失控。我出去繞呀繞的，走了足足兩個小時。**怎麼可以有這種事，這是我的食物，這是我今天唯一的食物**。還有一天，我踩滑步機消耗了七百大卡，只因為我吃了一顆蘋果。」

大三那年秋末，莎拉向宿舍唯一的成年人求助，也就是宿舍的舍監。「我說：嘿，我外在還沒有立即的危險，我還沒有到不能讀書，身體也不是說現在正在衰竭。但我的心理遭遇危機。我無法做決定。到底誰餓著肚子還有力氣念書。我覺得自己身處地獄。每一天都是煎熬。」舍監是受過訓練的輔導員，莎拉的話在他聽來是沒得商量的警訊。「舍監說：好，你說的我都聽到了。而我不喜歡聽到這種話。你必須同意接受諮商，否則我必須強制把你交給諮商室。」莎拉說舍監不是故意要逼她，他是想喚醒她面對現實。她的人生遭逢危境，改變的時機就是現在。「我答應接受諮商。我打電話告訴媽媽這件事。我跟她說，我不知道怎麼進食了。她說：『可是你那麼聰明！什麼叫你不知道怎麼進食？不就是從小到大一天三餐那樣嗎？』」莎拉向母親坦言，她已經半年沒吃過一頓正餐。她媽媽指出莎拉暑假有回家，意思是莎拉在家不是有吃飯嗎。莎拉問母親可曾看過她吃東西。她媽媽說，你跟我說你吃飽了。莎拉說，我騙你的。母親聽了陷入一陣靜默。莎拉有低血糖的症狀，她媽媽知道這會害她昏倒，於是問女兒是怎麼防止昏倒的。莎拉說出她所謂的點心：八顆柑橘爽口糖和一片口香糖。莎拉也告訴母親：「我身高一六五公分，體重只有四十七公斤。」

莎拉在諮商中透露壓力來源。她覺得對老師、數學教練、父母，乃至她的祖先，她都身負龐大的責任，他們犧牲這麼多就為了讓她有所成就。「我會覺得，不要浪費該死的時間，不要浪費任何人的時間。好像我活著就是要盡全力做好每一件事，榮耀前人的犧牲。」她需要學習喜歡自己的真面貌，不是她的成績、她的外表或她的體重。

她開始練習向朋友袒露她的煩惱。我問她怎麼知道哪些人可以安心依靠。「我最親近的朋友都曾經對我表現脆弱面，反之亦然。如果我表現出傷痛，他們沒有退縮，我就知道可以信任他們。有個朋友向莎拉介紹了一整套關懷的新觀念。莎拉向這名朋友道歉一天占用她一天這麼多時間，朋友回答：「沒關係！人很重要。」**人很重要**——簡單的一句答覆，卻讓莎拉覺得好開心，她決定她也想如此待人。「我心想，嘿，這我也做得到。我也意識到，如果當下有我關心的人需要我，我就不會為了鳥事自殺。好成績頓時間不再意義非凡。我的心態變成：**嘿，你今天沒運動，但你花了時間陪正在經歷難關的朋友聊天，這很重要，也能代表你是個好人。**」

莎拉也開始認識她的先祖和文化。這發生在她大四，住進穆維克馬塔拉克宿舍（Muwekma-Tah-Ruk）以後。這裡主要以美國原住民群體為中心。「我從小就知道自己跟人家不一樣，但卻不懂哪裡不一樣。我從小受天主教洗禮，所以從未接觸我的原住民族（泰諾族，Taino）身分。但其實我從小就抱有原住民的世界觀，質疑殖民者定義的成功。我還記得我六、七歲時一直深感不解，為什麼有的人種就理當比其他人種優越？為什麼薄薄一張紙因為叫作「錢」就這麼珍貴？我也不懂保鑣的概念——為什麼大家覺得某些人的生命比其他人寶貴？我只覺得有這些念頭是我很奇怪。但住進穆維克馬塔拉克宿舍，終於就像回到家了。與同樣重視自己所屬族群、對歷史和祖先深懷責任的人為伍，真的是我至今遇過最好的事。初等數論雖然有趣，但發揚我的先人更重要多了。我只差也需要尊敬自己。我開始承認我的原住民身分、我的波多黎各特質。再聽到誰說我好有異國美，我開始會回擊這些鬼話。我會問：你的異國美是什麼意思？把我當成鳥嗎？我開始抗拒這種不切實際的異國幻想，不只因為這是盲目崇拜兼人格詆毀，也因為這有損於先祖的力量和智慧，先人將這些傳承給我，是讓我的身體特徵有充分的存在理由。情況到此漸漸好轉。發掘我的原住民族身分真的是一件美好的事。新宿舍改變了我的人生。」

一個人何時知道自己需要求助？我問莎拉對此有什麼建議。「雖然很不幸，但有時得撞到谷底才會知道。你需要落入很深的低潮、面對真正對自己誠實的時刻，你才可能真的好起來，沒有人能代替你治好你。」

這位永遠的數學天才目前正在攻讀教育政策博士。她的研究方法是採訪真人，傾聽他們的故事。「我走上完全不同的路，不是因為我不喜歡數學——我還是很愛數學的。是因為人很重要，傾聽別人的故事很重要。從認識論來說，人的不同經驗都是資料的有效形式，也是知識的有效形式。這樣的研究不再採行一種實證主義概念，認為**我有一個假設，我要用數字來檢驗**。而是變成**我必須謙卑，我原本不知道的事，現在我想來了解**。這種方法不把知識看成一件實物，而是一種轉變。我閉上嘴用心聽。」

莎拉雖然從二〇一一年秋天之後已不再有飲食障礙的症狀，但她說自己的康復並非一勞永逸，再也不用面對這些狀況；反而是漸漸熟練於「召喚防禦」。她的第一條防禦線是睡覺，雖然這對每個研究生來說，可能也是最容易棄守的事。「現在沒有作業或小考逼我犧牲睡眠，單單這點就是我戰鬥的一大優勢。」但極度厭惡自我的侵入性想法，偶爾仍舊會浮現。「你會冒出非常急迫的念頭，好像現在不處理大腿肥胖問題，就有事情會爆炸一樣。面對這件事的時候，你要能夠同情自己。放心，不會有事爆炸。我會等待念頭過去，不會貿然行動。你要把念頭推開，用承諾代替：不行，我必須吃東西，因為照顧好我的身體是首要之務。焦慮和恐慌只會持續一段時間。身體的恢復力很強。要是有事造成很大的壓力，讓我又開始拔頭髮，我會正念想：**嘿，這是你的腦子在作怪，你有很多具體行動可以阻止它**。然後我就會起身出去散步或運動。我的自我照顧並不完美。我偶爾還是會不自覺拔起頭髮，但等我清醒過來，我會去餵貓咪，抱抱牠們、觀察牠們的生活姿態，牠們的存在何其美麗，我會醒悟到自己只是這個浩瀚星球上的一個生命。」

莎拉在康復中感受最深刻的一個方面，應當要屬她現在終於能和父母和睦相處。她學到寬恕不只是「正確的行為」，本質上還能夠治癒你。「我還是會為十六歲的我難過，遺憾她必須聽到那些關於只拿銀牌的話。但若問我還生不生母親的氣？不會了。我媽媽有她的不完美，但是沒關係。我不會再用那一刻來定義她對我的教養，因為她其實還做了很多很好的事。我也愛我爸爸，雖然他一輩子都戒不掉物質成癮的問題，讓我們經歷許多原本不該經歷的折磨。他的人生也經歷許多痛苦，但他從來沒有機會消化。」

「我知道我可能永遠得不到應有的道歉。」她接著說。「他們可能永遠不會知道自己鑄下的傷害，除非我願意與他們對話。但爸現在有帕金森氏症，他們又先後經歷瑪莉亞颶風、地震和新冠肺炎，或許我不該再為難他們。更何況，人不可能強迫別人理解，因為一個人是無法透過別人的頭腦學習的，他們唯有自己體悟才會明白。」

從討論飲食障礙開啟的對話到了尾聲，莎拉滔滔談論的卻是愛。到頭來，愛是她療傷的根源。「愛父母不代表允許他們待我如垃圾，也不代表假裝一切都沒發生過。只是接受他們也不完美的事實。是，他們傷害了我。但他們也做了其他好事，幫助我成為現在的我。想起一件往事但不再覺得生氣，如果這也可以算是原諒，那我已經原諒了媽媽。假如回憶襲上心頭再度令我傷心，我會允許自己悲傷，哭也不要緊。我經歷過的壓力必然伴隨一輩子的傷痛。痊癒不是只進不退的直線。你可能有幾天感覺好多了，又有幾天稍微退步，但這不代表你未再痊癒或未再成長。」

傑夫——接受你所擁有的

這是一段躁鬱症患者的故事。

「我不想給人一種我的問題都解決了的印象。」傑夫告訴我。但我愈聽愈覺得，他或許真的都解決了，至少是到人人都能做到的程度。傑夫四十七歲，是保守派白人男性、虔誠的基督徒，也是三名子女的父親。他住在維吉尼亞州北部，經診斷有躁鬱症。

一九九二年六月，傑夫十八歲，即將搭上人生第一班飛機。他的父母都沒念過大學，但是見過高等教育帶給人的優勢，所以從小灌輸傑夫務必要念大學。但傑夫雖是個聰穎的學生，考慮高中畢業後該走的路，還是讓他糾結良久。「我對很多事感興趣，但很難專注於哪一個。我要是上大學，八成會有六個不同的主修，每個都只去上一學期。」軍隊這時開始向他招手。傑夫的爸爸、祖父、外公、曾祖夫都曾效力於美軍，傑夫知道報考軍校既不用擔心學費，也能拿到大學學位。於是，在沙加緬度的高中畢業後，他先讀了一學期預備學校，之後又讀了一學期專校，兩者都是成為美國空軍官校新生的必經之路。搭上飛往科羅拉多泉的班機，傑夫深信自己不光是要去讀大學，也正在邁向美國空軍軍官待遇優厚的職業生涯。這是他的不二選擇。

出發前，傑夫有個深愛的女友瑪莉安，是他高中時代在一間優格店遇見的女孩。來到空軍官校的第一個學期，左右同儕紛紛接到分手信，但他和瑪莉安感情甚篤。趁著懇親日，瑪莉安跟著母親和姊姊來到官校探望他，傑夫在這時做出意外之舉，單膝下跪向她求婚。「現在？」瑪莉安嚇了一跳。他說不是——因為空軍官校不允許學生結婚，但這份心意就此定了下來。在那個尚無手機的年代，他們靠寫信附上滿滿的照片和撥打「長途電話」熬過了分離的三年半。電話費雖然昂貴，但終究值得。傑夫和瑪莉安在他畢業十天後就結婚了。「從那之後，空軍怎麼安排，我就怎麼走。」

傑夫首先被派往懷俄明州一座導彈基地，負責看守核子導彈及護送導彈零件，確保導彈正常運作待命。瑪莉安在，讓他過得清醒務實。「我忘不了第一次踏進基地的時候，我是中尉，士兵都對我們行禮。但瑪莉安說：『你要是以為我甘願當個溫順的小軍官太太，動不動淚眼汪汪的，沒事賭賭骰子、辦辦耶誕派對，你就娶錯人了。』我其實也不意外。她於公於私都拉高了我的自我標準。」從他的語氣聽得出來，結縭二十五年後，他依然愛慕妻子，且程度說不定更勝以往。都過了這麼多年，瑪莉安不記得自己對丈夫說過這些話。「但我記得的是這樣。這段回憶經常提醒我的她的堅毅和真誠。她的想法可能到今天都沒變，只是用詞可能會比以前溫柔。」

幾年後，傑夫升為上尉，並爭取到空軍官校的碩士學位學程，他可以選擇到喜歡的地方修習。他和瑪莉安決定搬到華盛頓特區，距離太太的娘家比較近，傑夫也可以修讀馬里蘭大學的犯罪學與刑事司法學程。「原本一切順利，」傑夫說。「直到天有不測風雲。」

二〇〇〇年一月，傑夫與朋友午餐有約，開車在公路上正要去赴約，人卻忽然暈了過去。醒來時身在華特里德國家軍事醫療中心，院方說他方才躁症發作。「那是我這輩子第一次不清楚自己做了什麼，而且失去必要的自主能力幫助自己度過狀況。」他被診斷出躁鬱症，且被判定為「風險因子」，因為他的工作涉及安全。「空軍對我說：感謝你為國效力。我們會將你交給退伍軍人事務管理局，你可以想想未來打算做什麼。」他才二十六歲，而且瑪莉安才剛懷上他們第一個孩子。

瑪莉安漢傑夫寫信給參議員和軍中長官說明處境，希望能讓傑夫復職。但每個人的答覆都一樣：很抱歉，我幫不上忙。他過去學到的人生成功之道似乎忽然間不再有意義。傑夫漸漸活在困惑、失控、憤怒的狀態裡。「我怨恨上帝。」傑夫說。「我問上帝：既然祢要對我甩上大門，當初又何必帶我走上這條路？」

他們收拾家當回到沙加緬度，在經濟能夠自立前暫時寄居親戚籬下，傑夫在加州司法部找了一份工作。「我跟許多優秀的人共事，但官僚體系滯悶，工作本身也不太稱心。」他們的寶寶出生了。他過去的軍中同袍事業相繼起飛，稱得上是平步青雲。傑夫在另一個世界看著他們，心想：他們都是我的部下。他覺得自己很沒用、很丟臉，甚至有被指指點點的感覺。

「受軍事教育長大的人，對於身體外傷多半抱持通融。大家會說：『噢，你手臂骨折了，沒關係，休息一下慢慢養傷。』」傑夫說。「但如果是腦內出了狀況，責任你只能自己擔。」當時對於有心理健康疾患的人，空軍提供的援助少之又少，管道也不透明。這讓有苦難言的人更加挫折，迫使他們養成傷害更大的應對機制。「沒人會明說：多喝幾杯麻醉自己。但大家心照不宣的共識都是：做什麼都好，盡你所能撐下去。」

傑夫並沒有借助藥物或酒精來掩蓋他的躁鬱症，但他走的路所有康復之人應該都不陌生。他誠實面對自己，盤點了一遍他的人生，接受了自己的「破碎」，哪怕其他人看上去都是如此完整。比起清點損失，**他開始數算自己依然擁有的事物**。**他問自己，此刻我有哪些事值得感謝？**他的家人還在一起，深深慶幸之餘，他也下定決心不能糟蹋這件事。他又問自己：**為了我仍擁有的人事物，我可以做些什麼投資？**他申請了夜間 MBA 學位課程，花了五年終於拿到學位。「對了，我和太太在這段時間又添了兩個孩子。」傑夫的語氣帶著笑意，我猜意思是：發生的也不全然是壞事。

新的人生觀慢慢成形，雖然躁鬱症仍像一片不祥的烏雲盤桓在傑夫頭上。「美國崇尚豪邁的個人主義神話，從基礎上就有裂縫。文化觀念讓你覺得自己必須當個自立自強的人，永遠要能抬頭挺胸說：這都是我一個人打拚的成果。但當你失敗了，責任也全在你身上。我後來慢慢體認到，我們身為個人並沒有足夠的力量和動能可以修復自己。你想想，醫生病了也得去看其他醫生。我們需要別人，這是天經地義的事。」他接著說。「人際關係是在地球上生存的必要條件。與人相連，是徹頭徹尾做你真實、脆弱的自己，並以此被接受、被認識、被愛。能與人建立這樣的連結，將會滋育你的自我認同，使你明白人生來便是為了愛人和被愛，我們各自都被賦予不同的天賦和能力，以便為彼此服務。」與耶穌基督的關係，是傑夫生命裡最重要的關係。他尤其景仰耶穌教誨人說，汝當愛神及愛人如愛己。傑夫向我解釋，在你誠實盤點生命的時候，切記要問自己：我今天能做哪些事幫助別人？

傑夫初次躁症發作至今已近二十一年。他的兒女都是青少年了。他為自己開創了報酬豐厚的職涯，擔任五角大廈國防顧問，先是為空軍效力，後也與海軍陸戰隊合作，目前則為海軍效勞，主張提撥資金給海軍改善後勤運輸能力以支援海事行動。他跟我說，他從一開始經手「芝麻預算」（為不到五百萬美元的計劃擔任顧問），到現在能影響「巨額預算」（一億到十億美元）的決策。他對目前的生活深感滿足。當幼稚園老師的瑪莉安，依舊是他的定心石。孩子則是喜悅的泉源。他信仰堅定，但每當他放鬆戒心，躁鬱症仍亟欲接管他的意志。

在我為本書採訪的所有人裡，我和傑夫通信最勤，感覺挺奇怪但也挺好的，因為我們原本完全是陌生人，直到三年前我進行成長議題的相關調查，收到他的回覆。傑夫令我印象深刻的是，他有能力接受很多事是他改變不了的，但同時也懂得努力把握他能控制的事。但這並不代表做到一定容易。傑夫的躁鬱症後來又發作過幾次。最後兩次分別在二〇〇九年和二〇一八年。我猜想細節可能事關隱私且觸及他人痛處，但認識他到一定程度後，我還是鼓起勇氣問他是否願意與我分享，因為他的故事或許能幫助別人。他欣然表示同意。

「我被診斷出快速循環型躁鬱症。」他說。「我會先發生持續的狂躁狀態，然後進入短暫間歇的鬱期，之後又回到狂躁狀態。躁症發作好幾次導致我不乖乖吃藥（我在初步診斷階段不曉得自己有必要吃藥）。狀態會惡化得很快，起先是忘記按時吃藥，然後是自以為減少劑量可以緩和體重增加和嗜睡等副作用，再來就是自以為能控制疾病，自行判斷何時需要吃藥。」（看出來了嗎？是傑夫自己的想法妨礙他照顧自己。當疾病接管以後，他變得不再有辦法為自己的健康說話。）

他感覺得到病症來襲。「我躁症發作的第一個指標是睡眠減少。我通常一天睡六到八小時，假如我睡眠減少，日間卻運作正常持續一週以上，通常就太遲了，因為那表示我自以為可以控制它。我早先幾次躁症發作（初步診斷）特徵是連續幾天睡得很少甚至不睡（一天睡二到三小時）、神智異常且急切想要完成一些事（運動、家務、工作等等）、愈來愈容易為不相干的事不耐煩或發脾氣。躁症發作期間，我對周圍環境極度敏感，很容易過度解讀別人的用詞和語氣。這時誰要是阻止我做事，我會極度沮喪。當躁症愈演愈烈，我會有潛逃風險。我曾經跑出家門、半路跳車，也曾逃出醫院、精神病看護設施，或在社交聚會途中跑掉。有幾次還把衣服給脫了（有時以上都同時發生）。最近一次嚴重發作的時候，我人在拉斯維加斯要為我的經理慶生。慶生宴辦在星期六下午。我星期四和星期五幾乎都沒睡。星期六一早天未破曉，我就跑出飯店房間，在賭場閒晃到天亮，然後買了一張客運票，搭車到機場，搭機飛往丹佛、弄丟了錢包、再飛到雷根華盛頓國家機場，然後大半夜走了二十公里想徒步走回家，最後是被救護車載到醫院才結束。希望這是我最後一次發作。」

躁鬱症之名得自於患者會先後經歷躁症和鬱症。所以聽完躁症發作的寫實描述後，我問傑夫鬱症是什麼情況。「我的情緒會集中在愧疚和罪惡感，為躁症鑄下的破壞感到羞愧。信任破滅、關係毀壞，很多事又得從頭來過。有時候我很不耐煩，卻又想要順心如意。這個病有得治，但你必須遵循正道。我的癥結每次都是沒有乖乖遵照醫囑吃藥，自以為可以控制病情。這也是躁鬱症陰險的地方。你會覺得：我現在感覺還好，沒必要吃藥。這種想法會侵蝕幫助我停留在理智狀態的用藥基礎。我控制不了躁鬱症，所以我必須吃藥，但我又不想吃藥，因為躁症初期有些症狀感覺很好，例如精力充沛、創造力提升。躁鬱症會對我說：你不需要吃藥啦。之後它就能把我帶走。憂鬱有部分來自於我知道自己控制不了，但大部分源自於我帶給別人的傷痛。」

他盡己所能維繫人際關係。「躁鬱症會讓別人懷疑我。傑夫現在是單純興奮，還是他又沒吃藥了？不論做什麼，我常能感覺到我的一言一行受到額外的批判檢視。每次發作以後，這種被放大檢視的感覺會跟著我長達半年，等到我建立新的行為模式，別人的這種顧慮才會漸漸減少。這是我的錯。是我毀壞了太太和孩子對我每天固定服藥的信任。我們正在接受諮商，確定我們都有做到維繫關係需要做的事。」

承受這麼多真的不容易。傑夫的處境在我看來是非常艱難的成年生活，他這一輩子都只能走在狹窄的崖邊，絕對不能偏離藥物，萬一踏出懸崖後果不堪設想。我從沒有過這樣的經歷。我問傑夫他是怎麼應付的。「首先，我非常支持藥物和諮商。神經精神醫學、心理學、藥理學在過去三十年有長足的進步，針對憂鬱症、焦慮症、躁鬱症等心理與行為疾患開發出許多治療方法。壞只壞在每個人對藥物和不同諮商方法反應各異，可能需要花一些時間尋找適合的諮商師、藥物和劑量。所以康復和維持健康的第一步，就是找到適合你的諮商師、定期看診、遵照醫囑服藥。不要妄想能用酒精、大麻或其他流行的藥物治療自己。溝通至關重要：對醫生和其他關懷網絡（諮商師、同事、朋友、家人）要說實話。」

傑夫做的第二件事是臣服於脆弱面。「我經歷過的每一件事，都讓我準備好面對下一件事和再下一件事。」傑夫說。「你如果執迷於個人的力量，脆弱和失控看來就像弱點。但我在脆弱中看見力量。我或許不懂上天的計劃，但把控制權交給仁慈的上帝，其實是種解脫。第一次躁症發作至今二十年，透過教會安排，我現在也當起顧問輔導其他有心理疾患的人，包括躁鬱症、憂鬱症、焦慮症、強迫症和其他考驗。」他其中一個女兒常令他想起過去的自己——她剛上高中時，全副心力都放在遵循傳統成功的道路，堅持一定要修對的課、上對的大學、找到對的工作。「我盡可能向她說明，我能有現在的職位，跟我前半生對自己施加的壓力關係很小。」他的人生當時在一夕之間天翻地覆，他無法確定明天會遇上什麼事。這是他千辛萬苦學到的教訓，他很希望孩子能從中受惠。

「我努力想做很多事，因為我這個人的個性生來如此。但我慢慢學會做少一點反而能成就更多，好好當上帝創造我所該成為的人，不要無止盡地追求要做這個、做那個。我並未能逃過世界設下的陷阱，也未能免疫於美國文化教人要力爭上游的社會風氣。我也時常忍不住想：我現在不得不踩煞車慢下來，在別人看來成何體統？」

我問他是怎麼決定該慢下來的。「我認為自己現在該做的，是想清楚自己的天命。我喜歡寫作。我喜歡領導他人，喜歡幫助他人。所以我喜歡志願服務幫忙。諷刺的是我現在也是其他有躁鬱症、焦慮症、憂鬱症患者的輔導顧問。我治療不了自己，所以我透過幫助他人來鼓勵自己。坦承自己做不到所有的事，的確有些像在示弱，但那也沒關係。人本來就無法靠自己做到所有的事。我們天生特別擅長某些事，另一些事做得還可以，剩下的則不太行。我們生來注定要群居生活並互相扶持。現代歪曲的是我們的家庭結構在壓力下分崩離析，我們愈來愈不曉得如何與彼此相處，如何放下手機好好對話、專心在場、真心誠意地對待彼此。我們在這所謂的人生中應當要能互支持。我們生來就無法凡事只靠自己。」

「我有很多要感謝的事，我也會繼續知足惜福。偶爾我仍希望能回到過去，無病無患度過青春；但若是那樣，我不會成為現在的我。這個病是俗話說的肉中刺——或者只有我是這樣！它時時刻刻提醒我，我是個不免犯錯的凡人。躁鬱症提醒我，人生來不可能獨活。非洲有句諺語說：一人獨行走得快，結伴同行走得遠。我想走得遠。而且我已經找到那些願意與我同行的人，他們都陪伴在我身邊。

【重點整理】

照顧好珍貴的自己

想要好好照顧自己——你一定會想的，因為那是長大成人所必須——你要先認識自己。盡最大所能支持你這個人的自我。但有的時候，我們不見得是自己最好的後援，所以我們也必須練習示弱、練習對人有充分的信任，允許別人來保護我們。衰事臨頭的時候，你可能至少有一陣子會覺得全世界只剩下自己可以依靠，但其實那正是你需要向外求助的時候。

第十章 遠離憂傷

尋找幫手。

——《羅傑斯先生的鄰居》，弗雷德・羅傑斯

阿姨希望壞事從未發生於你——但活了這麼久，阿姨也知道誰都不太可能倖免。我無法預測怎樣的壞事會找上你、壓垮你、令你懷疑自己是否還能走下去。但如果萬一壞事真的發生了，阿姨衷心希望你能夠度過難關。這一章就是我牽起你的手一起同行。

不騙你，我自己此刻也多少有些苦悶。當初在構思本章的時候，我打算要聊聊瀕死、死亡、災禍中的心境，聊聊如何克服這些事當即的影響和此後伴隨而來的長久悲傷，也聊聊這些悲痛教我們的事。但就在本書的寫作途中，新冠疫情來襲，帶來更多理由讓人感到害怕、重創、無望和不可逆的改變。並且，疫情開始的幾個月後，又發生喬治・佛洛伊德遭明尼亞波利斯一名員警用膝蓋壓制在地上槍殺，這在當時無非只是又一起手無寸鐵的黑人命喪於執法人員手中，但這一次，他的死引起民眾清算深植於我們社會之中的種族歧視，這本身就是一樁不斷在醞釀的災難。面對這麼多的悲傷和不安？沉重是必然的。但阿姨會盡我所能消化至今發生的事，敦促自己必須

為了你們把這本書寫出來，同時不忘照顧自己的情緒需求。某方面來說，這也正是本章的重點。所以就讓我們開始吧。

面對悲傷的五個階段

但首先，阿姨想先給你一個架構，方便你了解人痛失所愛時通常會經歷的過程。這個過程又稱「悲傷五階段」（Five Stages of Grief），是精神科醫師伊莉莎白・庫伯勒－羅絲（Elisabeth Kübler-Ross）的研究成果，她於一九六九年提出這個概念。悲傷五階段適用於任何你經歷的重大失落——摯親去世、失業、受虐、監禁、天災、失戀、失去家園、受傷、診斷出惡疾等等。這些情境每個都有可能把你拖入惶然不知何去何從的狀態。

庫伯勒－羅絲醫師的悲傷五階段，在英語界又被簡稱為「DABDA」，源自這五個階段的開頭字母：否認（Denial）、憤怒（Anger）、討價還價（Bargaining）、沮喪（Depression）、接受（Acceptance）。

一、**否認**：你無法「相信」壞事真的發生了。另一個可形容這個階段的字眼是「震驚」。你彷彿還沒意會到壞消息的到來。你繼續過著原本的日子，彷彿什麼也沒發生，或執著認為一定是搞錯了。你感到錯愕。你可能只是機械性地處理相關事務，不讓自己感受任何情緒。你反覆想像不同的結局，彷彿在腦中不斷重演，另一種結局就真的能成真。

二、**憤怒**：你漸漸意識到事情真的發生了。這不公平，你很生氣。你氣沖沖地想揪出罪魁禍首和事發的原因。你咆哮嘶吼、板起臉孔、摔東西洩憤、對人沒好臉色、胡亂發洩怒氣。你失望、懊惱、憤怒。

三、**討價還價**：你想挽救這件事，好免去事情造成的傷痛。如果你對這件事負有責任（例如你做的某件事導致另一半離開你、害你失去工作或被捕），通常你會設法想要彌補或發誓不會再犯。如果你算是狀況下的受害者（例如你在意外中受傷、診斷出惡疾、遭受虐待），你會向天發誓，如果上蒼能免去你的苦痛，你一定會好好做人報答恩情。

四、**沮喪**：你的發誓和討價還價盡皆成空，你對現狀陷入深深的絕望。你退縮不與人接觸，對周圍人事物去興趣，幾乎找不到生活的動力。

五、**接受**：你接受了事情已然發生，你改變不了什麼，但從今往後的行動和選擇依然操之在你。你可以探索其他選項、制定計劃，然後向前走。

不是每個人都會經歷完整的五階段，有的階段可能持續數月，有的更會持續幾年。只要記住這個基本架構，有個大概的認識就可以了，這是遭遇壞事後，人類自然會經歷的情緒和心理轉化過程，遭遇失落或劫難後，很長一陣子感覺不正常是很正常的事。

本章包含的故事比其他章都多，因為只有故事能呈現一個人的心境變化。阿姨會先分享一些我的經驗，之後在「別只聽我說」的段落，你會讀到其他人如何走過人生困境。我在這之間也會延伸分享幾個建議。這些故事也許和你的狀況不盡相同，但重點是參考他人消化、克服、繼續前進的過程，這個過程在普世眾生身上其實都通用。看著別人熬過難關，能讓你在自己的通關路上更為堅定。

那一天，天搖地動

一九八九年秋，我二十一歲，大學剛畢業的新鮮人，與丹恩正在熱戀當中。我們在校園附近的住處同居，租金老實說超出了我們的負擔能力。但我說服丹恩，我們就是要住在那裡才好。（這時候的我，要再過好幾年才懂得為錢負責，這時候的丹恩，也要再過好幾年才懂得為此向我抗議。）我在大學公共事務處工作，職責是安排大學生參與社區服務機會。丹恩則還是史丹佛大學生，因為主修產品設計，所以修了一門金工課。為了課程的期末製作，他自己設計並用銀鑄造我們的婚戒。

一九八九年十月十七日星期二，我正在公共事務處所在的那棟搖搖欲墜的十九世紀老屋工作。一週前，我的上司才請來由油漆師傅粉飾這棟老舊建築。師傅爬上樓梯，走向我辦公室所在的二樓，我聽到他們其中一個人對另一個人大聲說：「這東西撐過上一次大的，但下一次應該就不行了。」（他們嘴上說的「大的」，指的是一九〇六年摧殘舊金山的大地震。）十月十七日當天下午五點零四分，震度六點九的洛馬普里塔地震（Loma Prieta earthquake）襲擊舊金山灣區。我慌忙撲向辦公室的門廊，那裡據說是最安全的位置，同時油漆師傅的話在我腦中嗡嗡迴響。房屋天旋地轉劇烈晃動，我努力穩住身體，一面驚恐地看著剛漆好的牆面又迸出裂縫，五層抽屜的直立檔案櫃飛摔到辦公室另一邊。我緊抓著門把，死命踩穩腳步，目光不經意望向走廊，與我的同事珍恩四目交會，她在兩公尺外同樣緊抓著她的門把。我和珍恩不算很熟。她大概五十歲，而我才二十一歲。但從那一天起，我總覺得與她親近。我們都知道頭上要命的三樓有一口沉重的爪足浴缸。我們對望的眼裡都說著，我們不確定自己逃不逃得過這場劫難。

開始搖晃的十五秒後，地震停了。我得趕快連絡丹恩。我先試了辦公室的電話，但電話已經不幸掛點，電力也中斷了。（別忘了，那年代離手機、筆電、Wi-Fi還遠得很，電子郵件是快速與人聯絡的新科技，但也只能透過電腦收發，當時所稱的「電腦」全都是桌上型電腦，是需要插著電的。而我也說了，電力中斷了。）我抓起皮包衝下樓梯，跑出樓外，這才鬆了口氣地看到所有同事都跑出來了，而且也都沒事。大家到處兜轉，清點損害——例如老樓的紅磚煙囪倒塌在地等。我跟同事說我得去找丹恩，語畢就跳上車疾駛回家。我們的住處距離僅三公里。但車子開出去才幾分鐘就塞在了路上。號誌燈全都停擺。每個駕駛的表情都同樣茫然。我忽然感覺到奇妙的安慰，因為我們每一個人都曉得彼此剛才經歷了什麼。

地震當下，丹恩在公寓裡做作業。他跑到門邊等到地震停止後，回頭看到家裡只有一疊錄音帶倒下來，心裡才放下大石頭。（這是一棟剛落成不久的現代公寓大樓，所以租金也才會這麼昂貴。）丹恩住在加州才兩年，這是他頭一次遇到地震，所以無從比較。他一開始還納悶：這個地震算大嗎？某種原因讓他覺得：好像是喔。

他原本也想打電話聯絡我，但電話線不通。他決定出門找我，而且猜測路上可能不安全或會塞車（猜得很對！），所以他跨上了腳踏車。離開前，他在我們大樓門廳的玻璃門外貼了一張密語般的手寫便條，上頭寫著：「茱莉，我騎腳踏車去學校。丹恩，下午五點十五分。」他後來告訴我，他不想在紙條上提到地震，怕會顯得他大驚小怪。（但三十年後他說：我到底為什麼要擔心那種事？）但他列出時間，好讓我知道這是地震後寫的，他的人沒事。

回家三公里的路，我開車開了快一小時。停進附頂棚的停車場時，我看到一群人聚在草坪上等候管理單位檢查建築受損情況，待宣布安全後才能入內。我站在成群的陌生人之間，人人滔滔不絕說著他們在地震當下的情況。我環顧四周，看到丹恩的車還在，但他人不在這裡。我很擔心。他還在屋裡嗎？幸而沒過多久，我就看到他在路口騎著腳踏車往這裡趕來。我心頭一振，鬆了一大口氣。我們緊緊擁抱對方，彼此都揩了幾滴眼淚。之後還在原地與一個認識的鄰居說笑。終於，大樓被插上「綠旗」，大夥兒可以回屋內去了。我們一起走進公寓的時候，我才看到他留在門口讓我心安的紙條。

我們家裡的電力運作正常。我們嘗試聯絡彼此的父母親，他們都住在紐約一帶，但電話線路依舊不通。我們打開電視，肩並肩在蒲團坐墊上坐下，緊緊握著彼此的手。主播播報著新聞：「剛感覺到主震時，大家還嘻嘻哈哈說有地震，但沒多久所有人都尖叫起來，因為搖晃得太駭人了。」

我懂那種恐懼。我也很慶幸有實證可以證明，我會這麼害怕不是因為我膽小。我半點也不想再回到辦公室所在的那棟搖搖欲墜的老屋。

現場影像這時傳來。濃煙翻騰，海港區的房屋東倒西歪像一疊碎裂的洋芋片。舊金山海灣大橋其中一截橋頂像三角形的斜邊那樣塌向橋基。奧克蘭段的尼米茲高速公路，雙層結構崩垮，像鬆餅疊壓在一起。地震發生在尖峰時段。想必有數千人遇難。我們不斷撥打電話想向父母報平安。但怎樣也打不通。

我們這一區的美國廣播公司新聞站，有一位叫安娜・查維茲（Anna Chavez）的女記者，名副其實在現場與攝影棚之間來回奔走，不斷把更多最新消息帶給觀眾。幾小時後，電話終於響了。是我們其中一人的父母打來的。我們再三表示我們都平安，接著打給另一人的父母。在這個尚無網路的世界，他們很可能要到晚間新聞時段或隔天一早看到報紙才會知道加州發生地震。但好巧不巧，全美國這一次都即時得知了地震的事，因為地震來襲正好就在美國職棒大聯盟總冠軍賽第三戰開賽之前，而這場比賽就在舊金山巨人隊的球場舉行，每個收看現場轉播的觀眾都看到了燭台球場（Candlestick Park）在劇烈震動。

我和丹恩收看了好幾天安娜・查維茲與電視台同仁播報的新聞。安娜主持晚間六點到十一點的播報。她傳達的雖然是嚴肅的消息，但她給人一種關心所有人的印象。我很信任她。我打開上司寄來的電子郵件，信上說校方組織團隊前往沃孫維市協助，這座城鎮是很多移民農工的落腳處，位置接近震央，這次災情慘重。但提不起勁做任何事，每天只是重複收看新聞、吃飯、睡覺、抱緊丹恩。一星期一天天過去，各單位的努力也從「搜救」（表示當局認為依然有可能找到生還者）慢慢轉向「重建」，我只有和丹恩及安娜・查維茲待在家裡才覺得安全。想到星期一得回去上班或前往其他城鎮救助傷患，我就滿心害怕。

傷亡人數清點過後，發現結果簡直有如奇蹟，雖然有三千七百多人受傷，但死者只有六十三人。全國普遍認為，死亡人數之所以能這麼低，得慶幸當天正好是職棒總冠軍賽的「灣區大戰」：舊金山巨人隊對上奧克蘭運動家隊。灣區每個人幾乎都是其中一隊的球迷。民眾對球隊的效忠也代表在地震發生當下，數以萬計的人已經提早離開工作崗位，不是在燭台球場等待開賽，就是在相對安全的家裡看電視，所以沒有人車壅塞在公路上。

丹恩從康乃狄克州（有颶風和暴風雪）來到加州上大學，我也是最近才從威斯康辛州（有暴風雪和龍捲風）來到這裡。這些自然災害同樣不可小覷，但都沒有地震可怕，因為暴風雪即將到來至少可以預見。一九八九年十月中旬，我和丹恩有足足一個星期都在慎重評估，我們想在加州成家立業是不是瘋了。但這裡早已是我們的家。比起住過的其他地方，我們在這裡最快樂也最有歸屬感。我們最後會決定留下來。我會回去工作，也會前往沃孫維市協助救災。灣區會從洛馬普利塔大地震中恢復。生命會走下去。

將近三十年後，我為了宣傳回憶錄《真實的美國人》而巡迴全國，在某座城市的機場看到一個很眼熟的女人。一名拉丁裔女子，年紀應該比我大了十到十五歲。我總覺得和她認識很久了，但怎樣也想不出是為什麼。（我現在很習慣這種事了。年屆五十以後，我開始覺得腦子裡的檔案櫃塞得實在太滿了。）我死命回想這個女人到底是誰，我又怎麼會認識她。終於，我想到了。我記不得她的名字，但我想起了那張臉。

我走向她。「不好意思，」我說。「不知道你是不是灣區的新聞主播？」「對，我是。應該說，我以前是。」她回答，語氣依然和善。「我是安娜・查維茲。」我一時哽咽，雖然我知道她一定覺得很奇怪，但我接著說了：「你不認識我，但我只是想說，洛馬普利塔地震發生後，有你在真的很令人安心。感覺就像有你一路握著我的手。我只是想向你道謝。」她聽了實際握起我的手，感謝我向她道謝，之後便轉身走遠了。

想我的哥哥爸爸

三個月後，一九九〇年一月，我在信箱收到一封手寫信。我當天上午本來在公司外的會議地點工作，中午回家吃飯，順便看看十四歲的姪女還好嗎。她幾天前來探望我們，結果得了腸胃型感冒。那封信裝在一只白色商務信封裡，正面是我媽媽娟秀整齊的字跡。我在客廳拆信來看，姪女端坐在蒲團坐墊上。信的開頭寫著「給親愛的孩子們」。信上說，我爸爸患了攝護腺癌，癌細胞已經轉移（即擴散到其他身體部位），目前已無法醫治，爸爸只能聽候死期。所有的子女都會同時收到這封信，請不要打電話回家，除了配偶以外，也勿將這件事告訴別人。我一邊讀一邊拿著信走進臥室，關上了房門。

我二十二歲，爸爸被宣告了死期。才青少年的姪女就在我家，信上談的也是她的爺爺，可是我卻不能告訴她。我的五個哥哥姊姊裡，有四個也是爸爸的孩子，年紀都比我大了不少。那天午後，我私下找了個空檔，忍著眼淚撥電話給他們其中一人。這位手足跟我說，我有這種情緒很自私，我是為自己掉眼淚，不是為爸爸掉眼淚。從他們的語氣聽得出來，他們不想跟我多談這件事。許多年後，我對這位手足有了更多認識和了解，才開始能夠感謝他們當下所能給予和不能給予的東西，也才體會了箇中原因。但當時我才二十二歲，眼看將要失去父親，卻不能打電話給他或媽媽，兄姊又當面對我關上門。我頓時覺得遭受遺棄。

爸爸，曾經努力散播疫苗以期從地球上掃滅天花，曾經在卡特總統執政時期致力於改善邊緣族群，特別是美國原住民和黑人的健康條件；也曾經為丁金斯市長照顧紐約孩童的健康。這樣的他，如今卻在病床上慢慢死去。他早先就感覺到疾病在體內滋長，這個疾病原本有藥物和療法可以醫治，但他沒有理會早期的症狀。一直等到為時已晚，他才去接受醫治。我猜爸爸大概不相信藥物救得了他。又或者他只是害怕面對當個垂死之人的感覺。

聽媽媽轉述，我知道爸爸行醫多年，在人們眼裡見過太多憐憫，所以不希望別人也用那種眼光看他。二十二歲的我非常怨恨爸爸選擇無視身上不斷增長轉移的疼痛，因為他要是早點接受治療，我們還可以有好多時光與他相處。但四分之一個世紀過去，我也開始面對健康問題了，我這才能理解人何以會抗拒檢查。但親愛的讀者，萬一你感覺自己體內潛藏疾病，阿姨希望你一定要就醫檢查。

一九九〇年六月，母親來信的五個月後，丹恩載我到北加州的一片海灘，單膝下跪向我求婚，將他親自設計的戒指套上我的手指。我大聲激動地說了我願意。我們開始籌備婚禮，三不五時會聊到嬤嬤不知道會有何反應。嬤嬤是丹恩的祖母，周圍的人都知道她有種族歧視，她也早早就表明不喜歡丹恩和我交往。我們經常猜想她是會出席婚禮呢，還是會抵制參加呢？我們該不該先發制人，乾脆不要邀請她？丹恩家族中會不會有人挺身反對她（為我們說話）？

八月後，我們被迫分隔兩地。我預計在丹恩畢業後入學法學院，所以他大四這一年，我會到洛杉磯的法律事務所實習，這個機會很重要，不只能幫助我在法學院有好表現，說不定也能為日後的事業鋪路。我們在財力許可下盡可能常常往返見面。一九九一年三月，我哥哥喬治，爸爸的大兒子，第一次為全家族安排了一段假期。他在北加州雷諾市西北方找了一間度假別墅，旁邊就是釣魚活動興盛的湖泊。釣魚是爸爸的頭號興趣。我們雖然都沒討論爸爸的身體狀況，但大家都知道這場家族聚會無非是為爸爸辦的。丹恩也參與了我們的釣魚之旅。雖然我們已經訂下婚約，又分隔兩地好不容易才見面，但媽媽還是不准我們同住一間臥房。我們得開車到郊外的休息站，徒步走進樹林裡，一邊恩愛一邊揮趕蚊子。

丹恩在一九九一年六月從大學畢業。我們在秋天搬往東岸，我開始就讀哈佛法學院。一九九二年八月，我們在紐約成婚。全家族都出席了婚禮，連嬤嬤也來了。她表現得優雅而客氣，老實說我驚喜之餘也覺得很窩心。我們到美屬維京群島中的聖約翰島度蜜月，我在島上第一次也是最後一次脫了上衣解放上空。

我熬過了法學院，甚至還到幾個朋友。最後一年甚至被選為四位「年級代表」之一。我修讀許多我愛的課程，遇見我的恩師家事法的瑪莎・米諾（Martha Minow）和刑事司法的查爾斯・奧格崔（Charles Ogletree）。一九九四年三月初，距離我畢業只剩下三個月，某一天我和丹恩正在吃晚餐，電話響了，我接起來，爸爸媽媽都在話筒另一頭。我原本問他們能不能吃過飯再回電。「不行。」爸爸回答。「這件事很重要，現在就得說。」我擔心是爸爸的病情，結果不是。是我哥哥史蒂芬，他在芝加哥一所醫院因肺炎宣告病危。

我所有的哥哥姊姊裡（大家年紀都比我大，都是我爸爸或我媽媽某一方的孩子，都不是兩人一起生的），我和史蒂芬最熟。我小時候，他二十出頭，正在我和爸爸媽媽住的城市讀法學院。他是週末會到我家來陪我玩鬧的大哥哥。他通常也會帶女朋友瑪希亞一起來，我也很仰慕她，她後來成為我的嫂子。我上高中後，史蒂芬和瑪希亞住在車程兩小時外的地方，三不五時會來我家坐坐。我有幾次發現史蒂芬在我的房間探頭探腦，翻看我的書或文件。我會不高興，但也不到很生氣。我還挺開心他想多了解我。許多年後，我跟隨史蒂芬的腳步就讀法學院，我在入學申請書裡自述關於種族和社會正義的切身經歷時，是他陪伴我度過一些艱難的時刻。如今的他，是美國公民自由聯盟芝加哥分會的成員，為大都市裡的邊緣族群喉舌發聲，誰能料到他會因為肺炎，不明不白地躺在病床上面臨死亡。這一年他四十三歲，我二十六歲。

我跟奧格崔教授和米諾教授說了此事，他們兩位的慈悲我永生不忘，之後我便搭機趕到史蒂芬的病榻旁，家族的其他人也都趕來了。史蒂芬躺在醫院的病床上，身上連著機器，依靠呼吸器維生。他蓋著一條薄薄的床單，我隔著床單也能看見他枯瘦的輪廓。我後來有時間與他獨處時，他的心跳紊亂，好像很激動。我跟他說話，單純當他是一個普通人，而非一個將死之人。我對他述說我們從前相處的故事，一遍又一遍告訴他，我有多麼愛他。他的心跳漸漸平緩穩定下來，我想像那是他聽見我的話而感受到些許安慰。

丹恩和我回到麻州。我關上心扉，埋首撰寫我畢業的最後門檻，俗稱「第三年論文」（third-year paper），長度需與畢業論文相同且要有出版發表的價值。史蒂芬在兩個月後的五月過世。從他的喪禮到我畢業，從備考律師資格考試到應徵上加州的企業律師工作，我始終牢牢緊閉心扉。

新工作做了將屆一年，我即將滿二十八歲的時候，爸爸與攝護腺癌的漫長對抗步入了尾聲。一九九五年十月初的一個週五，加州時間接近中午時，我和其他兄姊都接到電話，要我們即刻回家。我們從全美各地開車或搭飛機趕去，我的路程最遠，從舊金山飛到波士頓後，再轉乘水上氣墊飛機才抵達瑪莎葡萄園島。星期六上午，所有人都趕抵小島並跋涉來到爸媽位於森林深處的住屋。我們一共有十幾個人——我媽媽、我們幾個子女、我們的配偶和伴侶，以及孫子女。所有人聚在涼爽安靜的房間裡，這裡曾經是爸爸的書房，如今成了他的臨終之處。我們一個挨一個跪在他的病床旁，像一條血親組成的柔軟絲帶圍住床單僵硬的縫邊。

那個週六上午，我走進房間，看到爸爸躺在靠牆的病床上。他實際才七十七歲，看上去卻不只九十三歲，整個人灰撲撲的，在我眼前皺縮成一團。這個昔日高大強壯的男人，力大能移山，還能趕走痲疹、天花和壞人，如今身形只剩下我記憶中的一半不到。我給了他最後一個吻，感覺到他嘴唇的乾枯，聞到他久未洗漱的牙齒、口腔、舌頭的酸味。「我來了，爸。我是茱莉。」我像一隻小羊羔，用顫抖的聲音喚他。他沒辦法說話，甚至沒力氣揚起嘴角，但他向來強壯的右手從床上抬起了幾公分，我最後一次握住那五根粗壯的手指良久，這隻手曾經在我學騎單車的時候，牢牢穩住左搖右晃的我。

沒過半小時，始終靜靜待在角落的臨終關懷護士起身走向我們，溫柔地點了點頭，沒有說話，只是用她明晰的目光告訴我們，爸爸已經走了。哭聲這時才慢慢傳來，那是遺族撕心裂肺的哀號，我們受到告誡後足足隱忍了五年，終於得以哭喊出來。所有人的哭聲漸漸合為起伏的波浪，一首終歌，一支由我們對丈夫、對父親、對祖父、對親家公的愛譜成的交響曲，也是一首我們的悲痛之歌。之後，護士請我們先離開房間，準備清潔遺體，送他踏上前往殯儀館再到火葬場的最後一程。我們一個接一個魚貫走出去，我低垂著頭，經過房門口旁邊那尊近一公尺高來自非洲馬利的雕像，我們都管它叫「胖夫人」。我摸了摸胖夫人的肩頭，就像我們會扶著欄杆的圓頭穩住重心，也像我們會撫摸博物館門前或莊園入口某一座著名的屈膝銅像，彷彿這樣便能永遠記下你曾經來過。

爸爸去世時，我在法律事務所工作才剛滿一年。事務所就像一頭不停要求餵食的怪獸。我請了三週的假，協助媽媽處理所有家屬往生後的銀行和保險文書，但我也知道自己遲早得回去上班。我在十一月初回到職場。每天進公司，我都會盡量把事情做完，但很多時候，我只是把辦公桌上成堆的文件移過來又移過去而已。我拖長午餐時間。迴避與客戶的眼神接觸。那種感覺就好像我已經不認識自己了。我列不出待辦事項，就算真的列了也遵守不了。思緒總是霧茫茫的。我為我的狀況尋求合理解釋：可能我哪一天半夜用枕頭把自己悶成腦殘了？對，一定是這樣。

假期到來，哥哥的遺孀瑪希亞打電話來，問我最近還好嗎？說來奇怪，我們從我還年輕的時候就很親近，可是卻很少通電話。我跟她說我還好，只是工作上很難專心。她說，她猜我還處於悲傷狀態，問我有沒有接受相關諮商。（我沒有。這些年來被一對不相信諮商的父母養大，我自己也不太相信諮商有用。）「你一定要找個互助團體。」瑪希亞叮嚀我。「不然請丹恩幫你找更好，他現在可能也很苦惱不知道怎麼安慰你。」我對丹恩轉述了這段對話。那是搜尋引擎尚未問世的年代，所以他翻開黃頁電話簿，那是一本很厚的書，紙張很薄而且是黃色的，裡面列出了所有登記在本地區碼下的商家電話號碼，依照分類排列。他找到鄰鎮有一個非營利的悲傷諮商社團叫「卡拉」（Kara），於晚間時段提供團體諮商。我懷疑他和瑪希亞早就串通好了，非要說服我去一次，否則不肯罷休，於是我只回答：好啦，我會去。他們的下一次聚會在一月三日晚間七點。

當天晚上，我開車來到卡拉的聚會地點，聚會所是一間肅穆的古宅，位於住宅區街上一座大停車場後方。時逢一月，這個時間天已經全黑了，我躡手躡腳走向陰森的大門，心裡不禁有點毛。但屋內有幾盞燈亮著，我進門以後看到一間寬敞的會議室，有一群人圍坐在橢圓形的桌子旁。我環顧四周，現場約有十到十二人，男女都有，都是白人。我二十八歲在裡面似乎是最年輕的一個。聚會主持人歡迎新人加入，然後請我們稍後依序分享自己的名字、失去的人、目前的心境。我很慶幸她從我左邊的人開始順時針輪，這代表我是最後一個。

我聽別人一一陳述他們是誰，分別失去伴侶、手足、父母、朋友。我聽到很多工作表現低落、無法專心、感覺不像自己的故事。不少人靜靜點頭表示認同。如果有人忍不住哭了，有人會遞上一盒面紙。我開始意識到，我應該不是晚上把自己悶成腦殘，只是正在經歷一段合乎情理的情緒過程，名為悲傷，而這個過程對大腦影響甚鉅。我接連又聽了更多人的分享。等輪到我的時候，我終於有辦法開口說出我內心發生的事。一九九六年一月的那一個半小時，在一間古宅裡與一群陌生人圍坐在大桌旁，是自從爸爸過世、史蒂芬過世，乃至於從洛馬普利塔地震以來，我第一次不再只是埋頭努力表現出一切功能運作正常的一面，我第一次慢下腳步，放下包袱，探討自己的身心狀態。我體認到我所經歷的事是有意義的。我是有意義的。

從那一晚起，不必別人催促我也想去卡拉。下一次的聚會在兩週後，我真恨不得時間過快一點。我甚至還早到了，這在我是很罕見的事。我慢慢認識了其他人，聽他們的故事令人寬慰。第二次的聚會同樣暖心。又過了兩週，一月三十一日星期三，我一樣來到了聚會地點。但這回門內沒有燈光，而且偌大的停車場裡一輛車也沒有。連主持人也還沒來嗎？我看了看錶——我不算特別早到，所以其他人都遲到了？我推了推前門，發現門鎖著。我等在外頭。別忘了那時沒有手機也沒有 Google。我無法當場查個究竟。我又等了一會兒。等到了七點十二分，很顯然不會有人來了。我坐進車裡，開車回家。

到家後，我翻出當時的白頁電話簿，裡面依照字母順序列出所有本地區碼的住家和商家電話（跟黃頁的差別只在於薄紙張是白色的）。我找到卡拉的電話，撥入語音信箱。「歡迎來到卡拉悲傷諮商。我們提供免預約成人團體諮商，時間在每月第一及第三個星期三。」這下我知道原因了——我以為他們每個隔週三聚會，但其實不是。壞消息是，這個月有五個星期三，所以當晚並沒有聚會。好消息是，下星期就是二月第一個週三了。更好的消息是，我現在知道悲傷是真實存在的一件事，而我可以透過聆聽他人的故事和分享自己的困惑來緩和悲傷。最好的消息是，雖然我仍遊走在一片荒涼陌生的風景裡，但多虧卡拉，我知道自己並不孤單。

之後我每月第一和第三個週三都參加卡拉的聚會，從未缺席。當時生活中沒有任何事比這更重要。不知何時開始，我會在自我介紹中提到史蒂芬，原本我還擔心他的去世「算不算數」，因為那已經是兩年前的事了。但同樣也算數。我需要消化史蒂芬的死、爸爸的死，老實說，當年那場令我擔心喪命的地震，我也需要重新消化。我需要承認這些情緒都是正當的。到我覺得找回自己以後，我才沒再去卡拉的聚會，而那已經是該年的八月了。隨著年紀漸長，我認識到悲傷會一直如影隨形，除非你開口談論它，它才有可能在某一天默默走開。

悲傷是無處抒發的愛

我向來很容易交朋友，也從很早就習慣把朋友當作生命支柱。我在第七章說過，我還不滿兩歲的時候，全家從奈及利亞的獨棟房子搬到紐約的高樓公寓，我路都還走不穩，已經會走向廚房流理臺旁的媽媽，扯著她的圍裙說：「朋友，媽咪，朋友。」我需要同伴，我一直都知道。

大一那年，我在宿舍的才藝表演活動上演唱《你有我這個朋友》(*You've Got a Friend*)。沒錯，我希望這些新同學知道我會唱歌，但我也希望他們知道，我很在乎別人，也願意陪伴別人。我希望他們也會願意與我作伴。

二十多歲失去哥哥和父親，我學到悲傷是共有過這種經驗的人才會使用的語言。而且喪親之痛還有可能因為第二重因素而雪上加霜——那就是身邊立意良善的朋友刻意保持距離，不想對你提這件事，怕會「提醒」你想起傷痛，或是單純不知道該對你說什麼。(面對重大傷痛衝擊下的人，除非正處於悲傷的第一階段「否認」，否則不必誰來提醒，他們滿心想的都是這件事。而且不論處於哪個階段，誠如非營利團體 OptionB 建議，這時候關心對方最好的問題是：「你今天過得好嗎？」)史蒂芬過世，我的朋友多數不知道；事情發生得太快，且當時為了順利從法學院畢業展開律師生涯，有太多事占用我的心力，我成受不了再去談這件事。但父親過世，周圍的人都知道。我收到慰問卡，卡片上寫著：「深表哀悼。」若是信件則會寫：「有我能幫的忙，請不吝告訴我。」少數打電話來的人則會問：「你母親還好嗎？」我的心中一再悲鳴：不要問我別人，拜託請問候我。但理智又會要我的心別那麼自私：大家最關心喪偶的母親，當然很合理。但我當時真的甘願付出一切，只求有幾個朋友問我：「你過得還好嗎？還應付得來嗎？你今天好不好？」

我想像悲傷是一口藏在牆後注滿眼淚的大水缸。我們在牆的這一側只看得到水龍頭。特定情境把水龍頭扭開，我們便流下眼淚，之後我們會將它再度扭緊，應社會傳統和職場上司的要求繼續過日子。但每當身邊有事物令我們憶起所愛之人——可能是一首歌、人生的里程碑、他們無緣得見的孫子誕生——水龍頭又會轉開。水龍頭轉開又扭緊，扭緊又轉開，就這樣持續幾個月、幾年，甚至幾十年。我們沒人曉得水缸有多大。悲傷有多大。我們不需要朋友給我們空間，我們需要的是水龍頭鬆開時，有朋友陪我們靜靜坐著。

我在卡拉那幾個月，我發現有個人恰恰做到了這件事。善恩是三十四歲的白人男同性戀，只比我大六歲，我們倆是團體裡最年輕的兩個人。他的好母親瑪麗琳，早我爸爸不久過世。我和善恩有七個月的時間坐在彼此身旁，聽任悲傷揪緊心臟，之後才又回歸我們正常的生活，善恩是生技公司專案經理，我則是企業律師。二十五年後，遇上重大日子，我們依然能適時透過臉書訊息相互扶持，例如「你母親肯定會以你為榮」或「你爸爸一定在天上微笑」。善恩給予我的支持，與其他家人朋友都不一樣，我不太解釋得出原因。我猜在我們依偎取暖對抗悲傷呼嘯的同時，我們對彼此都更為開放也更顯脆弱，除了死亡和悲傷以外，我們對彼此的生活幾乎一無所知，所以這份理解特別深刻、明確且強烈。我最近在朋友臉書上看到引用的一句話：「悲傷無非是無處抒發的愛。」我猜，善恩和我當時都有滿心無處抒發的愛，所以我們把愛給了彼此。我們的相互支持有如一張織毯，當時將我們拉近，於今依然牽繫著我們。

接受現實

你也遇過吧，家裡停電的時候，你明明知道停電了，基於習慣還是會去按電燈開關，或下意識想使用某樣電器？你腦中熟知日常程序的區塊，一時間還跟不上當前的現實。

停電通常不是大問題，但這是個很好的例子，顯見當災害來襲時，如某人去世了，或發生了駭人的事，我們的大腦可能很慢才能適應新的現實。前陣子疫情期間，我收到許多團體座談的邀約，雖然每場活動都是線上遠距講座，我只需要坐在後院的小辦公室盯著筆電就好，但每次活動時間將至，我還是會不自覺想像自己走上講臺。我知道——我當然知道，我並沒有實際前往實體舉辦地點。但在我腦袋裡某個地方，我還沒意識過來。

想要度過發生的壞事、突發的失落和變動，部分關鍵就是要讓大腦認知到發生的事，然後學著接受它。你得告訴自己：不對，現在有疫情，我去不了那裡。或者想到同學會上可以看到久違的朋友，你得提醒自己：不對，你忘了，他們已經不在世了。我哥哥喬治在一九九一年遭遇慘痛悲劇。他家在橫掃奧克蘭和比佛利山莊的風暴野火中付之一炬。幾年後，我向他借露營帳篷。他微笑回答：「我沒有帳篷。」我堅持有，他依然回答沒有，同樣面帶微笑但語氣堅定。「有啦，喬治。明明就有，就是我們前幾年跟你借的那一頂呀？」他照樣回答沒有，等我終於意識過來，頓時覺得自己是個神經大條的白癡。喬治在火災中失去一切，只保有妻子女兒和少數幾件塞得進車裡的家當。其餘什麼都沒了。他已經調整心境接受了現實，但我卻還沒。

這本書最基本的一項建議是，長大成人的過程中，你必須養成自主能力和心理彈性，幫助自己往前走。（自主能力是知道自己有能力做到眼前應做的事，有「我能做到／我會做到」的意識；心理彈性是知道自己有能力從任何發生的事振作起來，有「我能克服」的意識。）但不論你擁有多少自主能力和心理彈性，這兩項能力都存在於更大的人生脈絡裡。而且在這個脈絡裡，絕大多數的事你無法控制。（跟著我再念一遍！）但重點是：就算你控制不了發生的事，你可以控制自己的反應。

戒酒無名會、戒毒無名會、過量進食者無名會，以及其他「十二步驟」戒癮支持團體，分別都把倫理學家理查・尼布爾（Richard Niebuhr）的「寧靜禱文」（Serenity Prayer）當作基礎。禱文內容如下：

上帝，請賜予我內心的寧靜，接受我改變不了的事，賜予我勇氣，改變我做得到的事，賜予我智慧，分辨兩者的差異。

你不一定得是成癮者，也不一定得信仰主，也可以運用這條簡單卻深刻的建議。他告訴我們，即使面對人生最艱難的考驗，我們也有能力向前邁進。

我親愛的朋友亞狄娜・格里克曼在史丹佛大學工作，輔導學生克服各種妨礙學業表現的障礙，例如焦慮症、拖延症，乃至於讀書欠缺技巧。她現在私人執業，擔任學業、生活、職涯教練。她提醒我，心理彈性在衰事連連的時候常能大有長進。「你經歷過愈多，愈明白該怎麼再站起來。下一次有人過世，或你遇上意外，或發生災禍，你就會存取腦袋、心靈、精神的資料庫，然後告訴自己：**沒事的，我以前遇過類似的事**。你會安慰自己，你已經比第一次發生時更堅強了，而且你確實還會變得更堅強。」

若是遇到純然的悲劇，亞狄娜認為，我們可以藉由「賦予意義」來度過發生的事。賦予意義這個概念出自正向心理學，這是一個相對新的領域，關注的不是我們的心理出了什麼問題，而是探討人類經驗過的好事可以如何增進人的健康和幸福。亞狄娜說，為壞事賦予意義，不是要你接受「事出必有因」或「凡事天註定」，而是要你自問：「我會怎麼消化這個難受的經驗，好讓我可以走下去？」或許你因此學到一些事。或許生活因此有了某些重要改變。或許你因此感受到自己對失去的那個人事物懷有莫大的感謝。

我聽到這裡也想：**對，對，你說得都對。但萬一發生的事真的很慘，例如朋友死了呢，那又怎麼說？亞狄娜建議「回歸到你自己」，問自己：「『我的人生軌跡是什麼，我人生的目標是什麼？**我的人生目標絕對不會只是悲傷，而是要成長、繁盛、創造、給予。我的朋友過世了，他的人生目標沒能實現，路就此走到盡頭，但我接下來的人生目標是要發揚他、愛他、哀悼他，並且過好我的生活。』我們都希望人生順遂如意，但人生何其渾沌。」

她接著告訴我，她有一個朋友年僅二十歲時，父親就因心臟病發驟逝。「我朋友說，痛失至親使她學會悲傷的能力，她後來多次實際用上。父親去世後，她為無法懷孕苦惱了七年，她哀悼每一次失去、每一次流產、每一次失敗的試管受精。她將這些悲傷與二十四歲經歷的傷痛連結在一起，心裡會想：我有過悲傷的經驗，我知道那大概是什麼情況，我有一個參考基準。很心痛沒錯，但我現在懂得化悲傷為助力。她後來生養了三個女兒，而且不是試管受精，而是以老派常規的方式受孕，現在女兒都長大了，她也積極提倡生育。父親驟逝讓她長出日後得以運用的韌性。」

度過憂傷的十二道門

你被裁員、遭受暴力對待、所愛的人嚴重受傷或即將死去、你面臨牢刑、你受了傷或診斷出惡疾、你所有計劃都被疫情打亂、你的家園毀於天災、你的戀情終結而且不是「和平協議分手」、而是以痛苦的方式結束）。這些例子都可歸類為哀事。這時候，關鍵是要看清發生的事、立即尋求協助、制定計劃度過難關，克服這件事。或如邱吉爾所言：「既已身在地獄，何妨繼續前進。」

一、**聯絡他人**：本章開頭引用的話，出自於弗雷德・羅傑斯（Fred Rogers），他是學齡前兒童節目《羅傑先生的鄰居》的主持人。一九六八年，我剛滿一歲，這齣節目在美國開始播映，此後播出超過三十年。X世代每個孩子和少部分千禧世代都是看他的節目長大的。羅傑斯先生告訴大家，萬一發生壞事，我們應該「尋找幫手」，這是度過難關的重要智慧，阿姨也想傳承給你。（這裡指的是壞事發生的當下。馬上尋找已經伸手幫忙或臉上表情友善願意幫忙的人。）

就算事發在半夜，也別怕聯絡別人。別人會比你更能清醒地思考當下發生的事。你很有可能處於「震驚狀態」，意思是「無法準確、深刻或完整地消化發生的事」。不過，身處震驚也代表你不太知道自己是什麼狀態，要到事後你才會赫然驚覺。所以這種時候，你更需要一個能信任的人挺身協助你思考及做決定。我三十出頭的時候，我要好的大學同學吉姆發現老婆外遇出軌。我們好幾年沒見了，但是不要緊，我們的友情還在。他打電話給我。我立刻登門用力給了他一個擁抱，見證他的傷痛，陪伴他討論及消化事情的發生，協助他思考下一步。

二、**記錄事發經過**：事情發生時，周圍的人會告訴你一些事實和建議。如果你失業，那就是你的上司和人資經理。如果是醫療事件，那就是醫療照護專業人員。如果是天災，那就是公共安全工作人員、鄰居、保險經紀人。如果你遭人傷害，那就是社工、護士、社福團體員工或路過民眾。如果遭遇意外事故，那就是執法人員和目擊者。做筆記。寫下日期時間，記下告訴你資訊者的姓名、職稱、聯絡方式和資訊本身。你正在製作一份紀錄，幾星期後你對細節的印象逐漸模糊時，這會是你重要的資訊來源。我有一次過馬路的時候，目睹一名單車騎士被車撞到。他的人沒事，但我們還是叫了救護車，陪他等待救援抵達。我也把我的姓名電話寫給他，未來需要目擊證人的證詞可以聯絡我。幾個月後，他的律師也確實聯絡了我。

三、**開口求助**：你十之八九會需要協助——不論是協助事件本身，或是你因為忙於應付更大事件而無暇照顧的日常瑣事。別人不知道你經歷的事，就無法協助你。所以找到適合的人以後，務必要讓他們知道發生了什麼事。依情況不同，你可能會想讓多一點人知道，也可能希望盡可能保密，這都取決於你。只是盡量不要一個人面對。你有信任的人？那就聯絡他們。

四、**接受他人協助**：旁人聽說發生事情，常常會說：「有我能幫的事可以讓我知道。」這絕對是好意，但苦主聽了往往很洩氣，因為這等於還要他去想這個人能幫什麼忙。當然了，如果對方說了這句話，你有想到合適的事可以直說（我需要有人去機場接我的家人；我需要未來幾週有人幫忙張羅晚餐；我需要幫忙洗衣服；我現在害怕獨處，你能不能到我家過夜？）。更好的幫手會具體提議他們能做的事：我可以替你代班。我可以替你接送小孩。我可以幫忙張羅這些事。我可以帶些吃的給你。假如有這樣的人挺身協助，如果你用得上這些協助，無妨就讓他們幫忙。（你沒有義務一定要答應。很遺憾，的確有人喜歡利用他人的痛苦，或企圖趁這個時候接近你，強行介入你的生活。你的第六感會告訴你該不該接受協助，對方的提議會不會讓事態惡化，或是你並不需要，甚至覺得很煩。此時儘管相信你的直覺。）

五、維持更新待辦清單：你情緒低落，頭腦大概也昏昏沉沉，而且可能會這樣好一陣子。你的大腦為了認知重大改變已經很辛苦了，別期待它還能記住所有該顧及的事。把這些事寫下來。委託信任的人幫忙想想有哪些事該處理，並定期陪你檢視這份清單。這份清單可以搭配你先前記錄下來的所有資訊一起作為參考。

六、做足功課：如果是疫情，定時收看新聞，了解你需要做哪些準備，以保障你自己和所愛之人的安全。如果診斷出疾病，好好消化網路可查到的所有資訊。如果有人即將不久於世或已經去世，向醫生、當局或了解內情的家人打探詳情。如果是天災，閱讀、收看或收聽最新消息，參加所在社區的資訊彙報，查詢保險公司會如何處理。情報收集很可能是你最不想面對，只想縮成一團等著父母或代理人替你代勞的事。雖然說照顧心理和情緒健康很重要（見第八條步驟），但收集情報也是你自主掌握狀況的開端和方法。成為某件事的小專家其實也是在賦予自己能力和權力。一兩年後，你就能對朋友說：沒錯，當時發生了那件事，要聽聽看我的發現嗎。

七、思考你能做的事：疫情逼迫她回家的時候，我女兒艾芙莉十八歲，原本正在杜克大學享受大一生活。她的春假先從一週延長成兩週，最後學校宣布該學期都改成線上授課。艾芙莉的生活頓時像魚缸裡的小魚兒，跟父母、哥哥、外婆困在一起，四面八方都是家人的視線。她努力了這麼久，好不容易能離開家、離開鎮上出外讀書，結果現在又被吸回家裡，只能抱著筆電躲在房間，只有透過筆電能連上她的學習、她的朋友和老師，連上她的人生。她所有私人物品幾乎都還在杜克大學，校方不允許學生前往取回，但由校方寄還給她又要等上好幾個月。這的確是第一世界幸福的煩惱，但依然是她人生當下最劇烈的變動。是一次創傷。

那年母親節，艾芙莉載我到郊外兜風。那是開始居家隔離以來，我第一次去家以外的地方。熟悉的風景漸漸化為陌生，開闊的地平線在我們前方展開。我對她說：「或許我們不該一直哀嘆不能做的事，應該開始思考能做的事。」七月後，她看著杜克和其他許多學校機關擺盪不定，不確定該不該允許學生回宿舍和課堂上課，也不確定哪些學生有資格回校上課，我家這個孩子決定她最需要的是一個家，能收容她的個人物品，誰也拿不走。她在校園附近與室友合租了一間公寓，搞定了設備和網路，申請了租屋保險，然後再用她的存款支付一部分（我們有幫忙）買了一部二手機車。她的大學仍可在必要時宣布關閉，但艾芙莉決定了，只要她能主導自己住在哪裡，她就不會有事。

八、尋找資源與扶助：當事件本身或新聞消息已成過去——你已經離開了對你施暴的人；你在公司上完最後一天班；你愛的人已經過世；你在診斷出惡疾後繼續過日子；你的戀情正式結束了；你正在重建受到破壞的事物——這時你便可以考慮接受諮商，協助你消化事件、釐清事件對你的影響，以及下一步你打算怎麼做。你需要把事情經過說出來，否則事件永遠會以創傷之姿潛伏在你的內心，影響你未來的關係、未來的決策，影響你在他人身邊控管情緒的能力。B 選項的官網 OptionB.org 是克服悲傷、培養心理彈性很好的資源，這個網站奠基於臉書前營運長雪柔・桑德伯格（Sheryl Sanderberg）在丈夫驟逝後，與共同作者亞當・格蘭特（Adam Grant）合著的同名書籍《擁抱 B 選項》(*Option B*)。

九、記取教訓：如果發生的事，你個人並沒有責任（例如診斷出惡疾、發生天災、親友過世），教訓會在事後來到：你可能會比以前更懂得感恩，或發現自己原來有以前不知道的力量。如果是你自己的行為導致你現在身陷麻煩（例如你犯了罪、做了壞事、冒了愚笨的險），除了上述教訓，你也需要花時間反省自己做的事可有必要，未來若再遇上類似情境，你會採取什麼不同做法。我朋友麗莎，我們在後面會聽到她的故事，她酗酒成癮。戒癮多年後，她偶爾也會想喝一杯。但她會反覆提醒自己這些年來學到的重要教訓：「我沒必要非得在今天破壞我的人生。」

十、康復與重建不能斷：這是我對苦於酒癮和其他形式的成癮症，正在努力從中康復的數百萬人致上的深深敬意。你在後續篇章會讀到麗莎的故事，她發現長期穩定給予支持的戒酒無名會，是唯一陪伴她熬過難關的可靠夥伴。如果你是成癮者，提供十二步驟行為課程的團體，可能是你的好去處——包括戒酒無名會，或其姊妹團體如戒毒無名會、過量飲食者無名會、賭博者無名會等等。你會與他人結成團體，他們會幫助你感覺自己被看見，也能提醒你善用這些步驟，陪伴你重拾生活。

十一、去除毒物，在新事物上紮根：我的好友唐納文（我們在第三章和第九章都見過他）建議，經歷過痛苦煎熬，「我們會學到人生時間有限，慎選來往的對象很重要。除去生活中有毒的人和情境，不論是戀愛、友情或工作上，盡量只與能帶給你活力、支持、挑戰（好的方面），且激勵你也如此對待他們的人來往。學會為人事物安排輕重緩急，是充實與成就的一大關鍵。」唐納文也提醒，這不代表你要自我封閉或拒人於千里之外，而是要學會劃清健康的界線，讓你有更多心力投入對你來說比較重要的事。

從負面情境康復的同時，找到能投入時間心力的新事物也有助於復原。可以是某個你喜歡且希望更精進的興趣，或是你一直想學的技能或語言。可以是活絡現有的人際關係。你現在更明白人生中哪些人事物才是真正重要的，善用這個新觀點，投入能為你創造更多意義和樂趣的事物。還記得第七章的艾希莉嗎？她母親在她二十七歲時過世，她決定加入「晚餐會」這個供二、三十歲的年輕人哀悼失去摯親的組織，這也是一個幫助她走出創傷的辦法。

十二、幫助他人：走出傷痛以後，你能做的最好的事，或許就是陪伴及幫助別人。丹恩有個朋友叫理查，他不幸在一場划艇意外中失去二十多歲的女兒，划艇原本是他們父女共同的愛好。意外至今多年，理查的心痛並未減少。我問他現在好嗎，他回答：「我今天還活著。」他是認真的。他的意思是，他今天依然選擇活下去，雖然腦中始終有個念頭說：「我只要跳下去，女兒就在那一頭等我。」理查把他的悲傷投注於照顧其他悲傷的人。他是卡拉的輔導員，即我當年求助的諮商團體，除了我參加的團體諮商，他們也提供一對一輔導。體會過痛徹心扉的情緒，你對他人可以有深遠的幫助。且為人服務也能幫助你感受到生命的目的和良好的自我觀感。記住，你不一定要當輔導員、諮商師或志工也可以幫助他人。就算只是把你做的所有功課和痛苦學來的經驗記錄下來，也代表未來有人經歷傷痛時，你會有能力陪伴對方。成為別人所信任的人，是非常可貴的一種感受。

我親愛的朋友唐納文，也是卡拉的志願輔導員。三十九歲那年，他的小女兒米卡梅年僅兩歲就因故早夭。我和唐納文從十八歲就認識了，我向來知道他很關心別人。但在我看來，經歷過所謂「最痛的失去」，他更加能夠同情他人的苦難。到現在他都習慣把每個朋友的親人過世的日期記下來。「每個星期，我都會翻開我綠色的行事曆小冊子，聯絡在這些日子失去親人的朋友。每次創造一點追思紀念的時間和空間。」

【別只聽我說】

迎接新生

凱西——坐牢不是末日

二〇一四年六月十七日，凱西還是十七歲的高中畢業生，深愛女友海莉。「我和她坐在河邊抽大麻，一邊敞開心扉聊心底話。我們談到一些沉重的話題，聊到她過去的藥癮和我過去的藥癮。中間她看著我，用極其真誠的語氣說，她以前成功戒掉過，也和家人恢復了感情，那是她生命最快樂的時光，她不知道自己怎麼會又回到現在這樣。我看著她，心裡頭很想說：**那就是我們接下來要做的事。我們會讓這一切成為過去。我們一定可以的。**但這些話哽在我的喉頭，怎樣也說不出來。」

三天後，凱西的世界塌了。他因散佈古柯鹼遭到逮捕，隔年都關在喬治亞州與田納西州交界處附近的沃克郡監獄。落網當天，海莉也和他在一起，她看到他的最後一幕，是他被上了手銬，頭低垂在膝蓋間啜泣。像凱西這樣出身背景的孩子，一般很少會落入這樣的處境，他是白人，出生在上層中產階級家庭，家住亞特蘭大都會郊區，「家庭教養良好，給予的都是愛、支持和關懷。」我是經由他母親介紹認識他的。他在監禁期間寫日記，希望有人能給他的寫作一些建議，我答應當他的顧問。從我們初次聯絡到現在也五年了，他已經出獄，我們透過電話聊他當時的經歷。

凱西說，他在那所「衣冠楚楚」的高中始終格格不入。「那裡是高收入地段，很多人的爸媽是公司總裁。同學都把自己家稱為豪宅。他們穿名貴的衣服，熱愛某些運動，表現出一種性格已定的樣子。明明不用載貨，但每個人都開吉普車或小貨車。大家的生活方式已經有一種兄弟會、姊妹會的影子，瞧不起圈子外的人。我自己從來就無法理解。所以我也發現自己總是遊走在圈子邊緣，努力摸索我該融入哪裡，又該怎麼融入。我是一個尋找自我的人。我從書呆子圈晃到音樂圈，又晃到運動圈，然後晃到不太能當榜樣的嗑藥圈子。但我從不覺得自己真的歸屬於其中的哪一個。我的人生總像在追趕什麼。在我極度迷惘的時候，我好像在追逐不知人在何處的自己。我面對過很多消沉低潮。」

凱西家裡經濟寬裕，錢不是他煩惱的原因。「現在回想起來，很多可以歸結到對女性的不安全感。我每次都覺得自己只是夠好，足夠去做什麼或參與什麼，但我從來都不是單純的很好或最好，也從來無法徹底融入。」他在高一上學期結束後與一個女生交往，但對方後來轉學了。「因為她，因為有人在乎我，我覺得那種只是夠好的不安全感獲得抑制。」

升上高三後，凱西的生活「繞著毒品打轉」，包括使用及交易古柯鹼、大麻、毒菇。他在那年春天遇見海莉。海莉上的是另一所高中，但他們有共同朋友。三月的某一天，他們一群人一起到湖邊玩。「結果我和她坐在湖岸聊到了凌晨三點。感覺很美好，心靈相通，很令人動容，我們從那一天起便形影不離。她是第一個符合我所有期待的人。我覺得她很漂亮。但也是因為我和她最初的那次對話，因為我們一開始聊的那些事——能脫離高中該有多好、我們對未來有何計劃等等的——我感受到情感的親密、那種敞開心房的感覺。我信任她，從一開始就覺得能坦然和她深入聊這些情緒。我一向認定自己是個情緒敏感的人。我思考得深，感受得深，愛得也深。她是我遇見第一個能接受這點的人。她沒有因此害怕到被嚇跑。」海莉也生活同樣也繞著毒品打轉，毒品是他們關係的重大構成要素。

「很可能我們聊的無非只是恐懼。我們即將高中畢業。我當時大量販賣毒品。我是有打算上大學、做點有用的事，但我不曉得要做什麼。我不知道我想做什麼、以後要從事什麼職業、下一段旅程會和誰一起共度。其他人都為了終於從高中解脫而拋帽慶祝，我卻感覺不到喜悅，因為我的人生被我嗑的藥、賣的毒，被我分派給自己的虛假人格給牽制住了。跟海莉在一起的時候，我可以掙脫毒販的假面具，但假面下的這個人不知道自己是誰，也不知道想要什麼。」

凱西被捕的幾小時前，他先載海莉去穿耳洞，然後兩人來到帶狀購物中心停車場，凱西在這裡賣古柯鹼給他的一個常客，對方五十歲，是他一個朋友的爸爸。未料這一天，這個大叔的身上裝著竊聽器，凱西從對方車上下來沒幾秒就被緝毒局探員團團包圍。他接受認罪協議，判處七年徒刑，實際服刑兩年，因為他符合初犯要件，刑期後又減為一年。於是，就在十八歲生日的幾天前，凱西被送入沃克州立監獄，獄中收容各族裔人種，但多數是白人，車程離家約三小時。「我很害怕在裡面不知道會發生什麼事。」

我問凱西後來怎麼應付獄中生活。「我幻想出獄後的情景。我記得我打電話給媽媽，大吼大叫問她海莉在哪裡，說我很想跟她說話。現在回想起來，整段服刑期間，我滿心想的都是海莉。她是我的希望泉源，她的存在激勵我出獄後要當個好人。把獄中心情包裝成失去心愛的女人，盼望將她找回來，比較容易緩和被關在成人監獄裡的恐懼。」

有個叫史考特的男人與凱西交上朋友，在淒涼害怕又茫然的情境下，凱西覺得史考特可以信任。「他好像有個兒子和我同齡，以前也招惹過麻煩。我很看重人的眼睛。史考特的眼神，還有他將我保護在麾下、真誠關心我的舉動，讓我感到放心。他協助我制定計劃，讓我在這片瘋狂中生出希望。」

凱西開始寫信給海莉的母親，希望海莉會因此收到信。「我一封接著一封寫，海莉的媽媽最後終於回信，她說所有的信她也都有拿給海莉看。這就足以讓我撐過剩下的四、五個月了。海莉的媽媽也提到，她覺得我的文筆很美，說我也該為自己寫些東西。這番話鼓勵了我把自己的心路歷程寫下來。」

我的故事也是在這裡與凱西交會。凱西有一天可能會想申請社區大學，他現在寫的這些內省文章，到時或許用得上。我閱讀他的草稿，給他意見回饋。「我們和《勁爆女子監獄》演的一樣，定期會舉辦團康聚會。」凱西回憶。「服刑到第九還第十個月，十八歲的小凱西決定在三百名獄友面前上台朗誦他修改了不下五十五遍的文章，談的是他對長大成人的看法。我還記得站在台上，感覺無比脆弱。在我朗誦的時候，全室靜得一根針落地都聽得見。朗誦完畢，三百名獄友全體起立為我鼓掌。我在講台上當著大家的面，眼淚撲簌簌掉下來。我因此走上希望幫助這些人的一段歷程。」

他這段經驗隱含的意義令我感動。接受你的苦痛，脆弱而謙卑地面對它，將它轉化成可以服務他人的能力。

「各式各樣的人都想講述自己的故事。有的人直接大膽來找我。也有的人來了卻害羞到開不了口，但他們盼望的事都一樣。他們希望把自己人生的故事白紙黑字寫下來。很多人沒有我的教養背景，很多人不識字或不會寫字。我請他們盡量把想法和事件條列出來。很多時候紙上是十幾條散亂的筆記，我會把這些整理寫成一到兩頁的文章，依據他們告訴我的事敘述他們的故事。我聽到很多人透過電話對妻子、小孩或老母親念出這些文章，不識字的人會請別人代勞。他們常常念到潸然淚下，電話另一頭的人也在哭。在這樣黑暗的地方，就算只是造出些許微光，影響也非常大。我在獄中經歷過恐懼，經歷過憂鬱，經歷過你想像得到的所有負面情緒，但說到幫助這些人把他們的故事寫下來？那真的很美好。」

凱西原本計劃出獄後，集結這些人的故事寫成書。截至目前他尚未去做，但未來還很難說。

凱西於二〇一五年八月出獄，就在他滿十九歲後不久。透過父母介紹，他很快在父母停放遊艇的碼頭找到一份兼差工作。夏季行將結束前，他開始準備申請就讀肯尼索州立大學，學校就在亞特蘭大北邊，他打算在春季入學，主修新聞學。

事情很快又走向下坡。「我才剛經歷過這件可怕又五味雜陳的大事，這會兒坐在新生的課堂上，周圍同學都像正常的大一新生，興奮地討論誰能買酒什麼的。雖然我坐過牢，經歷和大多數人都不一樣，但我心中依舊有那種倔強的防禦心理。我沒辦法和其他人交流。」他的住宿情況也不太理想。他沒申請到學校宿舍，最後是在校外與人分租公寓，室友都是三、四十歲的成年人。「我沒有普通大學生的經驗。」現在他二十四歲了，我聽得出他其實很想與人交流，卻苦於做不到。「我又回復到高中時候的我。我很想當個正常的大學生，不管那是什麼意思。我也想跟其他同學一樣，喝酒、派對、無憂無慮。我三不五時混入他們飲酒的聚會，結果卻是因此吃上酒駕刑責。生活每況愈下。」凱西在大學只撐了約兩個學期，「然後就再也受不了了。」

一個朋友替他在斯普林特電信公司（Sprint）介紹了銷售助理的工作，這是他很擅長的角色，他很快就升上了經理。「當時我的人生有一股推力。我經歷了牢獄，大學又沒讀完，所以我心底有一股想要出人頭地的野心。我想克服這一切。用比較不討喜的方式來看，就是我想向所有瞧不起我的人證明，我也能像那些一帆風順的人一樣成功。直到今天，我有部分動力仍來自於此。我想變成大人物。我咬緊牙根為此努力。」

他在斯普林特很快遇到了玻璃天花板，該是時候向前走了。他應徵了多間銀行的高薪「夢幻工作」。銀行對他的履歷很感興趣，他在面試也表現得很好。但他的重罪案底似乎陰魂不散。（雖然他身為初犯，案底紀錄照理是不公開的，但銀行好像還是透過管道查到了。）所以尋覓了一年後，他才跳槽到光學零售商的現職。「我希望只要我肯努力工作，在公司裡可以晉升無礙。我來到這間公司以後，愛上了光學鏡片。我裝配、切割、檢查眼鏡，評估客戶的需求等等。我像是眼鏡界的藥劑師。我對這些產生濃厚興趣。」

凱西到目前仍如他形容，「咬牙努力在公司往上爬。」除了擔任配鏡師和店經理，他也是國家認證的眼鏡商。「我購買了檢定課程。好幾大冊的內容。我買回課本，每天埋頭讀了又讀，然後上網接受線上測驗。」他的聲音透出比興奮更深刻的語調，那是滿足。

現年二十四歲的凱西，與摯友同住（他在碼頭兼差認識的一個人），有工作養活自己，與父母的關係也「比以往都好」。他沒有接受諮商。「那不太適合我。諮商需要我誠實坦承，但我做不太到。」不過他有信仰。他從小時候的「只有星期天信天主教」，改信起「監獄裡的宗教」，他形容那是「你從來就不信上帝，但坐牢以後，你翻開了《聖經》，開始把禱告當成一種對應機制。」出獄後，他隨即受洗成為基督徒。

他目前沒有重要的另一半。「我剛出獄時談過一段感情，但那是有毒的關係。目前繼續建立自我比什麼都重要。在還沒確立我是誰、我想要什麼、我想走往什麼方向之前，我所有不安（無望、失落、憂鬱的情緒）都還有可能浮現。我如果對自己沒把握，我的不安也會投射到對方身上，這對我們雙方都不公平。雖然難過，但我體認到現在不是我談感情的好時機，我需要先在心中建立一些有意義的基礎。」

凱西經常觀察他人，學習更多能在人生中按照己意前進的方法。不久前，某一天晚上十一點多，他收到一則 Snapchat 訊息，對方是他高中時代一起混的哥兒們，哀求凱西到市區見面。「要是三更半夜還出門，我就完蛋了，我現在有工作、有責任要顧。」凱西說。隔天早上他一起床就看到一條簡訊，說那個人昨晚酒駕肇事了。「我現在處於一個有趣的有利位置，我可以與成功的大人進行有腦的對話，參考他們的處世方法。我也能看到我拋下的那些人，陷在我已經掙脫的有毒惡性循環裡。我現在看得出什麼決定是我該做的，什麼是我不該做的。留意這件事很重要。我可能今天工作不順心——我知道有的人會唉聲嘆氣抱怨今天很衰，但也有人會說，今天確實壓力很大，但我也盡力做到很多事。單是明瞭這種心態的轉變，我就懂得該怎麼替自己規劃未來的道路了。」

他接下去說：「如果能和十八歲的我聊天，我會警告他，人很容易失去自己的觀點。我會說，我也曾經覺得失落，不知道該往哪裡走，不知道下一步該做什麼，但事情終究會慢慢明朗，我該做的是去做我認為對的事。我必須開始替自己規劃人生。開始用任何能賦予我身分認同的方式建立自我。我迷失了這麼久。我必須關上往酒精和毒品裡墮落的那扇門，那些東西讓我感覺良好，讓我克服不安，但在整個濫用物質的期間，我其實一直停在原地。開始為自己擔負責任才是前進之路，就算只是打掃房子或付清帳單都好。從一磚一瓦開始，我漸漸能建構起一種生活，等到有了一定的架構以後，我就能坐下來說：我知道下一步該做什麼，但我想做的是什麼？對一個迷惘了好久的人來說，立下這個意向很重要。」

我對凱西說，聽來他終於知道自己是誰了，我很替他高興。「人有時必須行過地獄才會知道自己是誰。我覺得我每天都在體現這句話。」

愛米拉——熬過喪友與癌症

人生教愛米拉恨自己的生日——而且還不只一次。她在芝加哥郊區長大，是巴基斯坦穆斯林移民家庭三名子女中的么女。她們家在美國起步維艱，但到了愛米拉出生時，全家已經能過上中產階級生活。她十七歲生日當晚，原本的歡喜慶祝以悲劇落幕，她的兩個朋友在一場車禍中喪命。然後到了二十五歲生日，她在乳房摸到腫塊，經診斷發現是癌腫瘤。這些經驗給她兩個選項：「從此遊戲人間，或者負重成長。」我是透過愛米拉的哥哥認識她的，她哥哥是我們鎮上的醫師，他很欽佩小妹相對還這麼年輕，就得遭遇這麼多逆境。聽說我有意寫這本書，他馬上鼓勵我聽聽他家小妹的故事，我很感激愛米拉答應與我聊聊。

那場車禍「改變了一切」。為了利於我理解，她向我詳述當晚的經過。「時間是二〇一〇年八月十五日，我們從芝樂坊餐廳分別回家。我們幾個並沒有人喝酒。我失去的朋友是兩個男生，其中一人是我的初戀。他姊姊當晚打給我，問我說：『我弟弟呢？他還沒回家。』我說會不會去健身房了？她兩小時後再度打來，聲音歇斯底里：『車子翻覆，火燒車，他死了。』我走進姊姊房間，崩潰大哭，之後先聯絡了爸媽，又聯絡了我哥哥。發生壞事的時候，心底不是總會有一種感覺嗎？往後幾個月我一直都有。那是就連我後來罹癌都沒有的感覺。每天醒來我就會想：天啊，這是真的嗎？事後想想，那時沒有人了解我的心境。我很希望爸媽介紹一些人給我，讓我可以談論創傷，但現實中我只能自己摸索。朋友開車回家之前，是在幫我慶生。我一天到晚在想『為什麼會發生這種事』和『要是如何如何，結果會不會不同』。遭遇如此重大的失落，又只能靠自己思考答案，我記得自己心想：這讓我比同齡朋友或以前的自己成熟好多。真的就是這件事，開啟了我邁向大人的過程。」

禍不單行。失去朋友後不久，愛米拉的母親患了乳癌（後來會熬過來）。又過了幾個月，她敬愛的一個舅舅癌症過世。「這些危機接踵而來。我一直以為死亡或癌症都是成人才會遇到的問題。

要自己遭遇後才會去想：**或許我現在已經是大人了，我遲早會遇上這些問題，到時我該如何應對。**」這些生死大事迫使愛米拉提早提出大哉問，例如**我現在真正該做的是什麼事？或何以會發生這些事呢？**

愛米拉懷著這些問題，進入伊利諾大學香檳分校，主修心理學。她向來很喜歡彩妝美容，所以十九歲大二時，她開始固定更新部落格，同時在 Instagram 發照片，配上簡單的文字如：「這是我今天的妝容。」那是 Instagram 草創初期。她慢慢獲得一些品牌、部落客和其他彩妝工作者關注。「但我不想再當另一個彩妝部落客。」所以她把部落格取名為「表面下的美」，開始書寫更深入的議題，諸如膚色歧視、體重歧視、女性如何評判彼此的妝太濃或太淡等等。她累積了兩萬名追蹤者，也不時獲邀出席蘭蔻、香奈兒和其他彩妝品牌主辦的活動。她心知要想走向下一步，她必須「把她的生活全盤托出」，因為「大家希望感覺你是他們的朋友，你最喜歡的部落客，往往是你自己覺得最熟識的那幾位。」

她漸漸被吸入了虛擬世界。她形容那是「修飾你的生活，呈現出別人想看到的樣子，做很多事只是為了拍一張照。」她曾經想像要是能在路上被人認出來，她應該會很高興，但實際發生的時候，她其實有點不自在。還在念大學的某一天，她和哥哥聊到自己的長程目標，她意識到自己其實想當諮商師。想到這裡，她忽然擔心自己的部落格形象可能會妨礙她追求目標。「如果有人搜尋到我的ＩＧ和部落格，可能不會認真看待我，也可能會猶豫該不該找我諮商。我決定了，我不想把人生全部公開在網路上，那太超過了。我想拿回隱私。」她先寫了一段話給追蹤的粉絲，之後便將帳號設為不公開。她還想繼續寫作，但不知道還能怎麼做。

愛米拉於二〇一五年從大學畢業，二〇一七年開始在芝加哥職業心理學學院（Chicago School of Professional Psychology）修讀臨床心理學碩士課程。二〇一八年八月十五日，她二十五歲生日，她在半夜摸到單側乳房有腫塊。她母親聞訊立刻趕來，她自己不久前才擊退乳癌，她向女兒證實那的確是一個腫塊。她們電話聯絡愛米拉當醫生的哥哥，他說也有可能只是纖維腺瘤。愛米拉隔天便去看診，院方安慰她說有九成機率沒有大礙，但為防萬一，院方還是會做切片檢查。「結果每個人都說錯了。」她告訴我。

切片檢查顯示，她患的「只是」乳腺管原位癌（ductal carcinoma in situ，簡稱 DCIS），也被稱作先發性乳癌（pre-breast cancer），而且還在「零期」。不能說是沒有大礙，但以摸到乳房腫塊來說，算是比較好的消息了。醫生告訴她：「不用擔心時間。」但愛米拉仍徵詢了第二位醫師的看法，結果這個舉動救了她一命。第二位醫生斷定，她先前的切片檢查結果不正確。她的乳癌並非零期，而且可能具有侵襲性。「我嚇傻了。怎麼一個醫生說的和另一個不一樣？」她動手術移除腫塊，並做了淋巴結切片檢查；檢查結果顯示，她的癌症處於有局部淋巴結轉移的第二期 B 階段，而且有侵襲性。「病情頓時從沒有大礙變得嚴重。時間這下子很需要擔心了。」她必須擔心雌激素、黃體素等荷爾蒙接受體和人類上皮細胞接受器的狀態。任何一項檢驗為陽性，都代表你的癌細胞增長會比較慢，但她檢查出「所謂的第二期三重陰性——三個受體都檢查出陰性反應，這代表五年存活率為八成。消息一次比一次糟糕。」

她的醫師哥哥催促愛米拉做全身掃描，把全身上下都檢查一遍，很多醫生不喜歡做，因為容易引起病患焦慮。「但我們做卻是為了安心。檢查後才能證實只有這個腫瘤、只在這個淋巴結。」

要治療三重陰性，唯有透過積極化療。「前三年的復發率很高，必須經常復診追蹤。三年後，你就是一般的乳癌患者。五年後，你就是普通人了。」我和她聊的時候，她的療程進入第六個月。她正專心利用「冷帽」(cold-capping）技術挽救落髮，同時繼續堅持完成碩士學業。

愛米拉體認到，八年前因可怕車禍失去朋友，間接使她在診斷出癌症後有辦法面對「為什麼會發生／為什麼是我」這方面的問題。「我很討厭有的人會說在劫難逃或命運注定。能對別人這樣說代表你很幸運。我實在不喜歡這種答案。我會盡可能找出另一種思維，讓自己覺得好過一些。」「人生不公平。」她說，我很同意。「你會陷入困境，是因為你假如心有所嚮，不管是想變得更強壯、更聰明，或任何目標都一樣，你不可能坐等別人把你要的東西給你，你一定得經歷過一些事，才能成長為你希望的樣子。朋友過世讓我學到如何應對。我一直很希望賦予人生更多目標或意義。但願等我克服癌症後，我也會悟到某些新的觀點或意義。我最想做到的是為世界帶來正向影響。我的朋友影響了我。他們的死教我更珍惜生命。說不定我也能影響其他遭遇逆境的人，因為他們看過我經歷的事、讀過我的部落格，或跟我聊過，也因為熬過癌症能讓我當個更好的諮商師。我會把這段經歷收為我的能力。」

你不會料想二十五歲的人罹癌，可當你就是這個特殊經歷的當事人，「那就更可怕了。」愛米拉說。這一路來，閱讀別人的癌症經歷給她很多安慰。「不論病情是否相似，了解別人的經驗會讓你覺得：**原來不只有我，但我會熬過去的**。而不是：**這沒什麼，每個人都有可能遇到**。但光是知道曾經有人熬過來，你就會寬心許多。」

她重新寫起部落格，當一個幫助別人緩減孤單的人。「我新開了一個部落格，取名為『日日都是愛的奇蹟』（Evey Day's Ameeracle），決定在上面公開談我的癌症經歷，結果在各方面都獲得回饋。有人說他們學到很多，有人說他們因此感受到與人的連結。她的新部落格流量比前更高，且全世界都有人分享。「人們對我想說的話更感興趣。我多了不同族群的追蹤。」即將接受第一次化療前，她轉推影集《辦公室風雲》（*The Office*）和《怪咖婦產科》（*The Mindy Project*）演員明蒂・卡林（Mindy Kaling）的話，得到極為友善支持的迴響，讓她開心了一整天。

愛米拉獲得一生受用的觀點。「患過癌症的人能告訴你，哪些事真的重要，哪些事值得關心。我們可能會說：**交往兩個月的男朋友甩了你，你的人生不會因此破滅，還有其他事值得你關心。如果你想要某份工作，那就去爭取**。你會知道哪些事是真正重要的。罹患癌症很辛苦，但也不全然是壞事。你會更感恩一切正常。我經常回首過去，很慶幸有家人陪伴、讀完了大學，還跟好友去過歐洲旅行。沒有過傷心時刻，你不會曉得快樂時光是什麼感覺。每次聽到朋友說：『天啊，爛透了，我乾脆去死好了。』我總會不禁咋舌。有一段時間我味蕾失靈，想像不了正常飲食的滋味，後來身體好一點，我吃到必勝客披薩，其實就是正常的味道，我卻會覺得：這真是太幸福了。」

患病的經歷也讓她看見朋友的真本色。「有的人反應很好，有的則不然。我通常會被後者惹惱。」愛米拉說。又是一個獲得觀點的例子。「你會體認到每個人多少都有一點自私。我大多數朋友都很主動關心，甚至付出超乎預期。有人還特地跑來陪我午睡！但也有些人令人失望。有的人會說，需要什麼可以告訴我，但你如果實際告訴他們，他們又會端出藉口說幫不了你。診斷出癌症當天，我傳了訊息給一個大學朋友，我認識她七年了。她回覆說：『太慘了。開始接受治療了嗎？』往後一個月我再沒收到她的訊息，之後她終於又傳訊問我：『進展還好嗎？』我說：『我很好奇你去哪裡了。』她回我：『只因為你說出你的問題，不代表別人的生活都沒別的事發生。別人也有自己的問題。』我說：『希望你有獲得你需要的支持，也希望你有找人聊聊。』後來我再沒收到她的消息了。」

對少數朋友感到失望之後，她也更自覺要以帶來幫助而非造成傷害的方式出現在人前，「要能察覺自己的行為可能不對，然後主動改正。」她說。她學到，一般人其實不想聽到「我懂」或「天啊，我能想像」，比較好的說法是：「我不了解，我無法想像，但我會聽你說，盡量理解你的意思。」她說她遠比以前更能察覺別人的需求。「總體來說，與家人朋友相處時，我很能察覺他們當下的心情，他們有事情也會聯絡我。我經常協助別人把煩惱說出來。如果沒有過去那些經歷，我也不會有這些觀點。每個人都不一樣。但擁有多種觀點，你就會知道如何安慰別人。」

我很有共鳴。二十幾歲的時候，在短短一年半內相繼失去史蒂芬和爸爸，我學會了悲傷的語言，從此以後我便矢志要支持陪伴失去親友的友人，也懂得要問：「你現在好嗎？」並且真心等待回答。

因此，本著敢問艱難問題也願意聽艱難答案的精神，我問愛米拉抗癌之路目前走得如何。「很辛苦，但還不到天崩地裂的程度。比方說，化療就沒有我看電影想像的可怕！其實就是在醫院待一兩個小時而已。最難捱的是掉頭髮。不是因為擔心美觀，而是因為頭髮就像一張安心小毯毯。我正在用所謂的『冷帽法』，在化療前後冰敷頭皮，希望能盡量減少掉髮，所以我在醫院待的時間又會比一般更久。」

我問她這一切當中，她最恨的是什麼。「我才二十五歲，我不認為自己理該經歷這些。二十五歲才剛脫離校園，正在探索環境，也才剛有機會旅行、放鬆。但我卻處處受限。我不能旅行。我被綁住了，只能在有限範圍內移動。具體上和心理上都是。」我問這是什麼意思。「具體上，因為我的免疫力受損，我不被允許遠行。我不能搭飛機，不能去充滿病菌的地方，因為萬一生病了，我的白血球數會降低，就不能接受化療了。心理上我也覺得受困，我無法真正去規劃未來。周圍的人可以想像未來要做什麼。我的未來也不是沒有機會，只是我沒有餘裕關心癌症、工作和實習以外的任何事，沒有空間容納其他想像。開始治療才五個月，我已經無法想像沒有癌症的生活。」

我問她學到什麼，她的回答不意外充滿了自主能力和心理彈性。「與醫生互動的過程中，你必須能為自己說話。這不是說醫生不值得信任，也不是說醫生不會顧念你的福祉，但是我會在沒上過醫學院的條件下，盡量做足功課。我讀了三百多頁乳癌相關研究。網路上能找到的資料我都看過。每次去回診，醫生都會笑我早就都知道了吧。遇上醫療問題，你一定要盡你所能了解情況。」

「沒人比你自己更了解你。你的直覺一定有來由。好好探究自己為什麼有某個直覺。仔細思考原因。從我摸到腫塊開始，我就百分之百覺得它一定不對勁，我八成要做化療了，我應該先去冷凍卵子。你需要有信心去探究念頭背後的真相，因為你不會希望十年後才發現：完了，這些事早該在情況還可控制的時候就去做，現在已經太遲了。寧可為了查出真相把能做的事先做好，才發現自己想錯了，也好過於事後發現直覺是對的，但為時已晚。這個道理處處適用。好比你想創業，卻對自己說：對啦，我是有這個念頭，但我不會去做，因為太傻了。結果後來別人真的實現了，你再想去做就太遲了。及時行樂。該做什麼，現在就去做。」

我們對話的當時，愛米拉正在讀臨床心理學研究所二年級下學期。她告訴校方說：「直到無能為力以前，我不會中斷人生。」她為了做化療錯過很多堂課，但她仍堅持下來。「我能去上課都會盡量去，必要時才請假。」她的好姊妹正好在愛米拉發現乳房腫塊的幾天後結婚。「我在她的婚禮上照樣跳舞，照樣當成自己沒患癌症一樣盡力同樂。我心想：**我的好朋友一生也只會經歷一次婚禮。我不希望自己在旁邊悶悶不樂，未來才為此後悔。**」

「我允許癌症占用我許多人生，但該占用多少，就只能占用多少。我依然盡力過生活。」她的男友表現得令人欣羨。她在診斷出癌症的三年前透過交友軟體「Minder」（穆斯林 Tinder）認識他，男友住在加州，與她哥哥住得很近。「他是繼我媽媽之後，我最大的依靠。我們天天通話，經常用視訊軟體、用訊息聊天。他是讓我感覺正常的一大支柱。他前陣子來我這裡住了三天，我幾乎忘了自己是病患。他不會顧左右而言他，也不會照三餐問我身體好不好，但他對整件事很有意識。**我們每天無非只是一起窩在家看電影、吃吃東西。他不會逼迫我一定要做什麼，但也不會把我當成垂死之人。**」

我問她，「正常生活」現在是什麼感覺。「我無法旅行。頭髮掉個不停——即使用了冷帽法，還是掉了將近六成。要我去外面餐廳吃飯，我可能會遲疑。除此之外，我依舊計劃當個全職學生，必要時還是可能會錯過課堂。就算只是去工作、去賣場購物、在家看看電影，這些事都能讓我感覺正常。近來愈尋常的事，我反而愈喜歡。比如吃披薩，或其他別人可能覺得無聊的事，我現在特別喜歡。可以無所事事是很大的恩典。」

我很高興能在這裡說，愛米拉雖然確實衰事連連，但人生終究會走下去。本書即將出版前，我再度問候近況，收到她以下的回覆：「生活很美好。我正式擺脫癌症一年半了，謝天謝地。我的頭髮長回了鮑伯頭的長度。因化療增加的體重也瘦下來了。去年療程結束後，我也（正好）取得碩士學位。我現在是有執照的職業諮商師，工作很有趣。跟我們上次對談的時候比起來，生活已經大有不同！」二十八歲生日將至，愛米拉現在將能慶祝生命又活過一年的喜悅和現代醫療的奇蹟，也漸能克服這個日子徘徊不去的憂傷。

麗莎——積極參與戒癮治療，步步邁向清醒

阿姨要先提醒各位，以下的故事涉及性暴力和危及生命的肢體暴力。

去年七月四日國慶日，我一個名叫麗莎（化名）的高中同學在臉書上發布貼文，表示這是從她男友想殺死她到現在的二十週年。我連絡上她，問候她的近況。我們最後一次見到彼此至今，起碼超過三十五年了。我們從來不是好朋友，但高中三年我們同是合唱團成員，我一直很喜歡她，覺得她待人很和善。

麗莎現年五十三歲，白人女性，生長在威斯康辛州，此後也幾乎一輩子住在那裡。她在四十九歲時，於麥迪遜的埃奇伍德學院（Edgewood College）取得婚姻與家庭諮商碩士學位，現於華盛頓州任職諮商師。麗莎一直是別人會向她傾訴創傷、尋求情感支持的人。但我在這裡要講述的是她自己的創傷故事。不論從哪方面來看，她都能說是厄運連連，但她不只活了下來，還綻放出美麗花朵。

麗莎遭受過的暴力對待可以填滿一整本書：還沒上幼稚園，就受到直系親屬不當照顧，日後

又受到男友、陌生人、丈夫的暴力相待。以這裡有限的篇幅，我無法替她訴盡冤屈。但為讓各位了解來龍去脈，明白她最後何以能從成癮走向清醒（這也是本段落的重點），我會在以下簡述麗莎的人生。

麗莎在家裡六名子女中排行第五，從很小就受到父母近乎遺棄的虐待。「我四歲的時候，就得自己穿越過好幾個路口到我媽媽的好朋友家，再自己走回家。我時常想：怎麼都沒人關心我在哪裡？我以為是我做錯什麼，心裡滿滿的羞愧。我和兄弟姊妹都很畏懼我爸，但我們從來沒有互相扶持。我們早早就斷了關係，各自求生。」她從十歲起就經常從父母的酒櫃裡偷酒喝。「我著迷於酒，為的是入喉時刺痛的感覺。」十二歲時，她被一個年紀較大的男孩強暴，她原本以為對方是她的朋友。十四歲時，她跟母親說想要自殺，「她拿我爸的狩獵手槍抵著我的臉，叫我衣服換一換去上學。我記得我從此告訴自己，擁有感受是不安全的。我從此關上心房。」她開始嗑藥，和年長的男人上床。高三時，她在我們學校被抓到並當眾羞辱，之後被強制轉至變通學校。新學校的行政人員聯絡她母親到校參與會議，討論麗莎希望接受戒毒療程一事，她母親在會後揪住她斥責說：「你敢再這樣讓我丟臉試試看。」

「我才十七歲就已經遭遇過太多事，我在心中發誓，我絕對不會拿我遭受的對待去對待別人。誰的心情不好我都感覺得到。我不由自主會去接近弱者，接近那些被欺壓的人。」這句話讓我回想起很多畫面。高中時代，我多次看到麗莎和一小群學生在校門外抽菸，我們總會對上目光，互相打聲招呼。但我絲毫不知道她經歷過那些創傷。我現在才體認到，我並不是她的朋友。

麗莎沒有帆也沒有舵，就被拋入人生的汪洋當中。除了幾十年後我才從臉書得知的那個想殺她的男友以外，她先後有過三任丈夫，每一任都是不同類型的成癮者。她被診斷出三種自體免疫性疾病，其中一種需要服藥，沒想到她對藥物嚴重過敏，差點丟了性命。她有過三個善良的兒子，但其中一個才十一歲就因氣喘病早逝。「這是我人生中最難過的事。」她告訴我，雖然這些年來，她自身遭受過的創傷不知凡幾。

但在這一切苦難之中，她依然是其他痛苦煎熬的年輕人和善的朋友，也是戒酒無名會家屬團體（Al-Anon Family Groups）的固定成員；她支撐著家中經濟，也是孩子們慈愛的母親，在公車站遇上陌生人會願意聆聽及鼓勵對方，並且不只一次驅退了施暴者，終至進入一段健康的關係。她在三十九歲時，以優異成績從大學畢業，當上老師，關懷遭遇困難、需要「資源空間」的學生。她多次在生活艱難時重拾酒精，直到有一天終於醒悟，原來她自己也是酗酒者。

「我固定參加戒酒家屬團體的聚會，有一次受邀在戒酒者與家屬聯合聚會上演講，這個場合的聽眾有很多是夫妻或伴侶。」她解釋說，伴侶中常見男人是酗酒者，女人則是家屬來此學習化解與酗酒者結婚的困境。「我上台述說我的故事，我望著台下這些夫妻，講到一半忽然意識到：**我敘述的是酗酒者的故事，不是家屬的故事**。」我不懂她的意思，請她詳細解釋。「我對大家談我的共依存關係，談我如何對成癮者上癮、如何著迷於成癮者的行為舉動。接著順理成章談到我喝酒的習慣，以及我的飲酒習慣在這些關係中扮演的角色。就在這時，就在我望著台下眾多夫妻——男人是酗酒者，女人是家屬——的時候，我赫然明白，我沒有辦法再維持婚姻了，我完全沒有財產，天底下那麼多人我偏偏跟我媽住在一起，我基本上無家可歸，我的人生前途黯淡，我有嚴重缺陷。曙光在那一瞬間照亮了我。」

「我是個酗酒者。」她現在說得出口了。她形容自己演講過後，心理徹底崩潰。「我一心只想到：**天啊，我對自己做了什麼？我怎麼可以喝酒！**我記得在學校裡清醒的感覺，幸而一切都很順利。我默默加入社區的戒酒無名會，他們很歡迎我。他們說：『我們會在這裡陪伴你。我們知道你會酗酒，歡迎回家。』」

戒酒無名會的人就像她的家人，多虧他們，麗莎總算能找回她基本上從來不認識的安全感和確定感。我和她通電話時，她戒除酒癮正要屆滿十一周年。

「我是個酗酒者。酒精和其他藥物曾經是我的解藥。生活實在很辛苦的時候，我用這些東西來解離、來應付。過去這十一年間，我仍然有好幾次感受到我不想感受的情緒。但我現在很有韌性，而且信仰堅定，我相信一切終歸會以它應有的方式找到出路，每件事的發生都有其目的。即便是一個人所能遇到最慘痛的事，例如我的孩子亡歿，卻也讓我矢志把人生奉獻於服務。現在我沒有什麼好怕的了。每天確實都是一份禮物。我知道聽起來很八股，但我不會再急著把負面情緒推開，我擁抱生命的每個面相。要我把人生哪個部分拿掉，我的人生就不如我實際體驗到的完整了。」

麗莎不只身屬戒酒無名會，她也當上會所的內部成員，多年來都是她負責安排聚會、採買用品、為五、六十人準備感恩節餐點。我問她新冠疫情期間好嗎。「我戒酒十一年了，但我現在一天得參加三次聚會。這次的疫情就是這麼瘋狂。一旦被它找上，它就會左右你。監獄、機構或死亡，這些就是疫情通往的結局——我單單在去年就失去了很多朋友。還有滴酒不沾的習慣。但我想死在清醒之中，也還想享受我的人生。我每次喝酒，就不是在享受人生。每次生活亂成一團，都是因為我喝酒。所以我勤於參加聚會。每天早上七點半是戒酒家屬團體聚會，中午是酗酒家庭成年兒童會（Adult Children of Alcoholics，簡稱ＡＣＡ）聚會，傍晚五點半是戒酒無名會。每天。我會戴口罩前往，或出席雲端視訊會議。**每天我都會告訴自己：「我沒必要非得在今天破壞我的人生。」**（沒錯，我先前引用的明哲之言就是出自麗莎！）

我跟她說，這本書的讀者可能會在她的故事裡照見自己，我問她能否分享參加戒酒無名會的感覺。「多年來，別人屢次勸你加入戒酒無名會等等互助會，你都避之唯恐不及。但有一天你醒過來，決定該放手了。你鼓起很大的勇氣開到停車場，走下車，走向那扇門。你不確定他們會不會企圖改變你，那裡的人會不會很憂鬱、會不會很可怕、會不會批評你，會不會是你有問題。但沒有人會在人生順心如意時去參加互助會。一定是生活有哪方面過得不好。互助會是通往希望的一扇門，而且常常是身邊的最後一扇門。所以你冒著風險走進那扇門，遇見和你經歷相似的人，他們給予你友誼和同情，也願意直言不諱地分享他們的遭遇，給人很大的鼓舞。十二步驟團體是地球上最真實也最激勵人心的一群人。你想知道別人的真實面貌就要去那裡。你可以掏出這輩子受過的所有羞辱，摔在座位正中央然後一走了之。這些人是我的家人。是我自己選擇的族人。」

安東尼——革新觀點帶來治癒

安東尼五十四歲，非裔美籍黑人男性，來自康乃狄克州斯坦福。畢業於塔夫茲大學，而後在加州大學拿到非洲研究碩士學位。目前為各行各業的人開授瑜珈課程。但單看他人生最初的十八年，很難預料他能有今日充分治癒且帶給人療癒的生活。

安東尼六個月大的時候，母親將他帶到密西西比州，把他交給娘家父母撫養。外公外婆將他拉拔長大，直到外婆生病為止。當時安東尼大約五歲，母親將他帶回康乃狄克州，但是沒有多少心力能照顧他。他被隔壁的哈里斯一家人非正式地收養。起先只是白天托給哈里斯夫婦照顧，後來延長到過夜，再後來變成週末都待在哈里斯家。不到幾個月，安東尼就成了受州政府監護的兒童，州政府宣稱他「遭受忽略且無家可歸」。哈里斯一家正式成為他的寄養家庭。「我才六歲大就會唸故事書給我寄養家庭的表哥聽。他真的很佩服我。上學以後，我也是優等生，比同學都早熟。但後來我被診斷出注意力不足過動症，被貼上『壞孩子』標籤。哈里斯太太會跟學校說，要是我在學校不乖，請老師打電話給她，她回家會好好修理我一頓。」

小學畢業後上了中學，安東尼看到寄養家庭的表哥從斯坦福高中畢業了，卻連自己的名字都還不太會讀，也不太會拼寫。「他是個好人。連續三年還四年蟬聯全州摔角冠軍、風雲人物。學校直接就讓他畢業了，我當時看了心想：我不想就讀這樣的學校。」

安東尼的個案調查社工是一位「好心的白人女性」，固定每週會來探訪他。「我八年級的時候跟她說：『莫瑞蒂小姐，我想上私立學校。』她聽了以後說：『噢，安東尼，寄養家庭的孩子不會上私立學校。』我知道她的意思。她想說的是，你這個可憐的黑人孩子，私立學校不是給你上的。沒人對你有多少期望。我的養母不識字，我也不認識誰能介紹我上私立學校，但我知道這個白人女性可以領我到門前。我必須開導她、說動她幫我。我對自己的期望遠高過於她對我的期望。」

安東尼展開任務。「每次她來家裡，我都會說一樣的話。她最後實在聽到煩了，決定讓我自己去看一看，我想實現的夢想一定會失敗。她做了些研究，整理出十所學校。我們討論了每一所的優缺點：艾希特、安多佛、霍奇基斯……有寄宿學校，也有日校。看過每一所的優缺點以後，我說：『考慮到我的家庭環境，我不想去太遠。你覺得以我的考量來說，哪一所最適合？』」莫瑞蒂小姐替安東尼選了本地名為國王中學（King School）的一所日校。

安東尼說：「我如果把人生中遇到的善心白人寫成一本書，讀起來會像恐怖故事。每個善心白人都跟我說：『你要安於你的位置。』幸好我從來就不知道我的位置是什麼。莫瑞蒂小姐替我與國王中學約了時間，然後開車來接我過去。我見到了副校長德瑞普先生。我知道我讓他和同事很驚奇——這個黑人小鬼頭居然說得出動詞對得上名詞的完整句子。他們免除我入學考試的費用，我以出色成績通過考試。學校說：『我們願意提供他四年負擔九成的獎學金，但剩餘的一成必須由州政府補助。』州政府不想被學校搶走鋒頭，於是答應每年補助另外那一成。我最後上了國王中學。不要讓別人定義你是誰——你要把自己看得比社會對你的印象更高。這是我的一次重大經驗。」

從這所預備學校畢業後，安東尼申請上了麻州美德福的塔夫茲大學。「高中時期，我很習慣當小池裡的大魚。在球場上、在課堂上，我都知道怎樣賞顏色給這些白人瞧瞧。我在國王中學還曾奪得學生運動員獎。」他以為上了大學，康莊大道會在他眼前敞開。沒想到現在不管他去哪裡——去上課、去派對，或只是在路上買東西吃，每個人都盯著他看。有一天晚上，暴力衝突終於爆發。「塔夫茲明明白白告訴我：**我們不在乎你自以為多聰明，也不在乎你腳程多快，你在我們的字典就是個黑鬼。你就慢慢坐你的板凳吧**，不管你自認為擅長什麼，我們都會將它從你手中奪走。塔夫茲令我質疑起我的人性和我**存在**的權利。我開始有這種想法，是某一次兄弟會的派對上發生了口角衝突，有人報警。結果沒過幾分鐘，我已經被八輛警車包圍，警察各個都拔了槍，隨時準備在校園內對我開槍。那是我大學經驗的最低點。」

這個經驗深深打擊安東尼，幸好他及時找到救星。「學校有一位教政治學的黑人女教授，叫沛兒・T・羅賓森（Pearl T. Robinson）。我在她眼裡是一顆行走的定時炸彈，因為塔夫茲對待我的方式、美國充斥的各種歧視對待我的方式，令我滿腔怒火無處宣洩。那天我走進辦公室找她，她問了一個改變我人生軌跡的問題：『你有沒有想過去非洲？』這個問題從我極為敬重的女性嘴裡說出來別有力量，直接打斷了我的憤怒模式。世界瞬間靜止了。我請她再說一遍，她又問了一次。那一刻，我看見我的人生。我意識到我必須離開塔夫茲、離開波士頓、離開麻州、離開東岸、離開美國，因為我受夠了，我準備好重拳出擊了。」

同為美國黑人（雖然我的出生背景比安東尼幸運太多），我從自身的經驗裡知道，我們很多人把非洲推崇為故鄉，在基因裡定序她、在敘事裡描寫她、在睡夢中夢見她、在文化儀式中披上迦納編織布料；非洲像一座矗立的燈塔，向我們殷殷招手，即使我們並不確定原因。諸多理由之中起碼有一個是，我們的膚色在那裡感覺不再是低下的印記。安東尼說，他不得不問自己：非洲實際在哪裡？我實際要怎麼樣才能去？羅賓森教授推薦幾個他可以申請的暑期課程。非洲十字路口行動組織（Operations Crossroads Africa Inc.）核可了他的申請，送他前往肯亞協助興辦學校。「我必須募到三千兩百五十美元才能成行。我跟朋友傑夫說：借我五美元，我要去非洲。他問我：你的護照呢？我沒想到需要護照，趕緊去辦了一本。募資不是問題。同校學生捐了些錢。也有些是大人、教會。我也賣餅乾、洗車。你想得到的我都做了。最大一筆捐助來自哈伯先生，他是我在國王中學校內少數黑人同學的父親，我對他滿懷尊敬。他拿錢給我時還向我致歉，說他現在只有這些錢。那足足是五百美元。可想而知，我永生不忘。我去了肯亞，並在那個夏天滿二十二歲。那是我人生第一個重大的典範轉移。」

安東尼在東非國家肯亞度過的夏天，真真切切改變了人生。「住在那個肯亞村落，讓我看見自己和我的潛力，看見在一個截然不同的世界裡，我可以成為什麼。村裡有個年輕人會說五種語言，但他卻很仰慕我，簡直近乎崇拜，還視我為兄弟。他說：『你來自美國，那麼偉大的國家。兄弟，請告訴我，你會說幾種語言呢？』我體認到，哇，我是這個村裡最笨的人。我空有一份漂亮的履歷，其實沒有半點用處。我誤信那一套出人頭地的鬼話。我意識到自己很不夠格。我想當個博學的人，但我其實和博學差得老遠。我在村子裡坐下來，寫下我的人生宣言。我要學習多種語言、周遊世界、真正教育自己。」

安東尼努力想超越美國給他的黑人窮小孩定位，在肯亞的時光是他踏出的第二大步。「除了接受充分的教育，我也想治癒自己心中的憤怒。我像是以時速兩百五十英里向前衝刺，但仍有一堵牆在前方。我必須想辦法避免撞上。住在村子裡時，我每一天都受到關愛。他們打開了我的心房。

有一天，我和另一個成年男子走向村裡男人的集會所，他牽起我的手，我很不自在，所以假裝肩膀上有蚊子，抽手揮趕。他鬆手讓我趕蚊子，但之後又再度牽起我的手。我心想：**好吧，我真的很不自在，但入境隨俗吧，牽著他的手就是了，放輕鬆，沒有人要親吻你或強迫你性交，順其自然就好**。我們抵達了目的地，地方很小，但所有兄弟都會來這裡消磨時間。那裡有一張破舊的乒乓桌、一盞小燈。我看到他們的互動方式，他們很習慣身體觸碰，見到彼此的樣子好高興。我心想：**哇，這就是他們的生活方式**。我嚇得半死。但半個月後，我簡直等不及兄弟來牽手歡迎我、關愛我了。我發現這裡的人充滿法語說的『joie de vivre』，生活之樂；他們每一天都有源源不絕的愛向外泉湧。他們從未厭倦我，他們只曉得愛了又愛。我發覺這才是我想要的生活。我希望人生裡有這些愛。我看得見它、感覺得了它、摸得到它。我也體認到，繼續侷限在憤怒裡不可能擁有這樣的愛。我原本一心想報復塔夫茲和美國，但我發覺我不可能同時抱有憤怒和幸福喜悅。我知道自己必須放下憤怒。我不知道該怎麼做，但總之必須找到方法。體會到村中兄弟對我的無條件的愛，深深改變了我。」

安東尼拿到英語文學學位從塔夫茲畢業，搬到華盛頓特區，在非營利組織「關懷非洲」（Africare）謀得理想工作。關懷非洲在非洲四十個國家從事草根建設工作。他們派安東尼前往非洲，先是負責一連串短期任務，後來在他赴法學習法語回來後，才接到一份長期差事：派駐尼日兩年。「我不管去哪裡，目的都是為了療傷。」安東尼回憶說。「工作只是我的特洛伊木馬，只是我前往的手段。我在尼日，在撒哈拉沙漠中央，遇見一位高壽一百零五歲的蘇菲派僧侶，向他學習了呼吸冥想和尋找心靈中心。我在一間小泥屋裡住了兩年半。我看出生存只需要哪些事物，我學會放慢步調，依隨大自然母親的節奏行動。這很重要。」

安東尼在尼日的工作，是負責監督美國國際開發總署（USAID）一項預算四百萬美元的計劃，目標是開墾自然資源，造福周邊村落共一萬人口。在這片沙漠裡，問題不在於沒有水源，而在於如何取得水源。在許多區域，地下水位其實就在沙地下兩公尺處而已。只要有合宜的設備，農人就能取用水源種植作物。不用一年，該地就能從乾旱不毛長成一片青翠，收穫洋蔥和小米等作物。「我每天清晨四點半左右就會在小屋裡醒來，我住的小屋位在村子最尾端。我會跳上馬背，往沙漠裡騎一小段路，之後再原路折返，回到小屋坐看天亮。」到了早上七點，外頭已經太熱了。必要時他會在村子裡的關懷非洲辦公室處理公務，平常則大多在他的小屋裡工作，小屋「半乾涸」的外牆（混合了水泥、沙子、稻草、牛糞）能自然保持涼爽。「四百萬美元交付在我手上，我經常收到總部來函，表示需要另一筆兩萬五千美元經費，未來六個月要用來做哪些事。錢都暫留在我這裡。他每天都忙著賑濟發放糧食、飲水、馬匹、駱駝、卡車、汽油、津貼和設備。「我負責確保沒有盜用公款或不當侵吞。很多小有權力地位的人習慣從這些發包案中撈點油水、占點便宜。但我覺得不行，我們不能犧牲這整個村落，只因為你習慣撈油水。這是我的原則。」作為他小小的個人援助計劃，安東尼會自掏腰包，為各村的孩子添補學校設備。「我替每一間教室備齊作業簿、鉛筆、粉筆。用水泥、牛糞、沙子修繕黑板，再重新漆黑。我公告說每一位教書的老師都能領取補助糧食。」

每天一到日落，安東尼就會停下工作，引導自己回歸心靈。他會用裝電池的手提音響聽邁爾士・戴維斯（Miles Davis），也會聽村子裡的鑼聲。「那裡的夜晚無比壯闊。沒有電力、車輛也少，四周全無汙染。沙漠中的滿月彷彿來自不同世界。月光照亮了整片沙漠。我看見星星，看見月亮裡的陰影。我和宇宙合而為一。我會在小屋裡鬆弛身心，上帝會在這時向我低語：**嘿，安東尼，出來看看，看我為天空布置的奇觀。**」

安東尼離開尼日六年後，他待過的村子接通了電力。「我最後一共去了十個非洲國家。也赴亞洲生活了四年，主要待在日本、中國、南韓、越南。我旅行世界各地，療癒自己，跟著很多悟道者學習，置身在古老的文化裡窺探長壽的奧祕。我漸漸體悟到，我當年在肯亞的經驗，是我在美國的同胞也需要的經驗。我知道我有必要把這一切帶回去給美國的弟兄。我多年來在心底一直抱有這個念想。」

與本書許多採訪對象不同，我恰巧有機會當面和安東尼對話。他在我家後院，坐在火堆旁的木椅上，用他犀利穿透的目光看著我。那是一個心靈澄澈、中心穩固的人才有的目光，他很了解自己，也能真正看見自己，所以不怕直直望著別人的眼睛。我發現這種感覺令人振奮。就像在邀請人去認識和被認識。他最後留給我這段話：「別讓任何人定義你是誰——你對自己的期待要高過社會對你的看法。我在塔夫茲大學遭遇的結構性歧視和人際間歧視，差點要了我的命。當時我發誓要用餘生來摧毀所有和塔夫茲一樣的大學。結果我去到了非洲和亞洲，在許多尊者跟前學習。經過三十年的自省、療傷和轉變，我學會了一件事：重要的不是塔夫茲等等機構，重要的是我。我學會存取並有意識地運用我的力量，維持我的理智和健康，就算身在暴風中心，我也能大放光明。」

我們會在第十二章聽安東尼繼續講述他後來的人生。

【重點整理】

你會沒事的

每個人或早或晚都會遭遇重大傷痛。所以，衰事如果你還沒找上你，總有一天會的。如果已經找上了呢？十之八九還會再度發生。你可能會被捲入地獄深處。甚至可能是你自己的選擇害你墮入深淵。但你或許不知道，你比自己以為的更堅強。爬出深淵繼續前進的力量早已在你心中。你有能力成為更完整的自己——更博學多聞、更寬容慈悲、更有心理韌性。而且強大。

你希望升級成更完整的自己，世界也期待你如此。所謂的世界畢竟也只是人的總和，人人都在看顧自己的事。倘若我們有更多人擁有必要的能力和意願看向自己以外，問自己：**我能有何貢獻？我能如何改善事物，造福他人？**世界總體也會因此受惠。這就是我們下一章要討論的成熟階段。

第十一章 當個有利於群體的人

世界此刻這麼混亂，沒時間等每個人都十全十美了才來幫忙。

——演員，賈蜜拉・賈米爾（Jameela Jamil）

我以為我活在一個社會裡。我也以為「社會」的定義是**個人為了群體利益而集結在一起**。所以在新冠疫情肆虐美國，但全世界其他國家似乎都能有效控制疫情的那幾個月裡，我開始懷疑人生與社會的關係究竟是什麼？美國能不能算是一個社會？

克萊莉絲・卓（Clarice Cho）是二十六歲的手寫字體藝術家，同時身兼我的社群媒體編輯和執行助理。二〇二〇年春天，我們在每週固定的通話中聊到在疫情之下，生活在社會裡代表什麼意義，她以身為亞裔美國人的觀點，與我分享了兩種文化之間的根本差異。「傳統中國文化裡，群體重於個人。這當然也有壞處，例如共產主義明顯有很多缺點，而美國相較之下就顯得自私。這裡會認為我個人比群體利益更重要，所以我才不要戴口罩，因為我就是不想戴口罩。」聽了克萊莉絲的話，我不禁在心底設想，我願意為了阻擋致命病毒傳播，拿自由民主社會和集權社會交換嗎？這一場對話讓我消沉了好久。

在我寫作本書之際，我們很明顯能看到個人主義正在啃蝕美國作為整體的需求——其他社會有效防疫，我們卻有數以萬計的人在疫病中死去，經濟衰退，因為人民無法出門工作，乃至於失業被逐出家園。除此之外，手無寸鐵的黑人遭執法人員打殘或槍殺，抗議民眾行使憲法第一修正案保障的權利，也遭執法人員暴力毆打。而且，地球氣候也不斷反撲；我們甚至無法在超市看到陌生人的微笑，從單純的善意中獲得些許安慰，因為每個人的臉都裹著口罩。總而言之，我發現自己很難在字裡行間投射信心，說明你也有能力改善世界。

但這個星球上除了我們也沒別人了。混亂駭人的時代考驗我們對人類、對社會的信心，但也正是這樣的時代敦促我們深入挖掘，思考如何推動大規模正向的改變。這個事實在我書寫這本書的時候最感到真實也最為清晰。二〇二〇年七月，前總統歐巴馬為文哀悼國會議員約翰・路易斯（John Lewis）——這位傳奇的黑人眾議員，阿拉巴馬州出身，代表亞特蘭大參選。二十六歲參與民權運動遊行時曾遭警察痛毆，他的名言是鼓勵人民別怕惹上「好的麻煩」。歐巴馬在悼文中呼籲我們要「承繼上一代未竟之業」。哇，未竟之業可多了。很多可能永遠無法完成，因為人類歷史這支浩瀚的交響樂曲永遠能翻向下一章。但就在今日，而非明日，為了改善現況，我們能看到有很多事可做且必須要做。

相信我，我知道比你年長的人要提心吊膽才敢說這些話。此際全國各地的年輕人正設法帶領我們，走出 X 世代、嬰兒潮世代或所謂最偉大的一代都沒能挽救、甚至還一手造成的頹勢。請一定要知道，對於改善世界之必要，我並未自認比你或你這個世代懂得更多。阿姨謹代表所有辜負了你的前幾世代的人，心懷莫大的謙卑，對於今人可以做、正在做且必須做的事提出簡單的觀點。

試試看，就能讓世界不一樣

我在內心深處某處常覺得與其他人相牽繫，彷彿所有人類都是我的親族。我沒辦法解釋得更明白。（我知道這種感覺不只我有，但也知道並非每個人都有。）想到世上有人熬不過去、過得不幸，在其餘人類向前進步之際被拋棄在路邊，我就會心神不寧。雖然我也知道，地球上有七十多億人口，面對氣候變遷、制度性種族歧視暴力、貧富差距擴大、不平等、飢餓、疾病等重大威脅，不是人人都都機會活下來，但我仍強烈相信，我們這些人生中擁有較多人的人——不論擁有的是教育、機會、金錢、影響力、能力或時間，都應該站出來，設法幫助擁有較少的人。

這些在你聽來可能是左派的屁話。你可能相信每一個人應該盡己所能善用手中資源為自己的人生負責，句點。沒關係。阿姨在這裡不是要說服你一定得相信什麼。記住，誰也無權指揮你怎麼做，這寶貴的一生是屬於你的。我想傳遞的訊息很單純：不論你的政治傾向或思想意識形態，這個世界（或你身屬的小角落）真的都用得上你的力量。作家艾茵・蘭德（Ayan Rand）是自由主義和客觀主義（objectivism）的模範，她的哲學思想可以濃縮為：**吾人對他人沒有義務，人人皆應為己服務**。但就算是她也說：「助人並沒有錯，只要對方值得受到幫助，而你也負擔得起幫助對方。」

更何況，就算你絲毫不覺得對別人有何責任或義務，還是應該試試看貢獻力量去改善世界，因為這麼做對你自己有好處。有人稱此為「開明的自利」（enlightened self-interest）。外科醫師作家阿圖・葛文德（Atul Gawande）在《凝視死亡：一位外科醫師對衰老與死亡的思索》（*Bring Mortal:*

Medicine and What Matters in the End）書中，引用了哲學家約書亞・羅伊斯（Josiah Royce）來解釋，為使我們在臨終前感到此生有其意義，人需要尋求並關注自身以外的動機。「這個動機可大（家庭、國家、原則）可小（推行一項計劃、照顧一隻寵物）。重要的是，我們在賦予動機價值、認定值得為其犧牲的過程裡，連帶也為人生賦予了意義。」

假如你很幸運，生活足夠富裕讓你能閱讀這本書，那麼世界上必定有人用得上你的協助，也必定有某些動機能受惠於你付出的努力、時間和／或金錢。希望你能找到自身以外值得信守的事物，也希望你願為它貢獻所有。

第一次讀到一九七三年美國最高法院對《聖安東尼奧獨立學區訴羅德里格茲案》（*San Antonio Independent School District v. Rodriguez*）的判決，我哭了。我是十八歲的大學新生，政治學課堂指定我們研讀這個案例。訴訟最一開始是多對工人階級家長提起的，他們控訴德州歷來把較多經費分配給富裕城鎮的公立學校，貧窮城鎮的公立學校則經費較少。最高法院判決認為，此一事實雖然為真，但美國憲法並未將教育歸屬於「基本權」（若是基本權，法律便須予其更大的保障），只因為德州對教育經費的分配對貧窮孩童產生迥異的影響，並不表示此一作法違反了憲法的「平等保護條款」（equal protection clause），因為財富並不是一個「受保護階群」（若是的話，法律將有必要對其中潛在的不公平進行更仔細的審視）。這個案例雖然出自德州，但也表述了美國五十個州中多數地區的現實，反覆重讀此案，我暗自心想：**我不希望我的國家是這個樣子**。分配給某一學區公立學校的經費多寡，會帶來多方面的影響，包括學校能聘請的師資水準、班級的學童人數、可開授的課程、學校可提供的資源和機會，以及校舍本身的建築品質。我坐在我這所菁英大學的宿舍房裡心想，這些孩子人生之初所擁有的已經比較少了，如果他們的學校可用的經費又比較少，這些孩子怎麼有辦法與人競爭？這樣怎麼算是公平？

《聖安東尼奧獨立學區訴羅德里格茲案》是我想上法學院的原因。是為了替加州的公立學校爭取更多經費，我甘願上街遊行和投票的原因。也是我會在非營利組織出任委員，幫助低收入有色人種學生取得額外津貼，好讓他們也能就讀四年制大學並且順利畢業的原因。對於《聖安東尼訴羅德里格茲案》及其對各州的影響，有這種感覺的並不只有我。許多人公認此案是最高法院在當代最差的一次判決，此案對公立學校體系不平等的形成扮演了要角，這種不平等從此存在至今。雖然探討這個議題不是我的生涯志業，但我知道自己永遠會想辦法對抗我居住地區的公立學校在經費分配上遭受的制度性不公。當時的悲傷已經滲入我的骨髓。

從小到大，你八成聽過「找出你的興趣所在」這句話，我自己覺得這句話普遍在童年時期被過度濫用了。家長、老師和其他大人拼命鼓勵你「找到興趣」，不是因為希望你的人生過得快樂又有意義（應該說，他們或許有這麼想過），但主要還是因為他們希望有了這項興趣，你在他人眼中，例如在大學招生委員眼中，將能顯得與眾不同。他們的立意是好的，但我長大成人也三十多年了，我認識的人到十八歲以前大多沒有找到自己的興趣，寫在大學申請自傳裡的那些全是另一回事。阿姨在本章要鼓勵你思考的是動機，什麼動機對你來說重要之至，讓你發自心底感覺自己立下了承諾，即使全世界都嘲笑你，你也甘願投入時間、心力、金錢和你的心去做這件事。其實就如我在第五章說的，**當你打從心底覺得某件事重要，世人再怎麼奚落你，你也會無動於衷。你只會笑著說：管他們的。反正我覺得重要，我會竭盡所能為這個動機努力。**

找到你的為什麼

所以比起「找出你的興趣所在」，我更喜歡艾南妲在第三章用的說法：「找到你的為什麼。」——艾南妲的故事說明了，只要你知道自己的「為什麼」——換句話說，只要你知道支持你行動的價值觀——則你的行為、選擇、決定所根據的都會這些價值觀，而不會被其他不計其數的原因任意動搖。你需要知道你的動機。什麼都有可能是你的動機。想找出它的一個方法是問自己：什麼原因或癥結點會讓我對自己說：嘿，這樣真的不對。

雖然待解決的問題很多，許多問題又似乎本質上便複雜難解，但盡量不要因此萌生退意。我承認，雖然我很樂意也盼望能幫助某個遭受具體傷痛的人，但我也經常懷疑，如果不能改正整個系統，只設法修正系統的一小部分，真的有用嗎。比方說，當外頭有數百萬人在挨餓，只在這一間慈善廚房供應愛心食物，意義何在呢？當外頭有數百萬名孩童得不到良好教育，只改善這一所學校或這一個班級的教學，又有什麼助益呢？我對於無法改正全體的絕望，有時會蒙蔽我的觀點，讓我忘記挺身而出協助修正部分問題，無論如何還是能造就益處的。我想說的是，難道我真以為憑我就能終結飢荒，或改善所有公立教育？有可能嗎？（你有沒有看出這種理想中藏著一點自戀？這樣想吧，地球上有七十多億人，**我會是所有人的救星？**想多了。不會是你，也不會是我。梵天、菩薩、耶穌、聖母馬利亞、摩西、穆罕默德、濕婆、毗濕奴，以及世界上最受人尊敬的世俗聖人，並不是我們應該拿來衡量自己的標準。）

改善現狀，不必要你率領全族同胞掙脫枷鎖前往應許之地。但我們這麼多人，每個人為改善世界做出小小貢獻，實際上是可行的，且當所有人的努力匯聚起來，就能推動大規模的正向改變。未來的世代還指望著我們的嘗試。而且別忘了，做出這些努力也會使你自己感到快樂。

改善現狀有無限多可做的事。你可以改變用時間、用錢的習慣，改變做決定的根據，改變過生活的方式。你可以投身服務他人的職業。例如教師、護理師、緊急救護技術員、消防員，每天上工都是為了盡力改善他人的生活。你也可以每週一次或每月一次為你支持的動機志願服務。你可以調查問題，也可以設計開發解答。你可以開創全新產業或全新方式去做某一件舊有的事。你可以種樹淨化空氣和水源。你可以創業後用採購原料的管道、對待員工的方式或以你銷售的商品或服務來改善世界。你可以競選里、區、州或國家官員。你可以上街遊行。你可以治療病患或安慰傷者。你可以創作文字、圖像或聲音來感動他人，鼓舞人做出更好的行動。你可以為需要的人喉舌發聲。你可以追捕壞人。你可以阻止其他生命受到殘酷虐待。你可以徹底革新你的生活方式，當別人的榜樣。你可以小額捐款，可以鼓勵別人樂捐，也可以在過世後將部分遺產捐給慈善團體。你可以在「無人孤單離去」(No One Dies Alone）團體擔任志工，對臨終者表示敬重。

你也可以幫助每個人單純感覺受到歡迎。想像你去了公園卻不能使用公共遊戲設施，你會覺得多麼邊緣，只因為你或你的家人有看得見或看不見的身體殘障（平均每四人就有一人會有），所以很難使用一般的遊戲設施。我朋友吉兒・艾雪（Jill Asher）和歐蘭卡・維拉瑞爾（Olenka Villarreal）把改正這件事當成她們的「為什麼」。她們共同創辦了魔法橋基金會（(Magical Bridge Foundation），創建多座同名遊樂公園，證明公園遊戲設施在設計建造時是可以也理當把「每一種身體」都考慮在內的。歐蘭卡說：「身體殘障的兒童或大人也可以乘坐我們獨家設計的旋轉木馬，與其他人一起轉動，感受兜圈圈樂趣。他們也可以溜滑梯，然後到一旁有尊嚴地等待輪椅由人取回。殘障者也能玩我們的雙層樹屋、盪桶形鞦韆、乘搖搖船。有自閉症障礙或感覺障礙的人也有機會安靜躲避，我們的雷射豎琴設計使用柔和的聲音，感官超載的人聽了不會覺得刺耳。」歐蘭卡和吉兒與她們的團隊在世界各地建造了十多座這樣的遊戲場，在我的城鎮就有一座，這裡也正好是她們自己居住的地方。開幕當天陽光明媚，我在現場看到每個人都玩得很開心，心中也不禁洋溢快樂。那確實只能說是「魔法」。

不論你為改善現況做了什麼或做了多少：阿姨向你保證一點：只要你善加發揮與生俱來的能力和稟賦，留心你在這個世界上喜歡的存在方式，留意你在怎樣的環境可以發光發熱，你必定可以運用這些材料來造就不同。且要徹底改善一件事，不能一直沿用舊方法。跳脫框架思考。從問題的**周邊**下手。像吉兒和歐蘭卡一樣，從全然不同的角度著手。有趣又有創意的解答往往都是如此得來的。以下三個段落就是三個佳例。

企業也不會唯利是圖

「社會影響力企業」（social impact organization）是一個新創詞彙，指的是企業把為社會做出正向貢獻當作主要目標。車輛共乘公司「來福」（Lyft）就是一例。來福創辦人的出發點或許是真是瘋了，路上這麼多車，車裡又都只坐了一個人。我們出門通勤路上應該和鄰居交流才對。「但他們關心的不只這些。」來福的社會影響力經理瓊恩・漢納威（Joan Hanawi）說。我愛來福，常選擇它當通勤工具。但我承認，我本來不曉得他們希望對世界帶來正面影響，我以為他們只是乘客付費共享的接駁服務。瓊恩為我細說分明。「你想參與民主，需要前往投票所，我們可提供免費乘車。你希望人生向前邁進，我們能免費載你去工作面試、工作訓練和就職後初始幾週的上班通勤。你盼望能為全家張羅晚餐，我們能免費接你去超市。」這是瓊恩加入來福後的工作。「我要從零開始為他們建立社會影響力策略。我要當一個懂得發問的人：**我們該怎麼重新定義交通產業，才能關懷我們服務的人，擴大服務範圍，確定最需要的人也使用得到？**還有，**交通運輸在哪些地方有機會開創獨特的不同？**」對二十八歲的年輕人來說，是很不賴的工作。

相對於「社會影響力企業」一詞，以往提到「公司企業」，我們總會聯想到「獲利至上，其餘免談」。因為獲利要在支付所有開銷後方能結算，很多公司會用縮減員工薪資福利的方式來增加獲利，因為薪資成本占公司開銷的一大部分。全球最大的非公營雇主沃瑪超市，就是一個好例子。前幾年它才因血汗薪資和苛扣福利被點名。

但不是每家公司都像沃瑪超市一樣需要徹底修正路線。不是每一家營利企業都把獲利最大化當作公司存在的唯一理由或衡量成功的終極標準。愈來愈多營利企業選擇把焦點放在自己的使命和遠見，以員工為優先，提供不輸人的薪資、優厚的福利、良好的工作環境，為長遠作打算，且依然能夠獲利。他們又是怎麼做到的呢？

且容我說明一下，這些全都是我為書到愛達荷州宣傳的時候意外學到的。我與一對介紹我走訪凱旋公關公司（Ketchum Inc.）的夫婦相約喝咖啡。席間，男主人戴夫・霍頓（Dave Whorton）談起「長青企業」(evergreen company）的概念，他顯然非常關心這件事。我心想：嘿，等等，那是什麼？但接著我愈聽愈忍不住想，年輕人很有必要認識這件事。所以很感謝戴夫願意花更多時間為我講解長青企業與傳統營利企業有何不同，我才能與各位分享這些資訊。也請務必知道，阿姨不是想勸你應該去哪裡工作，我只是想舉例讓你明白，即使在我們以為觀念根深蒂固的體制內（談到「企業美國」，我們都常有這種感覺），「獲利至上」等看似基本的思維也有可能被捨棄，被更人性化、更有樂趣且能永續發展、擴大規模、受到推崇（我就在做這件事）的經營方式取代！

以下是我向戴夫學到的事，他是一名創業者、企業領袖、前創業投資人，也是「探客博企業研究所」（Tugboat Institute）的創辦人。探客博的宗旨宣稱：「我們相信人的齊心協力耕耘，對於創造持久的私人企業並在宇宙中留下印記至關重要。」聽起來很酷吧？探客博發覺有一些公司企業一直以來很少虧待員工，始終有遠大的目標，在所屬市場也一直是領頭羊，沒有為了追求營利成長出賣理想。戴夫與團隊首創「長青企業」一詞來形容這些公司，全球現存就算沒有千家也有百家。戴夫說，長青企業首先與眾不同的是，他們全都是私營企業，而且有意維持私營（這代表不會有外部投資客緊迫盯人，強迫他們公開上市或允許併購，以償付巨額利潤給投資人。）可以說，長青企業的管理階層關心的不是未來或許有一天能一夕致富，而是把心力放在創造一個令員工滿意的職場，員工可對公司抱有信心，只要自己肯做就可望長久保有工作，員工的使命則是為市場提供優質的產品或服務。身為長青企業這個概念的首席傳教士，戴夫積極把理念傳授給企業執行長和創業家，鼓勵他們也為此努力。

你可能認為，一般企業執行長應該都想把公司賣給更大的公司或公開上市吧，畢竟這是自一九九〇年代末第一個網際網路泡沫出現以來就盛行於商業界的做法，只要公司被收購或公開上市，創業家與員工便能一夕暴富的新時代也由此展開。但只把公司當作另一個待售的商品，不把公司視為一群人集合起來開發能永續經營的優質產品或服務，有一個很大的弊端。一家公司假如走上這條路，往往會失去理念主導權和決策自主權，權力都落入了渴求暴利的投資人手裡。這樣的公司是「創辦來賣的，不是拿來經營的」，戴夫說。

戴夫跟我說，相較之下，「長青企業」維持「私營、理念導向的企業走向，規劃和營運目的都是為了未來百年能繼續成長、擴大經營。他們通常會遵守『長青七大原則』：理念、堅持、人本、私有、營利、緩步成長、務實創新。」戴夫說。「我能毫不猶豫地說，長青企業對我們人類、對社會，都是比較好的一條路——而且『不計代價快速致富』這種玩法和心態，也還得靠長青企業來解。從網景公司（Netscape）一九九七年公開發行股票引爆熱潮開始，快速致富的心態就充斥在產業界。」長青企業並不是無論如何都不需要外來的投資；有一些確實也需要。但長青企業的管理階層「明白建立大企業需要時間，而且代表應該善待員工、妥善服務客戶、時常檢討革新，且不吝分享成就。所以長青企業的領導者會慎選投資人，只接受允許公司維持私營、將盈利配給股份長久持有者的投資人。」

剛才說過，全球的長青企業沒有千家也有百家；以下是其中的一小部分，這些企業品牌你可能有聽過，他們都曾入選《富比士》雜誌評選的「最佳雇主」排行榜（根據員工滿意度，排行全美國所有大型至中型的公私營企業，阿姨認為這也是值得你留意的重要量準）。

公司名稱 & 總部位置	所屬產業	《富比士》最佳雇主排行名次
喬氏超市 加州，蒙諾維亞	生鮮超市	#1大型企業員工（二〇一九）；#2應屆畢業生（二〇二〇）；#2伊利諾州（二〇二〇）；#8德州（二〇二〇）；#15紐約州（二〇二〇）；#77加州（二〇二〇）
美國莊臣 威斯康辛州，拉辛	包裝商品	#8大型企業員工（二〇一九）
魏格曼超市 紐約州，羅徹斯特	生鮮超市	#19大型企業員工（二〇一九）；#95應屆畢業生；#2馬里蘭州（二〇二〇）；#5紐約州（二〇二〇）；#12賓夕法尼亞州（二〇二〇）；#22維吉尼亞州（二〇二〇）
In-N-Out 漢堡 加州，鮑德溫公園	餐廳	#28大型企業員工（二〇一九）；#29應屆畢業生（二〇一九）；#2加州（二〇二〇）
恒達理財 密蘇里州，聖路易斯	投資管理	#43應屆畢業生（二〇二〇）；#113大型企業員工（二〇一九）；#8愛荷華州（二〇二〇）；#10密蘇里州（二〇二〇）；#14密西根州（二〇二〇）；#20德州（二〇二〇）；#31佛羅里達州（二〇二〇）
瑪氏食品 維吉尼亞州，麥克萊恩	零售食品	#84應屆畢業生（二〇一九）；#116大型企業員工（二〇一九）；#3紐澤西州（二〇二〇）；#18喬治亞州（二〇二〇）；#28伊利諾州（二〇二〇）
富達投資 麻州，波士頓	投資管理	#99應屆畢業生（二〇二〇）；#121大型企業員工（二〇一九）；#3羅德島州（二〇二〇）；#8新罕布夏州（二〇二〇）；#40麻州（二〇二〇）；#51德州（二〇二〇）；#82紐約州（二〇二〇）
賽仕軟體 北卡羅來納州，卡瑞	資訊科技	#227總體滿意度

企業控股 密蘇里州，聖路易斯	汽車與卡車租賃	#225應屆畢業生（二〇二〇）；#19肯塔基州（二〇二〇）；#37北卡羅來納州（二〇二〇）；#47印第安納州（二〇二〇）；#69密蘇里州（二〇二〇）；#93俄亥俄州
熊貓快餐 加州，格倫代爾	餐廳	#490大型企業員工（二〇一九）
克斯阿蘇爾龍舌蘭 加州，舊金山	酒類飲料	前二十五名企業小巨人（二〇二〇）
SmugMug 加州，山景城	圖片分享平台	前二十五名企業小巨人（二〇二〇）
SRC 控股 密蘇里州，春田市	製造業	美國最佳小型企業（二〇一七）

備註：其他你可能聽過品牌，但公司規模太小，未被列入《富比士》調查的長青企業還包括 Patagonia（戶外用品）、Clif Bar（生機食品）、Radio Flyer（玩具）、舊金山四九人（職業美式足球隊）、Chobani（優格）、Stella & Dot（珠寶首飾）。

阿姨不是勸你一定要去哪裡工作。有意踏入營利產業的你，別忘了先做點功課，了解業界還是有可能找到這樣的公司，既創造販售優質的產品與服務，也提供員工合作的環境、適當的指導、優厚的薪資和福利。總之，凡是這樣的公司都在努力讓世界更好，你可以加入他們。嘿，如果你有意創業，甚至也可以自己創立一間長青企業。想更認識這個概念，可上戴夫・霍頓的探客博企業研究所官方網站（tugboatinstitute.com）。

全球暖化啟示錄

甲烷是棘手的氣體，因為它會捕捉空氣中的熱，是全球暖化的一大推手。而畜牧業養牛，牛打嗝排放的甲烷總量龐大（很多也來自牛放的屁）。幾年前，澳洲一位名叫羅伯・金利（Rob Kinley）的科學家，適巧來到加拿大新斯科細亞省的愛德華王子島。據說，他注意到有幾頭牛在海岸邊吃草，他也發現這幾頭牛似乎比其他不能到海藻附近覓食的牛隻健康。於是回到澳洲以後，他著手研究吃海藻是否對牛有益。結果發現，吃下特定一種紅藻（紫杉狀海門冬，學名*Asparagopsis taxiformis*）的牛隻，身體比較健康，打嗝排放的甲烷量也比較少。簡單解釋就是，牛胃中的細菌行分解作用會自然產生甲烷，但該種紅藻含天然抑菌物質，可抑制生成甲烷的作用。結果呢，排出的甲烷就少多啦。

金利寫下他的研究發現，並與其他感興趣的科學家結成一個小型社團。但當時，這些研究在學界外少有人知。這時出現了瓊恩・薩爾文（Joan Salwen），科技顧問公司埃森哲（Accenture）前商業夥伴，她剛好看到金利的研究，而後與幾個朋友分享，其中包括麥克・布拉科（Mike Bracco）。麥克曾是銀行家，現為投資人，也是我的朋友。「瓊恩和我，還有其他幾個人都面面相覷。」麥克告訴我。「我們說，這聽起來太理想，太不真實了。而且好像也沒有人接續研究，八成是實驗結果沒辦法再現。但接著我們望著彼此說：但萬一是真的，對世界的潛在影響可大了，不貫徹下去就太可惜了。」於是瓊恩在擔任乳牛顧問的朋友支持下，決心進一步了解更多。

他們第一步先找到贊助者資助更多研究，這些研究最終花費近一百萬美元。第二步是尋找願意帶領獨立研究的科學家。加州大學戴維斯分校的學者同意參與，該校有全球頂尖的農業學程。他們回傳的消息震撼了所有人：紫杉狀海門冬，磨製成粉末狀的營養補充品，像替餐點撒鹽一樣撒在飼料上提供給乳牛，可減少乳牛甲烷排放量達七成五至八成。而且不會傷害乳牛，也不會改變乳品或肉品風味。現在團隊得思考如何大規模栽種、收穫這種獨特的紅藻，並販售至市場上，送進乳牛的胃裡了。想讓這其中的每一步成真，他們得吸引更多人關心才行。

他們說了一個好故事，成功吸引到更多人關心，故事是這樣的：你知道嗎？全美國大約有一億頭牛（包括乳牛和肉牛），也大約有一億個家庭。所以要想像美國的牛隻數量，很簡單的方法就是想像每戶人家都養了一頭牛。再說到甲烷排放，每頭牛一年排放的溫室氣體，相當於一輛石化燃料汽車的排放量。每用這種補充品飼養一頭牛，就等於把一輛燃油車換成電動車。

但長遠來看，這真的是一大機會嗎？麥克說：「這樣說吧，試想為了推行電動車輛，我們投入了多少能源、時間和心力。美國預測在市場遊說和政府鼓勵下，從現在到二〇五〇年，現有燃油車約兩成至三成會替換成電動車。路上少去這些燃油車加總起來的環境效益，只要用紅藻補充品餵食美國三分之一牛隻也能達到，而且三到五年內就能實現。其實不難，不過就是在牛飼料上撒幾把這種特殊的藻片，就能大幅減少甲烷。與目前受到贊助的很多環境倡議相比，這個方法的效益規模龐大。而且，我有跟你說過嗎？全球總計有十億頭牛！」

有這些故事和資料在手，瓊恩・薩爾文、麥克・布拉科、麥特・羅斯三人順利取得創投資金，將研究化為現實。他們共同成立了一家公司，取名「藍海穀倉」（Blue Ocean Barns，blueoceanbarns.com），持續與澳洲最早發現此結果的科學家密切合作。（我聽到很高興，因為學界和媒體經常對歐美以外地區產出的科學成果心存偏見——呿！八成也是因為這樣，澳洲的研究當初才沒有多少進展。）透過與科學家和非政府組織的多方合作，他們正在組建聯盟，希望盡快且盡可能有效地把產品推向市場。按照新冠疫情前的計劃，紅藻很快就能供應給酪農和牧牛農場使用。

我跟麥克說太棒了，但我也必須問一個很多人關心的議題：我們是不是不該屠宰牛隻吃肉，或為了乳品圈養乳牛？「是，但目前大眾仍喜愛起司、牛奶和牛肉，我們也不是一個能快速戒絕這種飲食習慣的國家。就當這是我們尚在發明替代肉和植物性蛋白的臨時替代方案好了，那也值得。」我也想知道，種植更多紅藻以餵食牛隻，對環境會否有潛在傷害。「你這個問題是所謂的『生命週期評估』。」麥克說。「海藻養殖總體來說公認對環境有益，因為海藻能減碳，預防海水酸化。」簡言之，目前看來利大於弊。

好了，你可能聽過改變牛的消化系統可以拯救地球的說法，因為漢堡王在二〇二〇年夏季做了很大的廣告，廣告中一名兒童頭戴白色牛仔帽，彈著一把小吉他，用悠德爾唱法（沒錯，唱阿爾卑斯山歌的方式！）唱著牛吃檸檬草，屁放比較少。說得都對，也都很好。（檸檬草影響牛的腸子，紅藻影響牛的胃，因此產生不同類型的，呃，排放。）但麥克告訴我，檸檬草只能減少牛的甲烷排放達三分之一，但紅藻可以減少八成。面對氣候變遷帶來的生存威脅，「不能做大就只能做夢。」麥克說。「漢堡王想一戰成名。想要昭告天下：嘿，我們是第一個把概念引進市場的喔！但重點是，光只有好的概念還不夠。你必須把它做到位，讓別人容易了解及採納。東西必須符合成本效益。農人如何為牛隻取得產品？誰來買單？你必須答得出這些問題。」藍海穀倉已經引起多家生產線大量使用乳品的企業關注，這項創新在企業看來不失為一個好辦法，可以幫助企業實現永續經營和對抗氣候變遷的目標。說不定哪一天麥當勞也會響應，我們就能親睹一場全新的速食大戰了。

同時，麥克也告訴我，紫杉狀海門冬其實對人類並不陌生。「它不是你平常吃的海帶，也不是用來包壽司的海苔，但它也不算罕見。這種海藻其實被用在夏威夷蓋飯裡。夏威夷原住民從海中收集海藻，曬乾後當作蓋飯的佐料，世代傳承下來。」你瞧，用新觀點看舊事物，竟能有這麼大的不同。只可惜，目前還沒也證據顯示紫杉狀海門冬能抑制人類放屁。但何妨看看下一個例子，人類日常生活的簡單改變，也同樣能讓世界更好！

人飢己飢

「現時經濟不安全感的問題、貧窮問題、人民沒有積蓄的問題，不是因為人民努力不足或不懂得理財。問題在於他們沒有錢。尤其在此時此刻，我剛剛還看到新聞，說貝佐斯昨天又賺入一百三十億美元，顯見人民沒有理由挨餓，沒有理由要為房租發愁，我們也沒有理由不為每個國民提供最低基本收入。」這些話出自麥可・塔布斯（Michael Tubbs）。二〇二〇年夏天，他上CBS電視公司的《今日早晨》（*This Morning*）播客節目接受訪談，我正巧聽到了這一集節目。塔布斯三十一歲，時為加州斯托克頓市的市長，是斯托克頓史上最年輕的市長，也是首位黑人市長，而且可能是你最難想像會當上市長的人。而這位塔布斯市長大力支持「全民基本收入」，也稱為「保障收入」的概念。

塔布斯市長出生在斯托克頓當地，母親生他時還是青少女，父親則還關在牢裡。從統計來看，他的一生無望飛黃騰達。但他母親、外婆和娘家親戚對他表露濃烈的關愛，也總是叮囑他在學校要奮發用功。他也做到了。成了我在史丹佛大學的學生。我們在他大一那年認識，他參加了年度創始人紀念日於校內教堂舉辦的演講比賽。是我們選他出賽的。我還記得聽他在布道壇上演講，雞皮疙瘩爬滿我的手臂，宛如從前的民權領袖。他大二那年，我允許他加簽我和其他教授合開的種族與法律課。選課競爭激烈，包含塔布斯在內，班上一共只收了兩個大二生（其餘都是大三、大四的學長姊）。大三下，他申請擔任開學典禮的學生代表，這是大學的重大典禮，每年秋天，所有新生都會偕家人一同參加，重要性僅次於畢業典禮。而塔布斯也獲選為代表。他站在講臺上，對臺下近五千名聽眾說，他大一入學反而沒出席開學典禮，因為當時他還不確定自己真的屬於史丹佛。到了大四春天，他的朋友都在派對慶祝時，他在斯托克頓市競選市議員。又一次，塔布斯贏得了他努力爭取的東西。

塔布斯市長在CBS的《今日早晨》節目上表示，全民基本收入是「與這個國家一樣悠久的概念。湯瑪斯・潘恩在西元一七〇〇年代末就談過這件事。金恩博士在一九六七年的著作《我們將何去何從》（*Where Do We Go From Here*）也呼籲過這件事，當時也面臨和現在類似的大規模社會動盪。這個主張的核心概念是，這筆收入是給每個人的公共福利，定期按月發放現金，沒有條件限制。目的是讓民眾建立經濟彈性，擁有最底限的保障，這樣遇上新冠肺炎等疫病流行或其他經濟災害的時候，人民也有資源在家避難，滿足自己和家人溫飽。」

塔布斯市長與市政團隊決定在斯托克頓市施行先導專案，用以研究全民基本收入的概念。市政府隨機選擇一百二十五名收入低於全市中位數的市民，每月發放五百美元給他們，實施一年半，後為幫助市民度過疫情又多延長半年。在探究全民基本收入的路上，斯坦克頓市並不孤單。二〇一九年，民主黨總統初選候選人楊安澤（Andrew Yang）承諾若當選總統，將每月發放一千美元給全體美國成年人。已故的自由主義經濟學者米爾頓・傅利曼（Milton Friedman）贊同無條件收入的概念，臉書創辦人馬克・祖克柏（Mark Zuckerberg）也是。另於一九八〇年代，雖然打的是共享州內財富而非幫助底層弱勢的名號，阿拉斯加州創立阿拉斯加永久基金（Alaska Permanent Fund），每年從石油及天然氣收入發放分紅所有居民（包含孩童，排除囚犯），近年最高是二〇一五年的每年二〇七二美元，二〇二〇年則是九九二美元。說來奇怪，對阿拉斯加最近一次撥款的研究發現，發款隔天物質濫用事件增加了百分之十四，但據說財產犯罪則相對減少了百分之八。「並無根據須擔心全民撥款計劃會引起犯罪。」研究也指出，阿拉斯加的分紅撥款「對就業並無影響」，阿拉斯加居民將這筆額外收入用在各種用途，有的人為嚴冬儲備物資，有的人拿來付清學貸，有的人趁機回美國本土探望家人。斯托克頓市的先導計劃似乎同樣駁斥了全民基本收入會獎勵懶惰、使人逃避工作的擔憂。在斯托克頓市，有一名受款人用這筆錢裝假牙，重拾自在的笑容。另一個人則依靠這筆錢請了一天假，面試更好的工作（有的人依靠日薪過活，只要請假就沒有薪水，很難有餘裕再去找其他工作）。

至於全民無條件收入的錢從何來？這完全是一個社會如何安排輕重緩急的問題。是要提高警力經費，還是為市民創造無條件收入，這是一個選擇。經費是要投入國防，還是拿來改善公立教育，也是一個選擇。而且這些選擇不見得只能全有全無。為說明無條件收入的錢從何來，塔布斯市長以疫情當下大企業提供的紓困金和五角大廈的鉅額預算舉例。「只要真的有心，政策有意願去做，總是有辦法找出錢來。」

二〇二〇年，新聞評論網 Vox 的一篇文章調查全球對基本收入計劃的研究。文章指出保障基本收入，好處不只限於民眾有錢能消費。保障基本收入似乎還能改變民眾的心境。「至今的證據指出，獲得基本收入可增進幸福感、健康狀態、上學率，以及對社會機關的信任，同時減少犯罪。」西雅圖一位企業執行長，信用卡支付業務公司 Gravity Payment 的創辦人，丹・普萊斯（Dan Price），對這個議題別有看法。他讀到一般人在年薪七萬美元範圍內，收入愈多，幸福感也愈高（超過這個範圍後，就算收入更高也不會提升幸福感）。於是，他讓公司內所有員工年薪至少都有七萬美元，他則砍去自己的九成工資，用於支付員工薪水。結果不只幸福感提升了，公司的盈利也增加了。照顧每個人的需求可以促進整體發展。

麥可・塔布斯市長想到的事往往鐵了心會做到。所以，我會緊密監督他的全民基本收入先導計劃的相關研究，看他接下來決定往哪走。他目前也在試行獎助學金計劃，為市內品學兼優的高中畢業生提供升大學的保障助學金。你對他的個人成長和政治歷程如果有興趣，可以看看 HBO 於二〇二〇年播映的自製電影《逆權都市》（*Stockton on My Mind*）。塔布斯是意外來到的孩子，也是意外當選的市長。我猜可以說，出乎意外有時反而導向成功。

貢獻社會五步驟

你不必從根本改變世界，不必阻止所有牛隻排放甲烷，也不必一定要說服你的城市為每個人提供無條件基本收入。我把這些概念寫進書裡，只是因為這些理念令人期待且深具啟發。你**做你能做的**就夠了。以下有一些每個人都能貢獻社會的基本行動：

一、**登記投票，並實際去投票**。這是一個民主社會（或至少努力想成為民主社會），而非營利、無黨派的婦女選民聯盟（League of Women Voters）會旨就說了：「民主不是觀賽運動！」在你的州內登記為選民，投票當天無論如何都去投票。在我夢想的世界裡，只要達到法定年齡，投票權就會自動開放。但目前對於誰能投票、應於選舉前多久登記、如何登記，以及何時、在哪裡、怎麼投票，每個州仍有各自的規則和規範。要注意，依據你住的地方和你的身分不同，你所在地方的意見領袖有可能會想盡辦法讓你不要投票，所以你可能得格外費心。但能投票就去投吧。有時候，重大選舉的得票結果只相差不到幾百票（例如二〇〇〇年高爾對小布希的總統大選），所以**不要落入陷阱，以為差我一票沒差啦**。不對，真的有差。如果你採用郵寄投票，請千萬記得及時將選票寄出，確定能在選舉日前寄達。

二、**固定閱讀新聞**。（閱讀也包含閱聽，廣播新聞或新聞播客節目也可以是你的選擇。）你或許透過社群媒體或 YouTube 也得知很多新聞消息。但如果你主要都以這種方式接觸新聞，請務必要點入報導內容閱讀，不要只看網紅名人對事件的看法。也別忘了，只閱讀網紅或朋友的貼文，或演算法推薦給你的東西，基本上會把新聞過濾到只剩下你本來就感興趣的部分。鼓勵自己拓展眼界，了解更多外界資訊，不然你會活在泡泡裡，周圍隨時說的都是一樣的東西，過不了多久就算是錯誤的內容，你也會開始相信。不只新聞主題上要拓展眼界，地理範圍上也要放寬視野；不只要跟上所住城市、全區、全州、全國的重大事件，也要跟上世界發生的事。反過來也一樣，世界戰火蔓延時，地方新聞可能顯得無關緊要，但對於你居住城鎮的生活品質和經濟繁榮，地方官員握有很大的發言權（例如塔布斯市長對加州斯托克頓市），他們能決定政策和施行方針。所以你需要留心市議會的意向，如果你對教育感興趣，也要留意校董會的意向。多讀地方新聞報紙。至於全國和國際新聞綜合報導，我推薦《週刊報導》（*The Week*）這本週刊（IG 搜尋 @theweekmag，推特搜尋 @TheWeek），他們對全國和全球的重大事件做了很好的整理，且自由派和保守派雙方的觀點都有報導。另一個很好的新聞來源是線上雜誌《全方位》（*AllSides*，網址 allsides.com），他們用相當簡明易懂的版面為每個主題呈現出左派、右派和中立觀點。

三、**留意偏見，別相信謊言**。新聞記者要上新聞學校不是沒原因的。他們必須學習多方求證以確認被奉為事實的資訊真偽。但從網路、社群媒體和智慧型手機發明後，人類歷史上第一次，任何人只要有手機就能發表意見，按幾個鍵就能與全世界分享。這感覺像是資訊的民主化，某方面來說的確也是。但這也代表有愈來愈多未經驗證的垃圾可以裝成新聞招貼在外。就算是可信度高的大型新聞媒體，也多有立場偏向。《紐約時報》傾向自由派。《華爾街日報》傾向保守派。凡是由人寫的內容都難免有偏見（嘿，別說機器人寫的不會，機器人也會受創造者的立場左右而帶有偏見）。簡言之，你有必要留意資訊的來源。**問問自己，這種說法對誰有利？**練習在合理的範圍內了解另一方的觀點。動動你的分析推理能力，判斷哪些是事實、哪些是看法、哪些完全是捏造。需要判斷真偽的時候，好好做些功課。我也曾經隨意轉貼文章，後來才發現內容是假的（真丟臉！）。這種可能發生於我，也可能發生於你！這些經驗教導我，凡事都要先查核事實。我喜歡用 *PolitiFact*（politifact.com; @PolitiFact），這是一個「相信事實」的非營利新聞編輯室，網站上有衡量真實程度的「Truth-O-Meter」圖表，告訴你某個消息是完全為真、大多為真、一半為真，還是多不正確、極不正確，或者根本就是謊話（他們稱之為「pants on fire」，謊話連篇）。同樣目的我也會上 Snopes 事實查核網（snopes.com；IG 搜尋 @snopesdotcom，推特搜尋 @snopes）。

四、與家人朋友和鄰居交流。你可能正在思索某個與你的生活經驗相關的議題，或是你從學校或新聞得知的事件，又或是某個你敬重的人支持的主張，或你居住城市的市議會正在辯論的政策（例如無條件基本收入），不論是什麼，盡量保持初學者心態，保持謙虛和好奇，向已經為相關議題工作多年的人學習請益。學習怎麼做有用、怎麼做沒用。善用你的話語權、時間、下的苦功、影響力和／或金錢，貢獻於你關注的事。和老朋友或很少聊天的家人聯絡近況時，不妨聊聊你目前關心的議題。若我們能集思廣益、凝聚團體、積極參與公民事務，並為自己的行為負責，便有望為社會帶來貢獻。

五、坐而言，不如起而行。別當滿口未來打算的那種人。讓你的家人朋友一早醒來發現你已經出發行動了。這也是我的親身實例。對於聯邦政府把移民兒童從父母身邊帶走並監禁在牢裡，我對朋友抱怨太沒人道了，抱怨了有整整一年，每次我都說：「不敢相信有這種事，我們應該做點什麼才對。」終於在二〇一九年六月，報紙又刊出一篇移民兒童處境駭人聽聞的報導，我知道我不能再滿足於抱怨了。我去量販超市買了一個大聲公，結帳時跟收銀員說：「我準備南下德州，去為移民兒童發聲。」她對我眨眨眼睛，從口袋裡掏出一張二十元鈔票給我，對我說：「上帝祝福你。」接著我又去文具事務用品店，買了海報板、麥克筆、膠帶、電池、文件夾板、紙筆、瓶裝水，跟兩個大塑膠袋把這些東西全部裝起來。我跟收銀員說了我打算做什麼，他聽了說：「我很想給你一個擁抱，但我得先問過經理。」但終究他還是問了能不能抱我，我欣然答應。之後我把我的吉普越野車開到保養廠，說我準備南下德州（開車十七個鐘頭），技師說我需要換新輪胎。於是我立刻又趕去輪胎店，沒想到排隊名單很長，店家說我可能得等上幾天。「但我馬上要開車南下德州，鼓吹民眾關心移民兒童的遭遇。」他聽了看看我，又低頭看看訂購名單，然後抬頭對我說，我的車就排在下一位。

我沒能實際拯救移民兒童，但我的「前進克林特」(Caravan to Clint，第九章曾敘述）運動引來不少媒體關注，很多人也跳上車和我一同前往，或在目的地與我會合。我們站在艾爾帕索的街頭巷尾疾呼，站在艾爾帕索和克林特的政府機關大樓外抗議。捐款聞聲湧入，我們把錢一部分捐給艾爾帕索當地的移民容所，另一部分則徒步跨越邊境，捐給墨西哥華雷斯城另一間收容所。每晚，我們都在孩童被監禁的地方進行燭光守夜，還有人想到一個很好的主意，在鐵絲網外用西班牙語唱起搖籃曲。我打從心底覺得這些孩子有如我的血親，不論作用再小，我都有必要盡我的一份心力，讓孩子們知道自己並未被遺忘。

【別只聽我說】

把握改變世界的契機

安潔莉娜——挺身捍衛女性權益

第三十七季《我要活下去：大衛決戰巨人》於二〇一八年播出時，安潔莉娜・卡朵娜・奇利（Angelina Cardona Keeley）二十八歲，是參賽者之一。她拒絕向製作單位的刻板印象低頭，沒有配合演出年輕女性參賽者「應有的」行為表現，反而成為節目至今最足智多謀且勇於發言的女性參賽者。即便一定有人心裡暗罵「女人出什麼風頭」，但她還是進了最終輪票選。雖然最後風向沒吹向她，但她實踐的事可說比百萬獎金更重要。我用電話聯絡上她，深入訪談這段故事。

安潔莉娜來自內華達州斯巴克斯，父親在當地經營小店。她的祖輩分別來自墨西哥、薩爾瓦多、西班牙和葡萄牙。她的父母在她小時候離異，她母親靠夜間兼差，半工半讀從大學畢業，當上了小學老師。父母雙方都是很勤奮努力的人，所以安潔莉娜能拿到全額獎學金就讀史丹佛大學，對他們來說是天大的喜事。我也是在史丹佛認識她的。

「大學的一切都令人大開眼界。」安潔莉娜說。她驟然接觸到女性在人生中會面臨的許多重大阻礙，例如強暴文化、性暴力，例如工資差距、職場透明天花板。她除了在課堂中探討，也在學生社團裡積極呼籲大家關注這些議題。「這些議題點亮我心中的火花。」她說。大四那年，她出任史丹佛大學學生會主席，致力推行終結性暴力和關係霸凌。但即便她身負這樣的角色，自己卻仍不免遭到同校學生跟蹤騷擾，對方的行為從逾越禮節，逐漸演變成令人不安，甚至造成威脅。「我才二十歲，努力想當好團體領袖。遇到這樣的事，就像受到頻繁轟炸，奪去了我的安全感。」她打電話報警，警員卻問她：**你是不是做了什麼，讓對方覺得可以對你有這些行為？**她力排這種譴責受害者的觀念，努力爭取永久禁止令，獨自代表出庭，最後成功勝訴。大學畢業後，她在大學校園開設「終結旁觀訓練」。「我們需要教導大眾認識自己的能力，讓大家知道自己在這些議題上扮演了怎樣的角色。這些並不只是受害者和加害者之間的事，這是我們生存的世界。我們的哪些行為縱容了強暴文化，我們可以做什麼來改變現況。」

她逐漸視自己為女權倡議人士，並且希望能運用能力帶來影響。她很仰慕雪莉・奇斯荷姆（Shirley Chisholm），美國首位參選總統的黑人女性，也很仰慕為美國而教的創辦人溫蒂・科普（Wendy Kopp），後者的大學畢業論文寫的是如何改善公立學校教育，從而興起創辦非營利團體的念頭。安潔莉娜的下一步是念碩士，她在耶魯大學順利取得MBA碩士學位，研究主題關注職場和領導位階的性別平等。「我後來明白，想改變性別不平等沒有速成法，但我們仍有望慢慢走向那一天，只要各行各業都能有更多女性擔任決策職。」

為了耶魯的高峰課程（capstone project），她企劃了一場一日研討會，邀請百位來自新哈芬、康乃狄克等周邊市鎮的高中女生參加，她們很多是有色人種，也很多都出身於工人階級。研討會給她們一個機會實際體驗未來擔任執行長、民選領袖、科學家、工程師需要的能力，這些全都是欠缺女性代表的領域。一日結束前，教室擠滿了人——在場除了女同學，還有志工、幾位教授、學生家長、安潔莉娜的幾名同學。當地一位女議員首先上台發表最後一段鼓勵同學的談話。接著會由安潔莉娜陳述感想，為研討會做總結。但她一站上講臺正要開口，教室裡滿滿的正能量忽然湧向她。「要怎麼形容那種心很飽滿的感覺？」她問我。於是，她沒有發表總結，反而把麥克風遞給願意上台分享想法的女同學。「幾乎每個女生都鼓起勇氣上台來，分享自己內心隱密的感受。可能是她們的某個期望或某個夢想。我們超時很久才結束散會。那一天讓我看見我們做的事蘊含了多大力量，每個人都有力量鼓勵彼此，並肩作戰的感受讓大家都生出了信心。我意識到確實有一種祕密配方、一種魔法，而我需要把它傳出去。」回想當天，回想她自己的心境和那一百位女學生的變化，她說那是除了她結婚和女兒誕生以外，她人生中最快樂的一天。

心裡有溫蒂・科普創辦為美國而教的策略，牆上掛了雪莉・奇斯荷姆的相片，安潔莉娜開始考慮創辦一個非營利團體，幫助全國數以千計的女孩為自己設想一個更遠大的未來。她會以擔任「未來學生會主席」當作培育重心，因為這是她很熟悉的路。她直覺認為，早年的領導經驗對女孩的人生有重要影響。但在實現這一切以前，她是工人階級出身的孩子，她知道如果沒有資本，夢想很難點燃。「我知道我得建立自己的安全網。」於是，她帶著剛拿到手的MBA碩士學位，跳入了資本企業世界。

安潔莉娜進入勤業眾信顧問公司的舊金山分部，後來轉至加州科斯大梅薩分部，她的工作是協助企業研議策略解決問題。她遇到很好的同事，薪水也夠她過上比童年優渥的生活。但就職不久，她就覺得不對勁。「我是天主教徒。我信仰上帝。我相信人來到世上都負有使命和天賦，要我們貢獻給這個世界。我白天替客戶做試算表和行銷材料，但我知道這個工作不是我心之所嚮。所以晚上下班後，為了平息這一部分的我，我會為我關心的議題額外做一些事，例如協助客戶研究為什麼沒有更多女性擔任企業合併收購方面的工作。」這種看似事業有成，但心中忐忑不安的感覺，一晃眼就從幾個月拉長成好幾年。

我懂。我畢業後也當了企業律師，而不是為社會邊緣人陳情的律師（雖然後者才是我讀法學院的原因）。也因為如此，我在慘痛經驗中學到，如果你有意貢獻社會，只利用正職工作下班後的深夜去做那些事，註定會功虧一簣。安潔莉娜回憶說：「要打破現狀真的很難，尤其當你有好的薪水、好的人際關係，生活過得也算舒適，你真的會害怕未知。一直要到我真的為現狀按下暫停，我才有辦法說：**好了，我必須做出改變了**。」她的暫停鍵就是《我要活下去》，這個節目不只是她一生難得的冒險，也意外讓她跳入向來關心的性別角力當中。

《我要活下去》的製作團隊當時正在籌備新的一季。單元主題「大衛決戰巨人」打算把參賽者歸類為強弱兩組互相對抗。節目希望參賽者中包含常春藤名校畢業生——受過高等教育的女性，外表亮麗又外向敢言。有人把安潔莉娜的名字告訴製作單位，他們僅根據在社群媒體上搜尋到的些許內容，就知道她是絕佳人選。刺激的競爭和可觀的參賽獎金（每位參賽者都能拿到金額不一的報酬）非常吸引安潔莉娜，這筆錢說不定能用來為她夢想創辦的非營利團體扎下根基。但她的報名過程卻不如預期順利。她後來得知《我要活下去》和電視實境節目的整體走向一樣，重點都是要刻意賣弄情色、衝突或搞笑，所以製作單位通常不會錄取有穩定感情關係的二十多歲女性，因為這樣的女性不會賣弄風騷、展露性感，也不容易與同劇演員發展出業界所謂的「螢光幕前的戀愛」。安潔莉娜剛與人生摯愛結婚，她的丈夫奧斯汀是海軍陸戰隊的軍官。「製作單位只表示抱歉，選角指導不會考慮你，因為你結婚了。我心想這簡直狗屁不通，眼界未免太狹隘了。但反正隨便他們，我還有我的人生要過，對吧？」

但一開始找到安潔莉娜的選角助理沒放棄，不停遊說製作單位選擇她。新的一季再過幾星期就要開拍，這名選角助理繞過一般程序，直接把安潔莉娜的報名資料和影片交給節目主持人、節目統籌兼執行製作人傑夫・普羅斯特（Jeff Probst）。這名助理對普羅斯特說：「這就是你要的巨人。有了這個人角色才完整。你的部落裡不能沒有她。」傑夫答應了。他們立刻安排安潔莉娜接受所有決選者都會做的健康檢查、性格測驗和現場面談。「我一個人走完所有流程。傑夫對我眨眨眼，比了個大拇指。兩天後我就接到電話。我心想：**我要準備挨餓了，我現在體能狀態沒有很好，但我勢在必行**。我有很強的自主性，我喜歡冒險，而且好勝心很強。公司主管都同意我請假。除了可觀的獎金，這整個過程也都非常吸引人，我很難說不。我甚至暗自希望，說不定我能趁機在電視上說點什麼或做些什麼，稍微挑戰製作單位的極限，把我的價值觀帶進節目裡。」三個星期後，她和一群陌生人困在斐濟的一片海灘，而她也將會在這裡為女權積極奔走。

安潔莉娜後來做出許多《我要活下去》節目史上少見出自於女性參賽者的智謀妙計，包括自製具有爭議的豁免神像贗品，以及主動與普羅斯特交涉，放棄自己的豁免權，為她餓得發慌的隊伍多換一點米。後來交涉成功，安潔莉娜也在次一輪投票過關。《我要活下去》的節目粉絲群戲稱她是「女權皇后」，稱讚她透過自白（每名參賽者每隔兩天就會與一名製作人私下對談，對談內容有很多會實際播出）提高了觀眾對性別互動的關注。粉絲群也讚許她把節目推向更能坦然討論性別和性別互動的方向。

比方說，安潔莉娜公開指出職場常見的一種兩性角力，也同樣發生於《我要活下去》的現場——她建議自己的隊伍應該投票剔除一名未來可能構成威脅的強勢成員，沒人理會她的提議，然而當另一名男性參賽者提出相同意見，卻獲得普遍同意。「這是女性普遍都有過的經驗。我們想出的點子，卻成了別人的功勞。」她跟我說，這些都是「看似不相關的事」。但我和她都明白，這些事累積起來就有很大的影響。「《我要活下去》有七百萬名觀眾，我希望總有些什麼會留在觀眾心中，例如『我在她身上看到自己』或『我懂她想說的事』，或『這讓我學會用不同觀點看待事情』。」

開季第一集，安潔莉娜就當著鏡頭對製作人提到隱藏的豁免神像牽涉到的性別角力（找到神像的參賽者可免遭票選淘汰）。她點出參賽者能不能在遊戲中過關挺進，神像扮演了要角，但找到神像的八成五都是男性。節目播出了她的觀察。她接著也對製作人說（但沒播出）：「為什麼會這樣呢？這當中隱含什麼前提？女生在營地的角色是什麼？大家對女生的期待是什麼？我們如何看待女性和男性對競賽遊戲的玩法差異？這些都反映了我們身處的世界。」安潔莉娜參賽的這一季播出後，節目後來的女性參賽者似乎更有動力去尋找隱藏的豁免神像，行動和言詞也較以往強悍，找到神像的女性人數也因此竄升。很多粉絲指出這都是受到安潔莉娜一季的影響。

此外她也正面迎擊性騷擾，性騷擾事件在《我要活下去》節目上發生有年，但很少受到應有的關心。早從第五季（二〇〇二年）的甘蒂亞開始，一直有女性參賽者回報受到令人不悅的肢體碰觸。在第一季（二〇〇〇年）甚受歡迎的參賽者蘇，受邀回歸二〇〇四年的第八季《我要活下去：全明星賽》，但她中途就主動退賽，因為有男性參賽者在競賽中故意用全裸的身體摩擦她。

這幾季離後來的＃ MeToo 運動尚久，女性就算勇敢說出受到性騷擾，也不太會受到認真對待，反而常常遭受譴責或取笑，甚至連其他女性也不會當一回事。安潔莉娜自己雖未在節目中受到性騷擾，但她在第三十七季（二〇一八年）對女性的遭遇直言不諱，連帶改變了製作單位在後續幾季對性騷擾事件的反應。

安潔莉娜最後在這一季拿到第三名，獲得八萬五千美元獎金和深刻的滿足感，她相信自己多少協助改善了其他女性上節目的體驗，也至少激勵了部分觀眾改變自己的行為看法。第三十七季被評為《我要活下去》節目史上最精彩的前五名，其中安潔莉娜拒絕照著不成文的腳本走，絕對是該季精彩的一大原因。

阿姨我在看這一季的時候，也不禁想為安潔莉娜加油。不只因為我認識她且關愛她，更因為她展現出年輕女性的聰明和堅強，霸氣外漏，而且，沒錯，還很漂亮。我女兒艾芙莉當時十八歲，剛開始看《我要活下去》最初幾季，我鼓勵她可以先跳到後面看這一季，看看安潔莉娜的表現。艾芙莉對我的建議充耳不聞，但母女關係總是這樣的（我懂，全世界就屬老媽的建議她最不想聽），我相信等哪一天她看了第三十七季，她一定會在安潔莉娜身上看見自己，也絕對會支持安潔莉娜的。

傑夫．普羅斯特也力挺安潔莉娜。二〇一八年十二月，第三十七季的最終集播出前幾天，他接受《娛樂周刊》訪談，被問到有沒有哪一個選手是他樂見再來參賽的，他指名安潔莉娜。「我們其實希望《我要活下去》的選角能反映社會文化現況。我自己也是一個女兒的爸爸，看到女性的力量逐漸覺醒，比什麼都讓我感到振奮。長年以來，女性只要展現強勢，總會受到與男性不同的評價——在節目中是這樣，在現實中也是。還有一點很奇怪，多年來我們一直很少看到像男性一樣『令人難忘』的女性。但現在，女性的聲音與日俱強，我們也希望節目中有人代表這樣的聲音。安潔莉娜受到的評價兩極。有人批評她『太過頭了』，但她勇於挑戰、果敢大膽，不會因任何人退縮。我喜歡她這樣的表現。我們需要她這樣的表現。男人有此表現會受到獎勵，女人有此表現也不應有所不同。所以我會投安潔莉娜一票。」

安潔莉娜的影響延續至今。節目第三十九季（二〇一九年），又有男性參賽者不當觸摸多名女性參賽者。但這一次，製作單位在鏡頭外分別與該名男性與陳情方懇談，製作單位嚴正警告他。後來他又再做出不當舉動，就被勒令退出節目。安潔莉娜在電視上看到這件事的推展，提筆投稿社論到網站版《時代雜誌》，敦促普羅斯特在最終集公開解釋情況，說明製作單位下次可以用什麼方式化解類似問題。到最後一集播映時，生還者重新集合，普羅斯特真的沿用安潔莉娜的部分建議，當面直陳這件事。「他負起責任，道了歉，也給了受害者機會說話，然後也告訴她，他們早該在事發當時給她更有力的支持。這次他們沒再掩飾太平。」

安潔莉娜改變了《我要活下去》，但節目也改變了安潔莉娜。遠離日常生活使她醒悟，她降生人世，不是為了替大企業研擬對策解決問題的。獨自坐在斐濟的沙灘上，創辦非營利組織、培育青少女成為未來領袖的計劃又在她的心中重燃，而首先她會在節目中贏得獎金資助自己。

「那兩個月生活在斐濟的荒島沙灘上，參與這場瘋狂的遊戲，我完全與世隔絕，不曉得發生了什麼時事，我終於可以真正休息。從十三歲開始，我一直不停在奔跑：進階先修課程、志工服務，做這個、做那個，沒有一天停下來。但在這場遊戲裡，我一個人坐著，身上只有一丁點布料，渾身又髒又臭，胃裡什麼也沒裝。但眼前卻有畢生最火紅燦爛的夕陽。這強迫我的人生前所未有地暫停下來。有個參賽同伴醒悟到：回去以後，我應該向女友求婚。我的感覺則是：**現在能說說看了吧，我在害怕什麼？**我害怕賺不到錢，害怕沒安全感，害怕沒有光鮮亮麗的工作，害怕別人不懂我的選擇。《我要活下去》留下的另一個祝福，是它打破了我的完美主義，我原先甚至不知道自己有追求完美的毛病。我原本一度抗拒上電視，我覺得：天啊，怎麼辦，我不可能隨時帶妝，我看起來會很胖，憔悴狼狽怎麼見人。我這輩子沒有一天不化妝，因為我總覺得自己應該隨時顯得有精神。但參加節目讓我開始反省：這種想法是哪來的？我為什麼害怕露出脆弱面？我們每隔兩天可以對製作人員告解四十五分鐘到一小時，而他們真的會深入挖掘你的心聲。有兩名製作人問我：我們有注意到，你真的很不喜歡表現出狼狽的樣子，不喜歡失去控制，不喜歡說錯話或做錯事。我就像照見鏡子一樣，心想：哇，他們說的沒錯。我差點臨陣逃跑不上節目，因為我擔心自己在電視上看起來不完美。但我已經跳入火坑了，現在除了接受不完美也別無選擇。因為我是拉丁裔，我的的手臂和臉都會長出汗毛，天啊，可以不要嗎。只要傑夫一聲令下要大家跳入海裡，我的妝也會在第一天就洗光光。但貫穿在這當中的是，看著我的人生，我意識到：就算一年不賺錢，只靠獎金維持生活，其實也不要緊。承擔風險，去做一個不是人人都能理解的工作，做一件很多人認為只是志工服務的事，也是沒關係的。我在參賽過程中學會允許自己嘗試和失敗，允許自己不完美。這很重要，因為想要創業，心裡就不能有那些恐懼。我透過這次經驗得到了解放。」

安潔莉娜在二〇一八年七月申請設立青少女培力的非營利組織，隨後著手創建團體。「現在我必須善加研究。培育青少女成為未來的政治領袖，究竟需要怎樣的過程？具體做起來是什麼樣子？還有誰在做類似的事？二〇一八年秋天，我花了很多時間為這些準備工作四處奔走，預計在二〇一九年一月正式成立。我發現研究顯示，學生如果從中學到高中有過競選幹部經驗，成年後參選公職的機率會增加七倍。我做了一項全國調查，分析高中青少女不競選幹部的原因。我發現是有幾個團體鼓勵青少女競選校園幹部，但方法是開辦費用昂貴的研討班，很多女生礙於費用無法報名。所以我的辦法是開設線上學習平台，命名為「競選學校」，平台可以教授方法，培育青少女校園參政的能力。」

二〇二〇年二月，她在加州斯托克頓市試辦競選學校，沒多久，她的女兒蘇菲亞誕生了，但新冠疫情也直撲而來。別家基金會承諾的捐款因疫情耗空。她收到另一個團體的停止暨終止信，警告她選用的團體名稱已有人使用。現在三十一歲的她正處於十字路口，面臨是否要繼續嘗試為青少女人生開路的抉擇。「很可怕。我必須籌募更多資源，但願意捐助性平等的善款真的不多。我也需要賺錢養家。我還需要更改團體名稱。此外，疫情當下也沒有托嬰育兒的人力。只因為你跳入夢想，不代表一切就會稱心如意。但我參加過《我要活下去》，我已經害怕過，也走出舒適圈過了。我學到只要你肯踏出去，一定會發覺自己其實有能力克服那些原本不認為做得到的事，到了要攻克下一座山頭時，你也會更有自信。這個培育青少女成為領袖的非營利團體，形同是我的另一個孩子。疫情正好讓我們的線上教學環境發揮實效，疫情也教會我們辨別哪些做法真的有用。我對它的信心超乎一切。這就是我要走的方向。」

莉蒂亞——為殘疾之人貢獻己力

莉蒂亞・布朗有「人腦 LinkedIn」的封號。他熟知每個人的動向，也知道美國任何地區哪一間餐廳的衣索比亞菜最好吃。「那是我在全世界最愛的食物。假如要我在這個資本體系裡花錢，我一定花在衣索比亞黑人女性經營的事業。」

我和莉蒂亞通電話時，那裡正值晚餐時段，莉蒂亞和室友正在吃飯，一旁不斷傳來他們閒聊莉蒂亞做的菜：番茄鮪魚義大利麵，食譜是他母親教給他的。我自信打字很快，但莉蒂亞的思考速度海放我訪問過的每一個人。也可能是他說的每一件事都令人入迷，讓我一個字都不想錯過。

莉蒂亞二十七歲，東亞裔，是非二元跨性別酷兒，同時患有多重障礙和神經多樣性。他是出生在中國的寶寶，經一對福音派白人夫婦跨種族、跨國領養後，在波士頓地區被撫養長大。莉蒂亞目前已婚，在華盛頓特區近郊有自己的房子。但至少目前疫情期間，他的配偶住在新英格蘭，莉蒂亞則為顧及工作與一名室友同住。

莉蒂亞也是一名律師，為需求經常遭受漠視、嘲笑、踐踏的族群辯護發聲。二〇一五年他從喬治城大學畢業，主修阿拉伯語文學，輔修心理學，「因為我討厭自己，也討厭過得開心。」我聽出他自嘲的語氣，一邊繼續瘋狂打字，一邊不禁莞爾。畢業後，他接著就讀東北大學法學院，他稱那裡是「地獄」，我於是問他當初為何選擇法律。「因為我討厭自己，嫌時間太多。」我繼續追問，這麼討厭何必苦讀這個學位。「因為我怕血，容易反胃。我也可以去唸商學院，但我數學很爛。」我也當過律師，知道人有可能單純被法律吸引，不見得只是因為不能追求別的事才來讀法律。所以我又再追問，終於聽到我希望的答案。

「我在大學畢業前夕意識到這幾年來，我在華盛頓特區的校園內和我的故鄉麻州做了不計其數的殘疾扶助和倡議工作。我想到我可以在我感興趣的學術領域讀到博士，研究伊斯蘭文化，包含我喜歡的南亞蘇菲派音樂和詩歌。或者我也可以習得一套實用工具，對我向來所屬且努力想融入的群體有更多貢獻。我不認為律師或司法體系能拯救世界，因為打造體系的是殖民主義和白人霸權。只是有了律師執照，我就能運用某些策略來協助減少傷害、幫忙鋪路，支持那些正在努力打造理想世界和理想未來的人。我有能力從事法律，有能力獲得這種社會優勢，但這是我所屬族群中很多人礙於殘疾、階級或種族做不到的事。我會去唸法學院，是因為我相信我們每一個人都有道德義務為社會貢獻己力。

這才是我會和莉蒂亞對談的原因。

過去十年來，莉蒂亞的工作聚焦於「針對位處邊緣弱勢殘疾人士的人際暴力及國家暴力問題。特別是生活在殘疾、種族、階級、性別、性向、語言、國族等弱勢交會點的人。這類暴力經常發生於家庭、學校、護理之家、精神病院、長期安養機構、拘留所、監獄，以及警方執法。」明明是在陳述自己為了助人，付出本於哲學、無私、奮發的努力，莉蒂亞在對話中還是說了好幾次「因為我討厭自己」。我指出這件事，莉蒂亞聽了跟我說，在對話中重複同一個玩笑話或挖苦自嘲的評語，是自閉症患者常有的習慣。我停下來做了筆記。但我也對玩笑話底下隱藏的事實很感興趣。「你真的討厭自己嗎？」我問。「我在這世界上具有多重邊緣身分。我從小就被教導，構成我身分的事有很多都是可恥的。身為一個殘疾人士、又是公開的跨性別酷兒，還是有色人種，生存很不容易。我其實不討厭自己，除了憂鬱症嚴重發作的時候，但你知道的……」

這也是我會和莉蒂亞對談的原因。

莉蒂亞很早就覺得對這世界負有使命，年紀之輕令阿姨我深為折服。我的意思是，莉蒂亞在麻州還是個高中生時，就寫下殘障人權法案條例，並且推動立法通過。上了大學，他開始經營部落格 AutisticHoya.com，至今仍是受到很多關注，並獲邀到全國各地對不同團體演講。他也在大學時期成為州內最年輕的州長任命州殘障委員會委員。法學院第一年，他是全國最年輕就獲州長任命的州殘障委員會委員。法學院第二年和第三年，他獲聘為塔夫特大學實驗教育學院未來的兼任教授，開授一門殘疾理論、政策與社會實踐的課程。法學院畢業那年夏天，「比起隔絕人際往來，默默坐下來為律師資格考試K書」像我之前就是，莉蒂亞花了幾個星期，巡迴至阿拉巴馬州、華盛頓州、科羅納多州主持工作坊，與各年齡層的殘疾人士和服務提供者分享討論殘疾正義、交織性（intersectionality）、青年培力等議題。莉蒂亞在馬里蘭州律師資格考試的第二天和最後一天都半途睡著，被監考官叫醒，但最後仍通過了考試。

法學院畢業後，莉蒂亞在華盛頓特區巴茲隆心理健康法中心（Bazelon Center for Mental Health Law）的正義催化基金會（Justice Catalyst Foundation）擔任律師，這是他的第一份給薪工作。莉蒂亞在這裡協助馬里蘭州有學習障礙、發育障礙或心理健康疾患的孩童，他們多數也是非裔或拉丁裔有色人種，殘疾在學校得不到支持援助，甚至面對如退學等不相稱的惡劣處分。巴茲隆中心會接到經家長介紹甚至是學生本人來求援的人。莉蒂亞會予以回應，並盡力提供協助，這本身有時候就是一種奉獻，因為這一類求助在別的地方很多都得不到回應。

「律師很難每一個案子都承接，有時候是因為根本不成案，有時候是因為資源不足，或者不是他們的執業範圍。我所屬的團隊常接到家長的求助電話，陳述哪些問題影響到他們殘障的孩子。我會自願稱接這些案子，與當事學生和他們的家人見面，詢問他們事發經過、希望得到的協助、最後期待的結果。我的上司是教育及殘疾權利律師，我會和我的上司合作，制定策略和行動計劃。我會把計劃拿給學生及家屬看，跟他們說我們能提供哪些協助、哪些我們做不到。很多時候，除了提供法律代表，我更希望給予情感上的支持。這些學生與其家人可能因為種族、階級、殘疾因素，再而三地遭人拒絕。教育者和行政者傾向把殘疾兒童視為負擔，太沉重、太費力了。又或者他們單純不相信你，只想打發你走。不只讓人生氣，也令人氣餒。所以，我也扮演比較像傳統律師的角色，也就是顧問的角色。即使法律立場上我能做的不多，我也希望他們知道，至少有我相信他們。他們至少能感覺到，在他們需要的時刻，有人願意傾聽並幫助他們。」

我問她工作上的收穫。「最重要的是，對很多向我求助的學生來說，我可能是他們至今遇過唯一公開承認自身殘疾的大人，而且還以殘疾為榮，甚至從事大多數殘疾人都被說不可能的職業（法律）。」我問莉蒂亞，她怎麼知道他們的介入對學生有意義。「我希望由與我合作的對方來界定我們的關係和界線。我跟學生聊學校發生的事、聊他們的苦惱，不論跟他們的殘疾或處境是否直接相關，我都會清楚表明，我和他們身在同一邊。我可能會說：『哇，聽起來太糟糕了。你說的這些事，有些我也親身經歷過。』但我不可能有一模一樣的經歷。我是淺膚色的有色人種，遭遇的種族歧視和他們不可能相同。所以我會跟他們說，我用不同方式經歷過類似的事：不被老師相信、不斷受同學霸凌。我甚至曾在高中時代被人指控策劃校園槍擊案。我記得有一名高中生聽我說完，明顯很高興有個大人不只和他們同一陣線，還懷有相同的心情，能和他一起罵：去那些健全的混蛋。這對他們意義重大。」

我請莉蒂亞舉個最好的例子，說明他怎麼服務殘疾學生。「這很難一語道盡。很多人會講成英雄殉道故事。但我並不那樣看待自己，也不想當那樣的人。不少人懷著『提告獲勝、載譽而歸』的心態投入這一行，但我們極度白人至上、殘疾歧視、父權至上的司法體系並不這樣運作。你贏來的遠比不上你輸掉的。但與你共事的每個人都是一個活生生的人。代表及述說他們自身故事的是他們，而不是我。到頭來重要的不是我有沒有贏？而是我對不對得起請我效勞的人？」我問莉蒂亞，人要怎麼知道自己是否對得起別人。「你可以盡力為你所屬的群體和你的同事當責。如果你不是直接受某件事影響的人，你可以盡力為那些受影響的人當責。你可以誠實面對你承擔的風險、坦承那些事令你自在或不自在、你因為哪些個人或結構因素，所以願意或不願意冒某些險。我做的事從來都不是單純的直線，在最廣泛的原則之外也無法普世通用。怎麼做才能趨向正義、表現根本的關愛，是非常看脈絡、看情境、看關係的。我會因為有人緊急聯絡，在清晨五點趕到現場。對方可能在精神病院、在監獄。可能即將要被驅逐，可能正被副警長押送出來。我曾經開車越過州界。兩天連開十八小時的車。」莉蒂亞有些客戶為了捍衛自己對抗霸凌，或因為參與友善的活動，在學校惹上麻煩。「這時到場的多半是我，因為這就是我們應該為彼此做的事。我們應該在場陪伴。」

莉蒂亞在巴茲隆中心的工作持續一年。二〇一九年離職後，莉蒂亞加入喬治城大學法學院內名為科技法與政策研究小組（Institute for Technology Law and Policy）的智庫，與同事共同主持針對殘疾權利和演算法公平正義進行的研究計劃，即自動決策系統如何導致電腦對殘疾人士形成有害影響。二〇二〇年一月，他當上喬治城大學殘疾研究學程的兼任教授。同年三月中旬，智庫的主管找他進辦公室，表示她在華盛頓特區的重要人權機構獲任執行長，希望把整個自動決策系統的研究計劃搬到新機構去。她希望帶著莉蒂亞一起過去。這代表莉蒂亞的工作內容雖然相同，但會換到新的工作環境，認識新的同事。莉蒂亞接受了這個機會。「但決定後才過三天，所有人就被隔離了，所以我情感上還沒時間消化這件事。」

莉蒂亞也是非營利組織「自閉症女性及非二元性別陣線」(Autistic Womena and Nonbinary Network）的政策長、宣傳長兼公關事務長。莉蒂亞也成立「有色人種自閉症患者共依附、生存、培力社區補助基金會」(Fund for Community Reparations for Autistic People of Color's Interdependence, Survival, and Empowerment）並擔任董事，這是一個重新分配的公益互助計劃。基金會成立兩年來，已撥款超過五萬美元，以一百到五百美元不等的小額補助方式資助了數百人。「我們協助人們支付諮商費、房租、購買藝術創作用具、逃離施暴者、繳付電費或托兒費，只要不是非法或暴力的事均可申請補助。」莉蒂亞把她獲美國殘疾人協會（American Association of People with Disabilities）頒發「新興領袖」所得到的七千五百美元獎金挹注到基金裡，往後用於長期支持基金的收入則大多來自小額捐款。莉蒂亞的善舉常受媒體採訪，但他的專業往往得不到適當的指稱。「媒體會寫：『部落客莉蒂亞‧布朗表示……』或介紹我為『知名部落客莉蒂亞‧布朗』。但寫部落格既不是我的職業，也不是我的職稱，更不是我主要做的事。我做的事，由無殘疾的白人男性來做，就會被稱為律師。這種不當指稱是針對種族、性別和殘疾者常出現的代稱。」

莉蒂亞的事業飛黃騰達，他的個人生活也活出理想的樣貌。「我和我的伴侶都是公開的殘疾人士、公開的性別酷兒、公開的跨性別倡議者，也都是律師，十年來都為相同的議題努力，但這些都不是我們認識的原因。他大學時有一個知交好友，是我寫作課程的同學，等於和我們兩人都是好朋友。這個朋友說：『你們都是頭腦很好的超級怪咖，應該互相認識一下。』於是我們見了面，慢慢變成非常親近的朋友，然後愛上了彼此。」

莉蒂亞也有一群交情深厚的朋友，他形容他們是他選擇的家人。「我把他們想成我的親兄弟姊妹和表親，我們像家人一樣，雖然經常住在不同地方，依然能維持感情。他們是我用生命信賴的人。跟撫養我長大的都是我的家人，只是不同而已——沒比較多或比較少，只是不一樣。我們即使幾星期、幾個月沒說話，感情依然深厚，願意立刻趕到彼此身邊。我的朋友彼此大多互不認識，只有少部分認識。他們本身不是一個凝聚的團體。我一直嚮往身在那樣的團體，可惜從沒體驗過。」

既然聊到家人，我覺得可以問問這方面的事了。於是我向莉蒂亞問起他的父母，他們的福音派基督教信仰，會不會讓他們難接受莉蒂亞的身分。「他們是我的原生家庭，是建構我生命的一大部分。我父母隸屬於原教旨主義基督教會，從小教育我成為福音派基督徒。爸爸有南方衛理公會的根源，媽媽信仰羅馬天主教。我一點也不符合他們的期待。他們掙扎了很多年才學會接受我的性向、我的性別、我的伴侶。我今生最驕傲也最快樂的一刻，就是我結婚那一天，爸媽開了九個小時的車來參加婚禮，當我的婚宴招待，還對我敬酒獻上祝福。」

這也是我會找莉蒂亞聊的原因。我覺得與我對談的這個人，如果我們願意暫停片刻，認真聆聽他說的話，或許能為我們所有人打開一扇門，通往更快樂也更公義的未來。

結束對談前，我問莉蒂亞未來有什麼事業目標或使命。「我一直不知道怎麼回答這個問題才好。部分是因為虛無主義和冒牌者症候群心理作祟，我常覺得一切都沒有用、沒意義、不值得，甚至還會覺得別人付錢請我做我這些工作很噁心，因為為公義效力不該是有錢拿才去做的。但活在資本主義社會，要填飽肚子又不能沒有錢。非營利團體的運作，有賴不公義、不平等的存在；假如這世上沒有不公不義的事了，也不必再有非營利團體。沒有大規模監禁，也就不需要公設律師。不再有人挨餓，也就不必有救濟所。這些事只存在於它們為之奮鬥的不公不義之上。所以我不想把我的未來說成「事業」或「工作」，因為我不想被我的勞動或產能定義，也不想定義這是一種使命，因為這些是早應該被根除才對。我想終結白人優越主義和殘障歧視。如果我在群體中發揮小小作用，帶動這件事成真，則我的工作有一天將不必存在，這反而是我最樂見的事。目前我只想貢獻我所能，希望這社會不要敗壞得太厲害。」

漢娜——施比受更有福

漢娜二十八歲，是上層中產階級白人女性，畢業於紐約大學，自選課程雙主修影視和財經，現於美國職籃的全球夥伴關係部門工作。十多年前，她十四歲時，漢娜說服爸媽賣掉他們家亞特蘭大的房子，將收益捐給需要的人。我用電話聯絡上她，想了解這個決定的動機為何、有何結果，她學到哪些也許對他人有幫助的教訓。

漢娜從小在亞特蘭大長大，家中有爸爸媽媽和弟弟。她母親是顧問公司埃森哲（Accenture）的合夥人，閒暇時間在美國大哥大姊會（Big Brothers/ Big Sisters）當輔導老師，後來更與人合作創辦亞特蘭大的一間頂尖女子私立學校並兼任教師。漢娜的父親是《華爾街日報》記者、美國奧委會顧問，也在國際仁人家園（Habitat for Humanity）當志工。從漢娜有記憶以來，她們家就過著很優渥的上層中產階級生活。漢娜的母親也和鄰里間多數婦女不同，會出門工作。漢娜七歲時，全家人搬進鄰街的一棟大房子，那是她母親中意多年的房子——歷史悠久的三層樓老屋，坪數約一百六十八坪，有五間臥房、八個壁爐、全套爐具廚房，跟一部室內電梯。這是她母親努力掙來的夢想家園。

漢娜十四歲的某一天，她去朋友家過夜隔天，她爸爸開車接她回家，路上遇見的事將改變一家人的生活。「我們快到家前，在一個熟悉的路口等紅綠燈，我往左邊看出去，看到在亞特蘭大很尋常的景象，有個男人舉著一塊牌子，上面寫著：挨餓無家，請幫幫我。就在我看著他的時候，一輛漂亮的黑色賓士車停到了我的右側。我忽然感到驚惶，好像一次被很多東西打到。我指著賓士車說：『爸，如果這個人不開漂亮名車。』再指著那個無家遊民：『那個人就有飯吃了。』我爸聽了說：『如果我們不開名車，那個人就有飯吃了。』那天晚上，我在晚餐桌上說：我很希望我們家不是只會說空話，也會實際做事。媽媽向我解釋，我們每年耶誕節都會捐出大筆善款，她也提醒我，我在食物銀行當志工，爸爸也是國際仁人家園的亞特蘭大分會的董事。我說這樣不夠，媽媽說所以你想怎麼做，把我們家賣掉嗎？我說對。我爸和弟弟聽了只差沒昏倒。」

漢娜對收入不平等的感受，可以追溯到她小時候，跟著爸爸走訪國際仁人家園慈善住屋的印象。每當有住屋落成，準備交給屋主時，漢娜的父親通常會出席交屋典禮，漢娜和弟弟還小的時候，經常跟著一起去。「我從小常跟著爸爸去這些國際仁人家園的住屋，我們會和屋主的小孩一起玩。我記得有一次，我八歲，弟弟六歲，我爸將東亞特蘭特大一間住屋交給一名母親。他和這位母親很熟絡，所以在會場感動泛淚。但我們小孩子其實不太在乎交屋典禮。那裡的對街有一個籃球框，我和弟弟跟那個母親的孩子一起玩。他們也和我們一樣是一男一女。我們就像全天下的孩子一樣，跑跑跳跳打鬧投籃。我記得回家路上在車上，老爸問我們和小朋友玩得開心嗎。我們說很開心，很好玩。他說：『那很好，今天的屋主是個單親媽媽，獨力扶養兩個小孩。他們的成長背景和你們很不一樣。』但我們和他們玩得很愉快，彷彿成長背景沒有隔閡。那是一次深刻的經驗，在我們心中種下人人平等的觀念。或許這也是我逐漸看到社會的不公義之後，會這麼氣憤的原因。回想當時，我不記得我心裡想過他們是黑人，我是白人。我只記得我心想，他們的成長『和我不一樣』。當時的我認為，這個不同指的是錢。」

我能想像很多孩子會在餐桌上提出天馬行空的點子。但不知何故，當漢娜說要賣掉房子，把收益捐給需要的人，她的父母很認真看待十四歲女兒的提議。漢娜向我形容，她們家當時「每個房間都有水晶吊燈，很多空間用不到，甚至有一整層樓我們根本沒用過」。所以我或許能合理推測，漢娜的爸媽大概心裡也感覺到目前的生活有點過度，他們真心希望做點什麼。請容阿姨把時間快轉，直接告訴你，他們的慷慨善舉不但幫助了人，而且幫助到數千人。漢娜和父母也大有成長。

但針對這段故事，我會再多說一點，因為討論到「帶來改善」的時候，我想最有意思的是「誰獲得改善？」和「怎樣叫改善？」以及「這是誰說了算的？」

賣掉原來的房子，在同一個街區另外買一間比較小也比較便宜的房子，對漢娜一家來說也相對輕鬆多了。他們把房子掛上房市待售，在幾條街外購置新屋（能同時擁有兩棟房子，更進一步顯現這家人的財力優勢）。他們賺入八十萬美元淨利，往後幾個月每到星期天，漢娜、弟弟和爸媽都在討論該把錢捐到哪裡。「我們希望仔細思量。我們討論過世界的重大問題。哪個對你來說更重要，是氣候變遷，還是美國的無家遊民？我們會傾聽彼此的看法，全部在白板上寫下來。經過多次這樣的商討後，我們逐漸把範圍縮小到希望有助於根除飢餓和貧窮。我們都有共識，我們希望確保這筆錢能帶來長遠的幫助。所以我們決定把目標放在美國之外，原因有很多，但最主要是因為其他地方的社會安全網更少。於是問題接著變成，你最關心世界上哪個區域？你關心亞洲，還是非洲？漢娜形容她在過程中的角色是「念頭荒誕的大夢想家」，十二歲的弟弟喬伊則是「反覆追問為什麼要這樣做的懷疑論者」。喬伊的這個角色很重要，因為有他，他們必須牢記、修正、捍衛自己做的事。「他讓我們不斷反省。他會反擊我說的話。他會問：為什麼非得要是我們的房子不可？為什麼不能是其他東西？喬伊滿十三歲以後，還拍了一支影片，在裡頭嘲諷地說：我姊有一天忽然對飢餓義憤填膺，所以我們現在只好賣掉房子。」

漢娜一家最後決定把錢捐給紐約一個非營利團體，名為飢餓計劃（Hungry Project），組織使命是「永續終結世界上的飢餓」。八十萬美元的捐款，可以贊助飢餓計劃在非洲迦納的兩個「熱點」。所謂熱點，其實是社區培力中心，可以幫助數十個村莊的上千民眾取用重要的社區資源，如醫療診所、銀行、糧食賑濟所等等。熱點由社區委員會主持，成員至少半數必須是女性。飢餓計劃希望社區依照「熱點」模式運作最多八年後，能養成「永續自給自足」。由地方自行主持熱點的概念很吸引漢娜。「我不希望給的東西是他們用不到的。很多報導寫過，西方人跑到非洲去造井，後來井壞了就沒人用了，或者當地人一開始就沒在用。我們希望我們做的事，真的是這些社區想要的也在乎的，而不是讓他們覺得白人多管閒事，跑來說他們需要這個那個。所以我才喜歡飢餓計劃。他們的目標是從內部育成社區的能力，讓他們學習靠自己的力量打造更好的生活環境。」漢娜一家人資助的兩個熱點，後來有一個特別成功，因為當地民眾響應熱烈。另一個還需要多一點協助，但絕對已經踏上了軌道。

漢娜一家人很快就適應了比較小的新家，新家坪數雖然只有原本的一半，但空間仍綽綽有餘，而且房價還不到一百萬美元。漢娜依然讀同一所學校，與同一群朋友來往，她很少主動提起他們家做的事。從很多方面來說，她雖然是這個重大決定的催化劑，但她的生活並沒有太大變化。但不久後，一家人開始受到一些不請自來的關注。「我沒有跟朋友說這件事，但我知道他們私下都在議論。我知道周圍的人都在議論。我還記得有個朋友告訴我，學生交誼廳有一天在討論這件事。有人說他們不喜歡我到處叫人捐錢。但我們從來就沒叫人捐錢。我後來心想，大概就是因為我不談這件事，所以也管不了流傳的說法。大家會編造自己的一套故事。」

相反的，她的父母則覺得有必要主動向親友同事解釋來龍去脈。「批評的人滿多的，我記得媽媽說她因此失去一個朋友。賣掉昂貴的住屋，把半數收益捐給慈善團體，這突顯了彼此條件的差異，讓我媽媽的朋友感覺不自在。她朋友說：我的現實並不允許我這麼做。我們跟全家最好的朋友說要搬家，他們表示很難過我們要搬遠，但明明才相隔三條街而已。總之有很多奇怪的反應。

大家不知道該怎麼接受這件事。他們覺得很不舒坦。」

就連陌生人也有很多意見。漢娜和她爸爸將這段經驗寫成書，書名叫《對半的力量》（*The Power of Half*）。出書後，除了《今日秀》（Today Show）邀請他們上節目，《紐約時報》有專文評論，其他很多報章雜質也有報導。這家人的奉獻在某些地方獲得讚譽，但有時也飽受批評。漢娜因為是發想者，所以也常被當作攻擊的靶心。

「對，我們付出了代價。《今日秀》的訪談片段後來放上了YouTube。底下有些留言罵得很難聽。有人希望我被強暴殺死。我媽媽看了很沮喪，怎麼有人只看了一支訪談影片，就這樣詛咒她女兒。負面評論非常多，尤其在我們出書以後。很多人說我們的方式錯了。說我們這樣就像在鼓勵別人也把房子賣掉。我們的做法看來真的惹惱很多人。這是我們必須應付的事。很多人是真的受到啟發，但也很多人大酸特酸。」

「我對那本書的架構深懷罪惡感。每章末尾都是『漢娜的看法』，這個部分列出一些可行項目，鼓勵人在生活中實踐書中的理念。很多人因此產生誤會，認為我們用貢獻世界的名目，鼓勵別人做一些魯莽的舉動。但我其實希望大家自己得出貢獻世界的結論，而且首先要他們願意才行。我從來就不希望誰覺得我在呼籲他們放棄財產。我後來背上一種名聲，好像我不希望別人擁有好東西，好像大家都應該為飢餓忿忿不平、耿耿於懷，做出犧牲，把所有財物都捐出去。但我們只是在分享我們的故事。書中最後呼籲讀者『響應行動』，我現在覺得不太好，我們應該單純敘述故事就好。這樣子大家看了，反而比較會反思自己的生活，自己決定他們想怎麼做。這是我現在的想法。如果我們家賣掉房子啟發你省視自己的生活並做出改變，那很好。但如果沒有，也絕對沒關係。書裡寫的只是我們的抉擇、對我們一家人的影響，其他和誰都無關。我最在意的是，我不希望有誰認為我對他們的生活方式抱持成見，因為我其實沒有。」

我問漢娜現在長大以後，對飢餓和貧窮問題有什麼想法。「我還是會為同樣的事義憤填膺。但我長大了不少。十四歲的我以為自己可以救助飢餓。現在我二十八歲了，我覺得自己能做的沒有想像中多，一個十四歲青少女賣掉家裡的房子，其實解決不了問題。我現在明白，投票選出對的執政者更重要。這是十四歲的我沒想過的事。我現在盡量不再做那麼高調的表態。我把目標放在個人能做的小事上面。」貢獻擁有的一半，現在變成他們家的衡量標準。「貢獻一半看電視的時間，貢獻一半每週花在用餐上的錢。我現在仍盡量照這樣去做，人一輩子可能只賣得了一次房子，所以我現在改成每年捐出一半衣服。」工作上漢娜也參與了ＮＢＡ關懷計劃（NBA Cares），每月輔導一次雙語家庭的孩童。漢娜持續在尋找貢獻社會的方法。

我有點訝異漢娜的家人當初願意從嘴上說說，進展到實際去做。我沒有一百多坪的大豪宅，但我住的確實是國內相對昂貴的地段，假如我把房子賣掉，用這筆收益能做非常多事。我也很關心收入不平等，所以我為什麼不學漢娜和他們家呢？要有什麼條件，我才肯實際行動？

我不禁想到二〇一九年夏天，阿姨遠征德州克林特的旅程（我在本章開頭提過這件事）。整整一年間，每次讀到移民孩童被迫與父母分離，囚禁在克林特骯髒卑劣的環境裡，我就會心煩意亂。我一方面驕傲自己發了一年的牢騷後，最終拋下一切，開車南下德州，在烈日下舉牌抗議了五天，為這件事爭取關注。我們的確獲得不少媒體關注，讓燃起的火苗燒得更旺。在那一週尾聲，甚至有國家級的政治人物飛來參與示威並上台演講。撇除我們的棉薄之力不說，我沒有為我們走訪的當地社區做任何準備，也沒有為自己和隨機加入我們的熱心群眾做好準備，與政治領袖或克林特和艾爾帕索當地民眾建立有意義的交流。我們開了十七個小時的車，騷動抗議了五天，然後就回家了。我們的努力沒有長遠的作用。除了交到一些新朋友以外，我們在艾爾帕索留下的影響就像夏夜塵埃被風一吹就散，留給我無限感傷和懊悔，也迫使我捫心自問：**我做這件事到底是為了誰？我改善了誰的生活？**也許對那些孩子是有些微小的幫助，但我做這件事，會不會只是為了我自己——讓我覺得自己有為移民孩童做事，雖然長遠來看，做得其實不多。

設法貢獻社會的時候，我們需要拿出勇氣，問自己嚴格的問題。假如我們所做的事，最後其實只關乎我們自己，假如我們不但沒助人，反而還傷了人，這絕對是有問題的。但這些事很少有清晰透徹的答案。漢娜和她的家人透過捐助飢餓計劃，肯定為數千迦納民眾的生活帶來長遠有益的影響。德州行帶給我的教訓也讓我知道，這個經驗本身肯定也改變了漢娜一家人。改變自己可能不是你的原意，但無論如何都是一個重要且有效成立的獎勵。阿姨在本章開頭引用過葛文德醫師在《凝視死亡》書中的說法，現在我要再引用一次：關注自身以外的動機，能為人生帶來意義。

所以與漢娜的對話尾聲，我切入問她和家人在這整件事之後，有沒有什麼改變。聽到的回答讓我很高興。「對我來說，這絕對是最重要的一環。我們原本是很有距離的一家人。但一起做這件事，讓我們深刻認識彼此。我非常慶幸我們做的這件事，能為迦納村莊帶來影響。但我也連帶了解了我的家人，認識了他們的價值觀。我們開始有以前沒有過的深度對話，這徹底改變了我們。我們同在一艘船上。我爸媽說：這個家的每個人都有平等的一票，可以決定這筆錢該怎麼用。不必顧慮上下關係。後來這也融入我們之間的日常決定，讓我明白我的爸媽其實是在培力我們。我發覺自己各方面都更願意對家人開誠布公，因為他們對我有了不同程度的理解。交友的煩惱。青少年時期的種種難題。我不再是忿忿不平的青少年，躲在房間不肯出來。我覺得我可以敞開心房。我開始信任他們。我們對彼此多了不同程度的認識。我永遠為此感激。」

家中所有關係變化之中，漢娜和媽媽的關係可能改善最大。「媽媽和我以前關係十分緊繃。她作為母親，不得不站上一個有趣的位置，因為我十歲的時候，她剛當上埃森哲的合夥人，對事業非常投入。我記得她跟我說，她是街坊鄰居間唯一出外工作的媽媽。她的大學同窗告訴我們，媽媽以前活潑外向又風趣，派對絕對少不了她。但我的感受不是這樣。我眼中的媽媽很固執、挑剔細節，而且嚴格遵守規定，我好像滿足不了她對我的期待，因為我比較叛逆、不拘小節、不喜歡守規矩。我爸也是不拘小節、輕鬆隨和的人，有小學生的幽默感，我猜這讓媽媽更覺得自己必須扮黑臉。所以我們的關係很緊繃。我非常叛逆。現在想到她居然得容忍那樣的我，我覺得很過意不去。賣掉房子捐出收入的決定，打破了我們之間的高牆。我開始了解媽媽這個人，而不只是她為了保護我們一家人所樹立的形象。對，我和媽媽的關係改變最多。我認識了她的不同面相。我們從此能互相敞開心胸，不再覺得關係緊繃，不再只限於我做不好，而她必須處罰我。」

我對這位母親很有共鳴。某方面我也擔心自己是這樣的媽媽。雖然我家的氣氛和家人的個性跟漢娜家不同，但我也和漢娜媽媽一樣，一面努力扮演成功的職業婦女，一方面又希望看見孩子的個性。有時因為焦慮，就會想要控制，或者過度敏感，所以動輒得咎。相較之下，丹恩脾氣溫和好相處。我羨慕丹恩和兒女關係好像總是比較融洽。我正在努力療癒自己心中的舊傷，希望把比較健康的心態帶進與家人的關係裡。

所以我格外替漢娜媽媽和漢娜感到開心，她們找到方法改善彼此的關係。他們賣掉的房子是漢娜媽媽夢想的家，我能想像那是多少年的辛苦犧牲打拚、多少不在家的時間所換來的。但她放棄了這棟房子，因為她十四歲的女兒有很重要的想法值得傾聽。與漢娜結束通話的幾個小時候，我正準備把她的話寫進書裡，忽然覺得，我有必要再傳個簡訊給她，我們來回的訊息如下——

我：你和你媽媽聊過彼此關係改善了這件事嗎？或者只是你們心照不宣，又或甚至不是你們之間清楚的共識，只是你心中確信無疑？

漢娜：我們聊過很多次，尤其是這兩年。我現在了解到整個計劃過程中，我對媽媽最主要的情緒是崇拜。她認真聽我說話，每星期天主持我們的家庭會議，最後更協助我們達成共識，確定飢餓計劃是理想選擇，我沒有忘記她當時的樣子。她聆聽我的意見，而且與我搭檔說服弟弟和老爸。我真的很敬佩這點。

我：天啊，我都快落淚了。我在我家，某方面來說也是這樣的媽媽。

漢娜：我想到也很激動！

我：她會賣掉房子，是希望親近你呀，孩子。

漢娜：是的，沒錯。

【重點整理】

只要願意嘗試，你也能造就改變

我們的社會與地球面臨這麼多危難。你在一個稀缺且動盪的時代步入成年。但你身上也有那麼多才能。不要為你做不到的事卻步。**想想你能做的事，有什麼是特別適合你去做的**。動手去做吧。不論你是誰，不管你來自哪裡，有三件能幫助你成功的事，是你隨時能利用的。你永遠可以繫上披風，化身超人。我們下一章要探討的，就是人所身具的魔力。

第十二章　解放你的超能力

我們無不只是陪伴彼此，走一段路回家。

——拉姆・達斯，《活在當下》

拉姆・達斯（Ram Dass），本名理查・艾普特（Richard Alpert），九十年前在經濟大蕭條期間誕生於世。父母在波士頓地區撫養他長大，他上當地最好的學校，大學則就讀塔夫茲大學。他在校受心理學研究吸引，之後在衛斯理大學取得心理學碩士，在史丹佛大學取得博士學位，博士論文探討「成就焦慮」。他當上哈佛大學教授，在他的研究領域出類拔萃。一九六〇年代初，他對個人能透過迷幻藥拓展心靈體驗產生興趣。他與好友兼同事提摩西・李瑞（Timothy Leary）對此進行了一系列研究計劃。但在研究曝光後不久，兩人雙雙都遭哈佛大學解雇。艾普特認為人不只能透過迷幻藥，經由精神修行和更大覺察也能抵達更高意識，這方面的探索指引他去到印度，就在我出生那一年，一九六七年，他在印度改名為拉姆・達斯。

這一章無關藥物、上帝或神祕主義。但開頭引用的那句話——我們無不只是陪伴彼此，走一段路回家——可說是關於人存在的意義，我最喜歡的解釋。這幾個字在我腦中共鳴不已，像一個我曾經熟練但已經不會說的語言。之所以要引用這個我覺得很迷人的概念，也是因為我認為可以與你分享，說出這句話的人，也曾經有一陣子深入研究迷幻藥。

這一章想講的是你身上蘊藏的無敵超能力：正念、善良和感恩。這個超能力，不會因為你的學位文憑、社經地位、性取向、種族膚色、宗教信仰、年齡性別、能力高低、神經狀態、感情狀態、工作、血統或從小受的教養增強或減少。這三種力量分別都有一個能隨時開啟的開關（我沒騙你，阿姨從不騙你）。召喚任一種力量出來，你立刻就能改變自己當下的經驗，以及周圍其他人的經驗。你要做的就只有決定你想使用它們，就這麼簡單。就像那一天，克拉克・肯特說出：「嘿，我有這一件披風，或許我該穿穿看。」你愈常使用每一種力量，並且在使用時保持覺察，每一種力量也會變得愈強。為了助其成真，阿姨將會再三建議你練習把事情寫下來。全部內容應該記錄在同一個空間，可以是日記，也可以是電子文件檔，隨你決定。阿姨會把這個空間稱為「你的日記」。等這些力量你用得熟練了，你的生活會變成你最喜歡、最動聽的播放清單循環播放，你最愛的人也與你一起合奏。我們這就開始吧！

我在二〇〇七年初次接觸到正念，當時我和幾個史丹佛的同事處得不太好。我幾乎是被迫找上一位主管教練，她的工作是協助我了解我和他人的相處方式。就是這位主管教練，瑪麗蓮・梅爾斯（Maryellen Meyers），傳授我正念的觀念。練習過程一開始笨拙又奇怪——我等等會向你說明，但幾年下來愈來愈容易，到了十四年後的現在，正念對我已經像呼吸一樣自然。

正念是一個專心留意身體與思緒變化的過程。這個觀念可追溯到很久以前，但在二十一世紀，主要是透過喬・卡巴金（Jon Kabat-Zinn）的著作廣為美國人所知。喬・卡巴金在麻州大學任職教授多年，現已退休。我想先澄清，正念不是只關心自己。剛好相反，正念其實是深刻認識每一刻的自己，進而讓你可以放下自己，專注於你周圍發生的事。

維持正念，感覺就像賦予精神，或靈魂，或至深處的永恆，或恆久不移的自我（這些對我來說都是可互換的概念）說話的能力，告訴我此刻當下我發生了什麼事。協助我釐清該怎麼說、該怎麼做才與我的價值觀一致，才不會生氣發飆、傷害他人。正念幫助我端正行為，表現出我所選擇的舉止態度，而不會衝動行事，甚至做出魯莽的舉動，否則到頭來我還是得回頭道歉。

聽起來很不錯吧？

正念維繫指南

首先向我優秀的教練瑪麗蓮・梅爾斯致敬，她介紹我認識正念的概念，讓我在職場上、在生活中，甚至僅僅只是當個人（如我先前所說，如果正念的概念是真的，這個人一定也是我臨終時腦中所想的人），都能發揮更大的作用。以下是我對正念原理的看法。這些只是我的詮釋，只是依據我向他人學到的事，簡單看看我怎麼實踐而已。（想真正開始練習，我鼓勵你閱讀卡巴金和其他作者的書，有一些列在附錄的參考資源裡）。請切記，阿姨也練習了很多年，才能做到不必特意去想，就能如同直覺一般維持正念。所以不要預期可以速成。但這是通往正念的路線圖。希望足以激起你的好奇，開始練習解放這個超能力。

一、**靜下來**。除非你已經非常熟練，對正念幾乎習以為常，不然周圍如果一堆噪音，你是不可能進入正念狀態的。所以，找一個能舒服地坐下來或躺下來幾分鐘不會分心的地方吧。這整個過程和你的思緒有關，如果心思被其他雜念占據，你的思緒很難獲得必要的關注。聽起來很玄吧？

二、**留意你的念頭**。浮現在你腦海的不是胡亂飄的垃圾，那些是實際存在於你思緒中的念頭。就定義來說，對你有意義。留意這些浮現的主題。察覺它們，對自己說：「我現在正在想X；我正在擔心Y；我感受到Z。」練習察覺念頭時，別忘了要寬待自己。你正在好奇你自己，你與自己在同一陣線。所以不要批判自己的念頭。單純察覺它、指出它就好，你會發現念頭自然會消下來。（如果不太容易消下來，你可以對自己說：好的，好的，我聽到了。這是很重大的煩惱。）察覺念頭的過程相當於向你的心靈保證，說你知道有這麼一件事。（是的，你可能覺得很像冥想，這兩個概念的確有關係，甚至有所謂「正念冥想」這回事。兩者最大的差別在於，冥想的目的是清空思緒，讓所有念頭靜下來，正念卻是要你察覺念頭、好奇追究自己的想法。冥想和正念都能使心思專注集中，只是最後有不同的效果。）

三、**盤點你的身體**。讓思緒慢慢通過身體的每個部位。讓這個承載你經歷生命的實體，也就是你的身體的各個部位，有被看見的感覺。有沒有哪裡疼痛不適，或感覺欠缺或冗贅？察覺，承認，但不要評斷。這具身體就是你。注意你的身體的不同部位，察覺你對身體的感受，這樣練習久了培養出更深的自愛，雖然有點離題，但值得一提，這是正念練習的額外紅利。

四、**記錄下來**。你當然不可能在練習當下做紀錄。每次正念可能會用上幾分鐘，練習過後，拿出你的日記，把念頭記錄下來。持續記錄你對思緒和身體的感知，久而久之，你就會擁有一份紀錄，記著你有過的想法和讓你感覺不適的人事物，這反過來又能深化你的練習。

五、每天練習以上步驟。養成習慣要花幾個星期（而且我們說的還只是習慣，如果要養成正念直覺，就像阿姨先前說的，我自己就花了好幾年。）所以持之以恆吧。讓你在練習中進入的境界，成為你日常規律的一部分，不再需要逼自己去做。更棒的是，你會樂在其中的。

六、實際上路。在你確定自己了解正念是什麼，也私底下練習過幾次以後，你就能更進一步，在現實場合中實踐正念。可以是在有室友或家人的家裡，可以是職場或學校，也可以是各種與陌生人互動的未知情境。在這些與他人和世界互動的場合裡，練習察覺腦中思緒和身體的變化。沒把握？別擔心，多試幾次，效果會令你驚喜！

七、留意自身的變化。你可能身在任何情境，周圍有人在說話，有事情在發生：開會時、超市裡、跟朋友說話的時候、開車通過十字路口、參加讀書會、在健身房運動。有時大腦還來不及做出解讀，用語言描述發生的事，你的身體已經先發送訊號給你了。你可能覺得口乾舌燥。可能掌心冒汗。可能提高或降低了音調。可能胸口煩悶、膝蓋發軟，或者不自覺用牙齒咬著腮幫肉。手可能扯著頭髮。心臟可能撲通狂跳。可能忽然有點方向錯亂，甚至頭昏眼花。也可能覺得想發脾氣。這些其實都是身體設法告訴你，眼前發生的事超乎了預期。身體告訴你，你很害怕、憤怒或羞恥。（正念練習也會幫助你察覺正向的感受，例如你可能無比興奮、活力充沛、心情愉悅，這些都很好。我在這裡只是著重於比較負面的情緒，希望能幫助你提升對負面情緒的控制。）盡量察覺所有變化。對自己說：啊哈，我現在聲音真的好低（或任何你身體產生的變化）。

八、找出觸發變化的導火線，以及引燃導火線的感受。問問自己，就在你的身體做出反應的前一刻，是不是有誰說了什麼、你看見什麼，或者發生了什麼？你要找的是觸發身體反應的原因。心靈會用記憶和語言告訴你答案。得知資訊以後（例如，我看到 X 發生；那個人說了或做了 Y），再接著問自己，我對此有什麼感受，為什麼這會令我在意？假如當下條件許可，快速記下你察覺的事、你認為觸發的原因是什麼、你覺得這為什麼會影響你。為自己簡單做個速記就行，之後再詳細記錄到你的日記裡。你是一個複雜的人。你擁有成千上萬的經驗，有些讓你放鬆、滿足、平靜，有些令你害怕、憤怒或羞愧。你在人生中學到如何對應這些事。透過正念練習，你重新學習拆開這些包袱、了解它的成因，往後你會更能控制自己的反應。

九、從反射動作進化到選擇反應。隨著練習，你會進入新的境界，觸發情緒的導火線依舊會發生，但情緒不會再是你的第一反應。你開始會說：對，我現在覺得很有戒心，因為他們的話聽起來像在質疑我的智商。或是：好吧，我對這件事有很多看法，不管現在說話的是誰，我真的有必要跳出來說幾句。只是稍微放慢片刻，你對自己接下來的反應就多了控制。少了正念，你的反應容易淪為反射。遇到好事，你可能會插嘴，搶走話語權、不聽他人的意見，任由你的過度熱心牽著你的鼻子走。遇到壞事，你就大吼大叫、酸言酸語、轉身走人、無限上綱自己的推論，甚至出拳揍人。有了正念後，你會問自己：這件事我想反應嗎？怎麼樣反應才好？我的反應是動作還是言詞？或者不予反應，就是我現在想做的舉動？

十、練習，練習，再練習。練習久了，你會愈來愈習慣讓正念在背景執行，就像開著沒關的網頁視窗一樣。你成為自己的搜尋引擎。你會習慣與自己互動，輸入「我現在發生了什麼事？」，搜尋結果接著便跳出來。等你發現正念的樂趣，不必再「逼自己」去做以後，你會經常有意識地向它求助，幫助自己了解當下周圍的情況，或評估自己最適當的反應。再過一陣子，你甚至不必再想著要做這件事。正念會從「我應該」慢慢變成「我是這樣」，甚至「這就是我」。你現在讀到這裡，可能還需要鼓起信心嘗試，因為你尚未走到那一步。但別怕，就去做吧，會值得的。正念，也就是覺察你的心，是能常伴你左右的工具。愈常使用它，它也會成為你的最強項。遲早有一天，你一個動念就能將它召喚出來，就像雷神索爾和他的戰鎚一樣。

要描述善良，很難不用到「善」這個字。（「做善事、善待他人」——這種定義沒有多少幫助！）到底什麼是善良？善待人、做善事是什麼意思？信不信由你，曾有人嘗試用色情做類比來定義善良——別急，聽我說下去。這是一九六四年，發生於美國最高法院的事。審理賈科貝里斯訴俄亥俄州（Jacobellis v. Ohio）一案的法官，必須裁定交給他們審閱的一部色情電影，是憲法《第一修正案》保障的「自由言論」，還是應接受審查的「淫穢猥褻」。法官波特・史都華（Potter Stewart說：「今日我不會嘗試進一步定義在我的認知中有哪些材料包含在（硬核色情）這個簡略的描述裡，而且我可能也永遠無法清楚明晰地做到這件事。但**我看到就知道是不是**，而本案所訴的這部電影並不是。」

我認為善良也一樣，看到了就知道是不是。所以我們會舉實例來看。（注意，阿姨本章會著重在你現在就能為周遭另一個人做的善事。你也能做規模更大的善事，例如做志工或捐獻，但本章重點放在使用「善良」這項超能力，解放你作為一個人能為另一個人做的事。）但在我們探討例子前，先來說說善良為何重要？

教宗方濟各說，人的生命依賴互助，幾乎可以說，人生而在世的目的就是要為彼此存在：「河流不飲自己的水，樹木不食自己的果實；太陽照耀不了自己，花也不為自己散播芬芳。為他人存在是自然的法則。吾等生來無非是為了互相幫助。無論有多困難……人生在你快樂的時候美好，在他人因你而快樂的時候更加美好。」

距離太陽的第三顆行星上，住著七十億個人，生活每天不乏坎坷困頓。有肩頭的重擔，有心上的傷口，有各種待滿足的需求，更有許多只想令人嘆氣問為什麼的瑣碎小事。這種時候如果得到他人幫助，甚至被有靈性的動物安慰，那份善意不只能實際減輕重擔，也能令我們受到鼓舞。我們會想：哇，我受到友善對待，這表示世界還是好的，知道了這件事，我又有勇氣繼續前進。魔法會在這時發揮作用；當我們受到善待，我們也比較願意善待他人。更美妙的魔法也會接著發生：看到我們善待他人的某個人，也會更願意善待別人。這一切當中最奧妙的奇蹟是，**善待他人甚至能讓你自己的心情變好。善待他人能振奮你的精神，將你拉出憂傷的狀態**。善良真的是一帖魔法靈藥。

混沌理論說，即使是蝴蝶拍動翅膀這般微小的事，也可能在幾星期後，在遙遠的地方引起龍捲風。「蝴蝶效應」也適用於善良。在我打下這段字的同時，俄勒岡州波特蘭市一位叫阿南的陌生人，剛又寄了張明信片給我。明信片寄到我的郵政信箱，那是我對外公開的地址，所以不至於讓人覺得恐怖。這是我收到的第六張明信片，手寫的字體大而圓滑。對方會寫信來好像是因為關心我。第二章明信片的正面有兩隻飛行的大黃蜂，另一面寫著：「祝福你於所在的地方——寫作順利，喜悅隨行，對自己的文字百讀不膩。真摯的，阿南。」這樣的祝福全來自一個陌生人！

阿南的明信片讓我覺得受到在乎，也讓我不禁自問：**我上一次善待他人是什麼時候？**我決定回信給阿南。我找到一張正面印著「給帶來快樂的你」的小卡片，然後在內頁寫上：「只想告訴你，你的明信片收到了，讓我很開心。謝謝你惦記著我。萬分感謝！茱莉。」我沒忘記，阿南的明信片上不只畫著忙碌的黃蜂，飛行中的黃蜂還振著翅膀！蝴蝶效應！

主動的善良

丹恩有一天在臉書上貼出一個問題：你會怎麼用一個單字形容我？（真勇敢！）沒多久，他這一生各個時期認識的朋友的留言就如潮水般湧入，最多人用的單字就是「善良」。且容我說說，善良是怎麼體現在外子丹恩身上的吧。四月底一個星期六早上，疫情流行了約一個半月。我們還沒起床，但我已經醒來好一陣子，伸長了手臂到床邊桌上，用手機處理各種工作雜物。丹恩大概感覺到我的壓力逐漸累積，他滾過來，用臉貼著我的背，問我說：「我能做什麼，讓你今天好過一些嗎？」聽到這句話，真的讓我想坐時光機回到過去，跟二十歲的自己說：不用懷疑，就是他沒錯。

後來幾個月，我與好幾個校園團體開了線上座談會，疫情延燒擴散，很多家長渴盼指引。我心想，我能給予什麼指引呢？我是說，我也一樣身處於疫情當中呀。但這些人曾在不同時空環境下邀請我演講教養或種族問題，現在他們再度求助於我，我希望盡可能幫上忙。我必須運用智慧想出一些對策才行。我列出一份清單，叫作「居家隔離不發瘋十步驟」，在我建議維持理智的方法中，我提到丹恩那天早上起床前的舉動。我講了三十五到四十分鐘後，主持人問了我在演講當下也想到的問題。第一個問題是：我該怎麼找到我的丹恩？顯然很多人都問過這個問題。

但更好的問法會是：我該怎麼才能像丹恩一樣？這才是本章的重點。

善良並不難。只要你有心去做。只要有心，你會發覺隨時隨地都有行善的機會。（當然，你隨時都可以捐獻或做義工，但阿姨前面說過，我在這裡著重的是個人對個人的善意。）你可以主動表現善意：在家裡、走在街上、在商店、在學校、工作時、開車時。愈常這麼做，你會愈自然，心情也會因而更愉快。善良的習慣會像肌肉一樣在你身上慢慢增長。想像你是一隻蝴蝶拍動了善意的翅膀，為全世界掀起能深刻改變人生的善良龍捲風。以下這些建議都本於我在生活中看見或實際會做的事。**要記得，無論是所愛之人、點頭之交，或陌生人，善良對誰都有用（但我們往往最難對親近的人表現善意，還請格外留意這點）。**

一、**問你的伴侶、朋友或同事：「我能做什麼，讓你今天好過一些？」**換句話說，效法丹恩。問這個問題，然後在合理範圍內，願意去照對方說的事（這是關鍵）。他們可能會提出「讓全世界變好」之類攸關存在的要求，這時候別被嚇倒，你可以追問說：「只論今天，我可以做什麼，讓你的世界變好？」有時光是有人願意問，對方就欣喜若狂了。我們第九章討論過珍・麥高尼格的書《超級好！用遊戲打倒生命裡的壞東西》。書中她寫到研究指出，問人：「評分一到十，你今天的心情幾分？」可以大幅提振對方的心情。然後不管對方回答幾分（假設X分），接著再問：「有沒有我能做的事，讓你的心情從X分升高到X＋1分？」透過表現善意，我們有莫大的力量能幫助其他人類同胞。一次也好，試試看吧。

二、**問候新人。**不論在社區大樓、遛狗公園、辦公室、工作現場，或在支援團體裡，經常會有新來乍到的人，默默希望有善心的人注意到他們，對他們的來到表示歡迎和好奇，主動和他們打招呼吧。交換名字，告訴對方：「有什麼需要幫忙的地方，盡管告訴我。」交換適合你們年齡和習慣的聯絡方式。我們是一個人類大團體。你是別人進入團體中某個新地方的通道。單純注意到某人的存在，是很美的善良之舉。阿姨不是要你嚇壞別人，別忘了先設法解讀對方釋出的暗示。但拋出善意然後走開，從來無傷大雅。我的社群媒體編輯克萊莉絲・卓二十六歲，在疫情期間搬到布魯克林區。她決定領養一隻小狗，她這輩子一直想養狗，她覺得現在正是時候。但全身烏黑、體長才不過十七公分的小狗克勞斯，如廁訓練不太順利，幸虧一位好心鄰居伸出援手。「我連續兩天遇到同一個人。他說：嘿，我見過這隻小狗，他叫什麼名字？聊了一會兒，他建議我到轉角的一片草皮去，附近所有狗都喜歡在那裡小便。結果克勞斯真的尿了！兩天後，我在那塊神奇的草皮又遇到同一個鄰居，他笑著跟我打招呼，順便問候克勞斯的近況。我不再只是芸芸眾生裡的一張臉孔。」

三、**遇到迷路的陌生人，協助他們找到方向**。這裡說的迷路是實質的迷路，真的不知道現在人在哪裡的迷路（現在很少發生，因為我們絕大多數人口袋裡或車上都有GPS定位裝置。但總之，假如今天還有人迷路，那他一定是**真的**迷路了。）我在大學校園裡工作最喜歡的一件事，就是協助很明顯迷路的訪客。我看過很多人在校棟之間東張西望，不時低頭看看手上的紙張或手機，然後又抬起頭（這就是「明顯迷路」的表徵）。這時我會走過去說：「嗨，你好像找不到地方，我能幫忙嗎？」但是注意了，你的語調要友善且有禮貌。有很多因為膚色或外顯的階級身分，看起來像是「走錯地方」的人，曾經被人厲聲問過：**你**需要什麼嗎？（意思其實是：你來這裡幹什麼？）別用這種方式問人。懷著衷心希望為人效勞的動機發問。別忘了你的目的是要善待他人。

四、到別人在商店找不到物品，主動告訴對方位置。這和前一項很像，只稍有不同。年底佳節期間，我喜歡戴上耶誕帽去超市採買。除了買自己需要的東西，我也會到處遊走，看看有沒有茫然失措的人。因為假期時，平日來超市採買的人多半在家煮飯烘焙，往往是伴侶、孩子或其他家人拿著清單在超市貨架之間慢吞吞地找。豎起耳朵，多瞄一眼。他們很可能正喃喃念著找不到的某樣東西。你可以過去說：「嗨，你在找無麩質麵條嗎？在九號走道！」然後微笑一下，繼續前進。還有一種額外加分的做法：你不確定無麩質麵條是不是在那裡，所以先跑去九號走道確定找到了，再奔回來，調整好呼吸，假裝不經意地對那個人說：「嗨，你在找無麩質麵條嗎？在九號走道！」

五、看見有人掉了東西，上前去撿起來交還給對方。請原諒這項建議好像沒把防疫放在心上，但假設現在與陌生人在社交距離內是安全的，當你看到對方掉了東西，能力所及之內，不妨幫忙撿起來還給他們。但要注意，這在不同膚色之間會產生不同效應——如果你是白人，受黑人幫助時，請盡量別嚇到尖叫。我有個黑人男性朋友，他看到一名白人女士的東西掉出皮包，撿起來想還給她。結果卻成了他一次可怕的經驗。但我私心很喜歡他在可能讓經驗變調的種族歧視背景下，還是勇敢做出了善舉。跨越各種身分界線做出的善意舉動，應當能夠幫助我們超越許多誤解。

六、適時為人付掉小帳。說完我的黑人朋友和白人陌生人的故事，以下是我自己遇到的事。我在加州海濱小鎮避靜寫作，到小雜貨店去買日用品。結帳時排在我前面的是個白人婦女，買了紅酒、香菸和阿斯匹靈。她刷信用卡付帳，刷了兩次，交易都被拒。她讓我先往前結帳，自己則手忙腳亂地翻找皮包。店員按鈴喚我前進時，我朝那個婦女的方向點點頭，手畫了個圓圈起她購買的物品，示意我連她的東西一起付。店員對我挑起眉毛，我點頭又指了一次她的物品。我結完帳要離開時，那位女士說：「我去車上找找，我車上應該有一些現金。」我跟她說：「不用，你已經結清了。」她驚問怎麼回事。我說我替你付清了，她說我不必這麼做的！我說：「我知道，但我願意。我懂需要止痛藥、香菸和紅酒是什麼心情。你有機會把愛傳出去就夠了。」我私底下很希望她不只意識到自己受到幫助，還能察覺她的是一個黑人女性。不騙你，我希望她往後把愛傳出去時，會因此願意跨越某些文化界限——不管那對她代表什麼。趁我們談到適時幫人付帳，可以做這件事的地點還包括得來速、咖啡店，或高速公路收費站。開車壓力很大，你的小小善意能讓某人開心一整天！

七、掌握聆聽或建議的時機。阿姨現在轉而討論一些比前述更隱微的善意。聽人抱怨問題的時候，對方有時候是想知道解決方法，有時候則只是想一吐為快、有人聽見。視情況給予適當回應，也是一個善意之舉。錯誤的回應方式真的會惹怒別人。我就是很愛給建議的人，所以常常把我女兒艾芙莉氣得半死，她很多時候只是想宣洩煩惱給人聽。我慢慢學到，先表露同情，再問她需要什麼，這種回應方式很有幫助。比方說：「很難過你遇到這樣的事，那真的很令人沮喪。你希望聽到建議，或者單純想要宣洩呢？」表現出適合你愛惜之人的態度（不管同樣情況換作是你會怎麼想），這是很大的善意之舉。

八、成為盟友。看到比你弱勢的人遭遇困難，挺身而出，用你的力量幫助對方。二〇一七年，我和一個跨性別朋友前往南卡羅來納州為我的新書宣傳。一些在地友人邀請我們到碼頭街劇院（Dock Street Theatre）欣賞 Ranky Tanky 樂團演出，這裡據說是北美十三州第一座專為劇院興建的建築。我朋友去使用女廁，女廁位在人潮擁擠的奢華大廳盡頭，我注意到我朋友推門進去時引來一些注目。我心想，朋友不會有事的。但接著我又對自己說：不對，我必須確定沒事，也讓我朋友知道我惦記著他們。我走進女廁大聲說：「嘿，J，我在外面等你。」從其中一間廁所內傳來一聲自信的「謝啦」。類似的事可能發生在任何地方。公園裡，路人無端被找碴。地鐵上，誰叫了警察來，警察正在訊問一個你知道無辜的人。挺身成為盟友需要勇氣，但你擁有愈多優勢和力量，愈有必要善加運用。你的善良表現在你注意到有人可能需要幫助，你是他們的辯護者，或現場狀況的目擊者。拿出你的善良和勇氣。有人會很感激你的。

九、與青少年對話。青少年普遍被形容為陰晴不定、冷漠孤僻、判斷力差。這有部分出自我們的成見，有部分是荷爾蒙作祟，但也有部分是因為社會對青少年的苛待。青少年是社會上最受到高度審視卻又不被看見的一群人。所以下次當你遇到認識的青少年（你的弟妹，或親戚、鄰居、朋友的小孩），直視他們的眼睛說：「嘿，很高興認識你，你好嗎？」如果你知道他們感興趣的事，可以主動提起：「嘿，上次見面你說的吉他課，上得怎麼樣了呢？」如果你們夠親近，問候個人生活不會覺得尷尬，那你可以問：「最近你生活中有沒有重要的人想讓我知道？」（注意這裡刻意避開性別用語。）避免問些升大學、成績或考試的事。不要主動提身為青少年的壓力。盡量傾向他們的個性。讓青少年知道，你記得他們的存在，你關心他們這個人，這就是莫大的善意了。

十、傾聽長輩的故事。雖然要我頭戴耶誕帽在超市幫助陌生人很容易，但我很難說是善良的楷模，我常常覺得善待最愛的人反而很難。令人悲傷，卻是事實。阿姨向你承認這點，因為你或許也和我一樣。以我媽媽為例，我成年後仍和她在同一個屋簷下同住了二十年。她今年八十二歲了。就和所有這個年紀和人生階段的人一樣，她很愛講述往事，有時候我都覺得是不是該跟她說：「嗯哼，我知道，你跟我說過好幾遍了。」瞧我多無情！我們應該傾聽長輩，而不是隨便打發他們。你如果很幸運，祖父母還健在，快快打電話給他們或到家裡拜訪，說你想聽他們最喜歡的故事。你可能早就聽過一百萬遍了，但也不要緊，要記住這和你沒有關係。你是在為他們做一件善良之舉。他們對昨天的事已經記不清，對一九四〇、五〇、六〇年代的事卻記憶猶新。對於他們，你只要提問和傾聽就行。別像我一樣壞，反駁他們說：「這些你早就說過了。」促膝傾聽不只表現善意，也展現了尊重。況且你還可能學到些東西。如果你的親戚沒有長者，也許鄰居有？又或者你的社區附近有老人安養機構需要志願探望者？放慢步調，坐在他們身旁，認真聆聽這個歲數是你的三到四倍的人一生的故事，也是個善良的舉動。

十一、順便時不吝替人代勞。我想像你今天下午要去一趟超市或到市區辦事。問問鄰居需不需要你順便替他們帶什麼東西回來。上星期（疫情期間）一對夫妻搬來同一條街。某一天我開車要去商店，在他們家車道上看到他們。我停下車，在安全距離外自我介紹，彼此寒暄了一會兒，然後我說：「對了，我正好要去連鎖藥局，你們需要我順便買些什麼嗎？」跟你說，他們的笑容可燦爛了，就像在說：老天爺啊，這附近住了好人。我在車裡也笑得很開心，心裡覺得：老天爺你瞧瞧，我真善良！不，他們沒有東西要買，但我想，我們三人都很高興我開口問了。

十二、當個小天使。我喜歡想像有個人甚至沒見過我，只是單純覺得：哇，有個我素未謀面的人，代我擺平了那件事。有一年耶誕節，我們家在百貨公司為三個家庭結清了分期預付購物的款項，我知道這是為了幫助別人家的孩子感受耶誕老人的存在。我也意識到這麼做突顯了我的優勢。如果你也有金錢上的優勢，何妨用錢做一些善舉，而且也不必只限於過節的時候。假如你金錢上並不特別寬裕呢？也有很多無償的事，可以讓你像小天使一樣默默替人實現。清早幫鄰居剷開家門前的雪。幫忙鄰居把報紙放在門邊，或把垃圾桶收進來。為年節期間不順遂的那戶人家院子樹上掛一些美麗的吊飾。他們不會知道是誰做的，但有人在乎會讓他們開心無比。

在日記裡將你察覺自己做到的善事記錄下來，寫出你當下及事後的心情。經由記錄，你心中對這些舉動及其後續效果也會愈來愈有所覺察。久而久之，這些舉動會成為你的直覺反應。善良會成為你的本質。

常懷感恩之心

如果正念是你內心的覺察，善良是你為他人的付出，則你的第三項超能力——感恩，就是兩者的融合，是覺察所有發生於你的善良。這件事貌似容易。但感恩不只是把謝謝掛在嘴邊，也不只是感謝你擁有的。感恩是慢慢學會注意到自己感謝的事物並練習表達出來。研究顯示，留意你所感謝的事物，有助於你未來吸引更多同類事物進入你的生命。有點像你學會一個新詞，忽然間覺得到哪裡都看到它——其實那個詞一直都存在周圍，只是你現在注意到了。感恩的原理也一樣。你愈能察覺自己感謝的心情，愈會對更多事物心生感謝。阿姨鼓勵你寫的日記，這時就是關鍵：時間久了，你會有一份感恩的紀錄，你可以從中看出感恩的增長和人生之豐富。你會更滿意自己所過的人生。這樣也行？是的，沒錯。

希臘古哲伊索說（至少一大堆禮物賀卡引用他這麼說）：「感恩使你滿足於所擁有。」身在這個滿是不平等的世界，我很驚訝有許多研究指出，**幸福感並不取決於你擁有的多寡，而是取決於你有多感謝你擁有的事物**。活在二十一世紀初，資本主義切斷了我們作為活生生、會呼吸的生物與生俱有的價值，彷彿只有銀行戶頭的數字能衡量我們這個人的價值。我的朋友兼教練瑪麗・露絲・昆恩（Mary Ruth Quinn）教過我，我們人徘徊遠離了人的道路，現在需要找回自己的聲音和價值。覺察自己感謝的事物，能幫助我們重回正途，對自己身在的地方感到滿足。教養作家莎拉・麥克勞林（Sarah MacLaughlin，《用心教養》〔*Raising Humans with Hearts*〕）寫道：「感恩……重點是接受此刻所是。」

感恩即是謙遜，是承認你並不只是和你自以為是的自我一起存在於此，你其實是誕生自他人的原子和分子構成的集合體。你擁有的機會，沒錯，有時候是你掙來的，但更多時候是他人給予的，你站在前人的肩膀上，他們比你更早來到，盡己所能貢獻了他們的所有。感恩是肯定你這一生並不孤單，你是宇宙的一部分，你身屬眾多生命交織相連的群體之中，每個人的行動都會影響彼此。每次有人來聽我演講，我都感到格外卑微。我會盡量向聽眾傳達這種心情。我會說：「我真的很榮幸，謝謝各位冒這個險，認定今晚把這兩個小時花在我身上或許值得。我會盡可能善用大家交付給我的時間。」這些話是真心的。

致謝或禱告的時候，我們說的常常是一些重大的事物，例如「我的人生、我的健康、我的伴侶、餐桌上的飲食」，這些不可否認確實重要。但若我們不是對大而抽象的事物，而是對更小、更具體的事物表達感謝，感恩似乎能帶來更豐富的幸福感。所以，拿出你的日記，在你的正念和善良紀錄旁邊，開始把你感謝的事也列出來吧。就和正念及善良的練習一樣，覺察你所感恩的事，對你個人也有益處。回想這一天，指出今日發生的所有美好的小事，你的心靈會覺得：「哇，今天是很不錯的一天。」你擁有什麼值得感恩？以下是值得細察的幾件事：

一、**你的存在**。隨著年紀漸長，你會漸漸覺得，每天能夠健健康康地醒來，都是值得感謝的事。你如果有過病痛，或是認識的人正為病痛所苦，一定懂這種感受。身體健康、心靈平穩的每一天都是珍貴的禮物。好好珍惜它，對生命表示感謝。

二、**你身邊人的存在**。如果你和其他人同住，別當難得才見上一面的人。不論與你同住的是你的情人、室友或家人，現在就停下來，花個六秒鐘，雙手搭著他們的肩膀，直視對方的眼睛微笑。我們每天都很忙，但和我們一起過活的人，能與我們締結最緊密的關係。關係就像植物，不是茁壯，就是枯萎。從汲汲營營的生活中暫停片刻，感謝你身邊的人。

三、**親愛的人和同事為你做的事**。對親愛的人，與其說「我愛你」，不如說「我喜歡你……的時候」或「我喜歡你如何如何……」，具體指出他們所做的事。（你可能還記得，阿姨在第七章分享了我和丹恩長年來交換的紙條，這些愛的紙條表達了我們對彼此的感激，也讓我們的關係得以持續熱情燃燒。）對同事，與其說「與你一起工作很開心」，不如說「你是個好同事，因為……」或「我最感謝你……的時候」。把事情具體列舉出來，不只能讓對方感覺良好，你也會有更大機會看到他們再度做出同樣美好的行為。

四、送貨員或服務人員的服務。披薩不是他們做的，宅配包裹裡的東西也不是。網路斷線不是他們害的，你的車爆胎也不是。他們只是盡力把你需要的東西交給你，解決你的問題，讓你開心。與其只說「謝謝」，何妨說「真的很謝謝你！」露出牙齒咧開大大的笑容更加分。目光接觸又更加分。（如果目光交會對你來說很難，或者你有社交焦慮，那麼單單嘗試去做就大大加分！）

五、你依賴其建議或專業者的工作。你的醫生、老師、牙醫、木工師傅、水電師傅——這些都是生活上不可或缺的人。做完健康檢查，謝謝你醫生的專業。下課後，謝謝老師講授這堂課。水電師傅修好漏水，謝謝他們夜深了還出門幫忙。人人都希望受到肯定，就算是你以為不需要的人，其實也需要。你的感謝會讓他們有動力迎向下一個病患、學生或顧客，讓他們有更充分的準備迎接下一組挑戰。透過表達感謝，你也是為人人都能享有更好的體驗鋪路。

六、對手的特質。這一項對我特別難。包括我的律師性格和個人性格在內，我受過很多論證自己論點的訓練，協調同意的訓練卻很少。不管你的主張是什麼，首先向對方說的話、說話的方式，或對方在團體裡、家庭中、機關裡的身分真心表示感謝，對方也會比較願意聽你說。

七、獲得優先權的經驗。很多人在人生路途上已經習慣退讓（因為階級／種姓、種族、性別、社會地位）。但我們誰也不比別人優越，但凡有人因為你經過而避到一旁，讓你先走，或替你開門，都值得一聲真誠的謝謝。你甚至可能不曾發覺自己接受了這麼多的退讓順從。睜開眼睛去留意。問問自己，是因為什麼樣的社會文化制度，以至於有這樣的事。至於當下，看在上帝的份上，說一聲「謝謝你」吧。不論對方這麼做是否有薪水可領，都謝謝他們。

八、你擁有的物質。如果你有一方遮風擋雨的屋頂，可能是他人付的租金，或是你自己負擔得起，而且壓力不算太大，就大聲說出你的感謝吧。對於飲食和其他基本日常所需也一樣。疫情來襲時，我發現自己不再把目光放在存錢以盼有一天能買的東西，比如在海邊置產第二間房子，我反而無限感激起現在擁有的房子，我在這裡與丈夫和母親一起養大兩個孩子，這個家讓我們溫暖、安全、免於風吹雨淋。我在後院的小工作室寫這本書，每當晚上工作結束，我關掉暖氣或電扇（視季節而定），關上電燈，走回主屋的時候，內心都深深感謝全家人當初為我買了這間小屋。我的第一本書是在臥房裡寫的！

九、不論何時發生的那些小事。今日能收到手寫郵寄的卡片，是極其珍貴的禮物。所以學學我在波特蘭的熱心筆友阿南吧。買幾張或自己做些隨時可以寄出的卡片。寫幾句話給在地奉獻的書店，給孜孜不倦為你關心的議題爭取權益的公職人員，給在你難過時善待你的人。我們常常在嘴上說：「唉，我真的應該和誰誰誰聯絡。」說著說著，幾個月就過去了。但沒關係。忘掉這虛度的幾個月（或幾年），現在就去做吧。把假設語氣換成現在式。別忘了，你的感謝能讓某個人開心一整天。

十、大自然。我不是愛野外的山系女子，但疫情期間在家連關兩個月後，我女兒艾芙莉趁母親節開車帶我去看風景，我到現在都忘不了滿山紅杉林的壯麗和林間日落的景象。感謝你看見的風景。乾淨的空氣可遇不可求。感謝附近有一座公園、一條美麗的街道、一方花園。感謝鳥兒光顧你的餵食器。感謝你園圃裡的馬鈴薯、豆子、胡椒、番茄、薄荷和羅勒。甚至可以感謝大黃無比重要的效用（大黃根可解便秘），這些植物和你一樣努力在這個世界上生根立足。

集合三種超能力

我、丹恩和媽媽廿多年前合資買下一棟房子。這代表我在同一個屋簷下既是母親也是女兒(也是妻子和我自己，以及其他身分)。我發現三代同堂下，身兼母親和女兒格外具有啟發意義，也讓我有很多機會在對話中同時練習正念、善良和感恩。舉個例子，艾芙莉大二開學沒多久就遇上疫情，某一天晚上她從租屋打電話回家，非常沮喪地說現在所有課程都改成線上授課，同時她還得向監理所登記她的摩托車、跟房東預約修繕，還要準備當週的食糧。我和全天下的父母一樣，很想幫寶貝女兒解決問題。我也說過，比起傾聽，我是更傾向於給建議的人，所以我不假思索就開始給建議。她聽了嘆口氣說：「媽，這些我都知道。我只是想告訴你，要處理這麼多事，讓我很沮喪。」我當下很難過。我只是想幫忙，沒有惡意。但必須替艾芙莉說句公道話，她用很善良的語氣給我回饋。我的孩子教會我很多事！

第二天早上，我陪媽媽喝咖啡，不覺間跟她聊起寫作這本書的壓力多大、好多事的期限快到了卻還沒做、編輯對我有多少期待。結果我母親聽了也開始出主意，建議我該怎麼處理每件事。我頓時覺得很沮喪。但我練習的正念馬上生效。在媽媽繼續給建議的同時，我的正念練習也把我的感受告訴我：我感覺受到批判，而非傾聽，感覺受到糾正，而非支持。於是這一次，我沒有對母親動怒(我很常對她生氣)，反而能友善地告訴她，我其實只是想要宣洩煩惱。但我也動用感恩的能力，謝謝她想要幫我的忙。正念也告訴我：這一定就是艾芙莉昨晚和你通電話的感覺。所以和媽媽聊過後，我傳簡訊給艾芙莉說：「很抱歉媽媽昨晚一直想解決問題。我愛你，很難過你這麼辛苦。我隨時在這裡支持你，我知道你行的。」我收到一行大大的「喔喔喔，謝啦，媽」，句尾附上一連串表情符號。之後，我獨自靜靜坐了片刻，咀嚼我的念頭，並且感謝上帝、感謝宇宙和每一個人成就現況的人，讓我可以同時當個母親和女兒，而每個角色又能互相啟發。正念、善良、感恩都在那個早上一起現身。三件工具都在我的工具袋裡打磨得發亮，我因此能夠用正念、善良、感恩對待我媽媽，也因此得以修補與艾芙莉的關係。平靜降臨在我周圍。我好想打電話給我的教練瑪麗蓮說：「看我剛才做的很好吧！」生而為人在團體中與人相處並不容易。但若能熟練運用這三種能力，我們不僅能成為理想的自己，更能恆久成為一股勢不可擋的力量。

【別只聽我說】

用愛解放世界

奧莉——由內而外創造善良

奧莉・瓦巴（Orly Wahba）年僅四歲時就深有預感，她在這個世界上將會做些凝聚眾人的事。「我打從心底有這種預感。我爸爸一直是個理想家，他從小就灌輸我上帝的偉大，任何我想實現的事都有可能。」奧莉現在是世界上宣揚善良價值的重要聲音。我先生曾服務於她創辦的非營利慈善組織「Life Vest Inside」，我也因此認識她。我和她通了電話，想了解善良何以成為她的關注核心。因為全世界有很多值得努力的事，宣揚善良在其中並不容易。

奧莉現年三十八歲，是猶太裔女性，生長在紐約布魯克林。她母親是生於埃及的塞法迪猶太人（祖籍在伊比利半島遵守西裔猶太人生活習慣的族群，也泛指非中歐及東歐族裔的猶太人，屬於猶太教正統派的一支，約占猶太人口兩成），六歲時移民美國。她父親也是塞法迪猶太人，生長於以色列，在以色列國軍服役四年後來到美國。兩人相遇時，母親十六歲，父親二十三歲，幾年後結了婚，生養了五個孩子，奧莉排行老三。她母親是「為我們奉獻一切」的家庭主婦，父親的工作則為全家人奠下舒適的中產階級生活。這一家人自詡是「現代正統教派」，意思是他們會過安息日，也會遵守猶太潔食的教規。「我們非常注重心靈，與上帝緊密相連。」奧莉從小上現代正統派私立猶太學校，學校授課一半用英語，一半用希伯來語。她十五歲那年的某一天深夜，火災吞沒了她家，她父親的工作地點也在自家。奧莉的父母親極力在火場中搶救財物，但最後也只能「滿身灰黑憔悴」走出瓦礫堆。往後幾年，一家人四處搬家，在親戚家借住過一陣子，之後又搬了好幾次。家人各自分散在大紐約區不同地方，流離六年後才總算又住在同一個屋簷下。他們的生活品質一落千丈。多年後，與定居耶路撒冷的奧莉通電話，我仍聽得出這場火災硬生生將她的青少年生活劃分出「之前」和「之後」。

「我從小就與上帝關係緊密。」她告訴我。「我不明白仇恨從何而來。我為此心痛，而且感受深切。我不明白為什麼人與人的差異能引起這麼多問題。將人凝聚在一起是我的天性。我知道我必須成為解決方法的一部分。我知道我註定要做讓人團結在一起的事。我不知道會以什麼方式，也不知道會是何時，但我知道我的動機。小孩子說要改變世界，旁人都覺得你瘋了，長大以後再說，他們更覺得你是瘋子。**對啦，你會改變世界。對啦，對啦，你太天真了。**」

奧莉因此從一個害羞但快樂的孩子，變成自尊心低落的孩子。「老是聽人說你做不到，聽久了你真的會信以為真。我不喜歡上學，學習對我是難事。」小學三年級，她從普通班被轉到特殊教育班，特教班的新老師分享了一首華特・D・溫特（Walter D. Wintle）的詩《思考》（*Thinking*），詩裡說如果你認為自己做不到，你真的就做不到。奧莉重複讀了無數遍那首詩，覺得簡直像是為她寫的。「因為這位沒放棄我的老師表露的善意，學習忽然變得很容易。我沒過多久就從全班墊底進步成全校頂尖。」但中學帶來新的挑戰。「七年級時，每個朋友忽然都與我敵對起來，不想讓我坐在一起，還會在我背後耍心機。我沒有歸屬感，所以也不想待在班上。我每天都去護理室耗時間。」高中時代也沒多好。「這段時期裡，你努力探索自己，但周圍每個人都在說你應該成為誰。」奧莉喜歡為他人做好事。「如果你請假沒來，我會是印筆記給你的那個同學。做這些事帶給我真實的成就感。」但這種善意往往是她單向的付出。

高二那年，她家裡失火。「我們人都沒事，但我家一夜間失去所有財物。當安全天堂化為灰燼，對你的人也會有影響。你存在的證明——所有兒時的相片和影像——全都沒了。看到父母崩潰痛苦，對你絕對也有影響。我心想，**他們受的苦夠多了，我不能再成為負擔**。我對父母隱藏起情緒，對朋友也隱藏起情緒，因為他們十五歲，各自有很多事要煩惱。所以我假裝一切如常。我也會開玩笑說：對呀，我家燒光了。但我們的家境每況愈下。我爸失去他的事業。我假裝一切都好，但其實一切都很不好。有一天晚上，我照常上床睡覺，現在來看，第二天早上我並沒有醒來。我陷入憂鬱的黑暗深淵，自殺傾向的黑暗。我一連幾個月沒去上學。每天在睡覺和哭泣之間反覆輪迴。傷我最深的是，沒有半個人來探望我。沒有人拿起電話問候。我對每個人生氣。我的朋友、我的家人、上帝。我也對自己生氣。我跟誰都不說話，但我對上帝吼叫。我心想：**如果我明天就不在了，是不是也無所謂？**答案似乎是對。」

這樣過了幾個月，奧莉的父母逼她回猶太學校把高二讀完。「你不想跟我說話，我也不想跟你說話。我每天行屍走肉，課業也慘不忍睹。某一天上學前，我在浴室洗臉，抬頭看到鏡子裡的自己，我看不見那個夢想改變世界的四歲小孩了。她不見了。我嚇了一跳。我不知道該怎麼振作起來，但我對自己說：這不會是我的結局。我對自己立誓，我怎樣期待有人陪伴支持我，將來就要怎樣陪伴支持他人，我期待別人怎麼看我，也要怎麼看別人。這個誓言將我喚醒，指引我前進。往後幾年我獨自前行。這是莫大的禮物。我不再指望迎合別人。我現在有了愛上自己之為自己的機會。」在我看來，奧莉在那一天決定了，她對自己是有所謂的。

高中生活緩慢繼續。她形容這幾年的她「沉默而害羞」，不敢在課堂上舉手發言。但高三某一天在學校的專題討論上，她冒了險。「我們坐成一圈，討論克服阻礙。我有話想說，而且不吐不快，所以我舉起手。我不再一心想著我在做什麼？別人會怎麼想？我分享了那場火災和我遭遇的困境。這是我第一次說出這件事。我以前害怕的那些同學全都在聽我說，還向我徵詢建議。我以建議或幫助的方式給予別人愈多，自己也愈覺得痊癒。我漸漸迷戀且愛上這種給予的概念。」

但奧莉一直是個樂於給予的人，所以我問她是哪方面變了。她說差別在於為什麼給予。「我以前不明白，給予也分成兩種：基於軟弱而給予，和基於強大而給予。**基於軟弱而給予，你會覺**

得像是犧牲。你之所以這麼做，可能是因為你有不安全感，或是想迎合別人，讓對方喜歡你。這也是我多年來做的事。但這種給予會消耗你，你可能會漸漸厭惡給予。另一方面，基於強大而給予，則像是蠟燭照亮他人，同時又維持著自己的火焰。是正向的，有力量的。你可以自由分享給他人，卻不會覺得消耗，因為你的給予是發自充足的自愛。」

奧莉從四歲就知道自己降生於世要成為善良的力量，但要到了高三，她才終於慢慢學到如何實踐。她重新架構了她的服務觀和服務的對象。「我學到我們必須把自己看成謎團的一部分。創造善良的重點其實是防範惡意。防範惡意則始自於我們如何看待自己，首先且最重要的是內省和愛你自己。一個人如果不敬重自己，也很難待人以敬重。但若你能愛自己，接納你所有的缺失，你也能敞開心胸去愛人，接納不同的個性和信念。《聖經》說，要愛鄰如己。愛鄰不難，難的是我們很多人不懂得愛自己。」

奧莉所舉的愛鄰如己的例子，也適用於宗教寬容。「宗教的敵對從何而來？來自於一個人的信仰不堅定，所以很害怕別人來影響他們，所以覺得有必要把自己的信仰強灌給每個人。但若他們真心敬愛且相信自己的理念，他們就能夠敞開心胸看見事實，別人也和他們一樣，各自有各自的故事。比方說，我來自很傳統的猶太家庭，我有深刻的心靈連結，我對我的信仰很自在。但我也有不同信仰的朋友——穆斯林、印度教徒、基督教徒、無神論者——我的心中有充裕的空間可以愛他們所有人。世界上沒有誰是多餘的——上帝不會說：哎呀，我不小心多造了一個人。我們每個人都能帶來貢獻。這是尊重的根基。就像管弦樂團一樣，每種樂器都有它獨特的演奏方式，有時管樂比較大聲，有時弦樂比較大聲，但所有樂器共同造就了交響樂之美。慢慢你會走到一個境地，理解每個人都有他的個性，同時有一種普世性將我們全部連結在一起。」

她舉的第二個例子是包容的價值，以及包容也可能自相矛盾。「大家過度地強調包容，以至於你一心想要包容，反而不知不覺變得排外。包容的真義是，你可能不認同我認同的事，甚至可能厭惡我認同的事，但你能接受我分享我的觀點，即使與你不同也不要緊。我們都在世上留下自己的印記。我們需要肯認每個人的個體性。我們需要從容接受事實，別人一定會和我們不同。即使你很確定你的路完全正確，但別人有其他想法也沒關係，他們不會因此就沒資格當人。即使彼此有諸多差異，我們還是要愛他們。」

回到奧莉的故事。高中畢業後，她進入紐約市立大學布魯克林學院，取得電影製作及英語學士學位。閒暇時她執導戲劇，也做很多社區服務工作，包括輔導小朋友。大學畢業後，她在布魯克林的私立猶太學校當代課老師，表現得很好。所以一有正職教師空缺，學校就主動徵募她，也請她執導音樂劇表演。這是二〇〇四年到〇五年的事。「教學的目的，是啟迪學生看見自己的美好，讓他們也開始能看見別人的美好。如果能在孩童身上培養自愛，他們的心中會有更多空間愛人、充分接納他人。唯有這樣，我們才有望療癒、修補這個世界。」

教導孩子自愛兼且愛人多年後，奧莉為這個概念創造了視覺比喻——我們每一個人都被自己心中的救生背心托浮在水面，從而也得以互相幫助。之後，她又借助所學，以這個比喻為中心拍攝了一部短片，呈現善良能夠一個人接著一個人傳遞出去，最後回到當初推動的人身上。短片的片長不到六分鐘，全以單機拍攝，一鏡到底，從穿著醒目橘色背心的建築工人開始，他主動幫忙一個摔下滑板的小孩。小孩接著協助一名老太太過馬路。老太太給了一個正要投幣停車卻找不到零錢的人幾枚銅板。以此類推，在善意轉手傳遞了大概十三次以後，片尾結束於同一名建築工人，依然穿著橘色背心，從一個目睹他辛苦工作的女服務生手上接過一杯水。

「二〇一〇年九月，我站在紐澤西州雷德班克一條街上，終於要開工拍攝這部我花了整個夏天創作的短片。我抬頭對天說：『上帝，我不知道祢會指引我去哪裡，但我有預感，今天我在這裡做的某件事，將會改變我的人生軌道。』我不知道是什麼事。也不知道會否有人看到我的短片，但它將滿含無限意義。」預感自己會凝聚世人的四歲小奧莉，即將證明她的預感為真。她卸下教職以實現夢想，原本以為只會暫離一年。「我把一切都投入這部短片。我創辦了非營利組織 Life Vest Inside，把所有存款都投資進去。每個人都覺得我瘋了。**你幹嘛這樣？你怎會認為憑你就能帶來影響？**很多人勸阻我，但這是我心之所嚮，我別無選擇。我知道我必須回應內心召喚。」

二〇一一年十月，奧莉把她的短片《善的迴旋》上傳上網（YouTube 搜尋得到）。不到兩個月，影片就在全球瘋傳。她寫了一本書，書名就叫《善的迴旋：日常小事也能拯救世界（和你自己）》(*Kindness Boomerang: How to Save the World (and Yourself) Through 365 Daily Acts*)。她激發了一場善良運動。「我對此格外感到謙卑，因為我知道這和我這個人沒有關係。我只是善良的渠道，善意通過我傳遞出去。只要我們願意，我們每個人都能成為這樣的渠道。很多好事能從我們身上流動經過。我看到愈來愈多例子，人們用不同語言，分享同樣的善良話語。我開始在世界各地看到轉變。」

奧莉除了是善的燈塔，也必須做善良的守護者。「有些人將它解讀成不同意思，不理解箇中含意，只把它當作行銷話術或吸睛的文案。看了令人難過。誰如果嘴上說著善良，卻只把善意保留給他們認為值得的人，那不叫做善良。善良不分種族或信仰。善良不是清單上的一件待辦事項，你在那格打了勾就覺得沒事了。善良是一面透過它觀看世界的鏡片，而不是你固定在每星期一五點到六點做的一件事。我們必須把自己視為謎團的一部分，我們的選擇至關重要。為了真正過上良善的生活，我們必須修養內心，這並不容易。我們必須停下來，看著鏡子裡的自己，問自己困難的問題，例如**我是誰？我支持什麼？我代表什麼？我認同的特質和價值觀是什麼？我希望別人怎麼認識我？我都怎麼對待別人？**」奧莉說，我們很容易看見他人的惡意，卻很難看見自己心中的不善良。「我們不想感受那種愧疚。但當你看到了，你就有責任處理它。你改變不了別人的信仰體系。你能負責的，只有活出最好的自己。」

奧莉的非營利組織 Life Vest Inside 和頭號作品《善的迴旋》，推出到今天也將近十年了。影片至今有超過一億人次觀看。奧莉至今仍是組織裡的全職志工，致力於「啟發大眾活出善良」，同時兼差其他工作維持溫飽。除了勵志影片外，Life Vest Inside 也提供主管訓練、學童的善良課程，以及「舞動善良」(Dance for Kindness）等國際活動，活動號召世界各地的人在同一天跳同一支舞。她的目標是盡可能培養更多的人認識到，你最大的力量就藏在你心中。

新冠肺炎也成為重要的提醒，讓奧莉重新省視她心目中最重要的事。她說：「不能任意出外，所有活動都暫停後，周圍湧現一股寂靜，這股寂靜像一面巨大的鏡子，照映出我們擅長應付外在忙碌的工作，卻少有時間做內心的工作。但修養內心其實是最重要的工作。」

安東尼——給兄弟們愛

又回到了安東尼，我們在第十章見過他，就是大學時代遭警察拔槍指著的黑人青年。如果你還記得，後來他在黑人教師大力慫恿下走了一趟非洲大陸，他在那裡重拾（又或是第一次培養出）恆久的自愛，感受到自己在這世界上的力量，也找到幫助他人的指南。

安東尼回到美國，進入加州大學研究所攻讀人類學及非洲研究。「我計劃一直讀到博士，之後當教授。但到了取得碩士學位前夕，心理系半數師生已經都是我的整合治療兼幸福輔導客戶了。事情是這樣開始的：有一天，我清晨五點起床做呼吸練習。有個朋友心情低落，身體多處疼痛，於是我和她分享如何呼吸調息。比如我跟她說：**妳在為論文煩惱對吧。這影響了妳的呼吸和姿勢。現在先別去想。先像這樣慢慢呼吸，躺下來，維持這樣的睡姿。專心感受身體裡的壓力點。」**重點就在於思考、呼吸、移動。我告訴她：「妳的生活方式歪了。妳要去體會這點。」他解釋說，那也是他當初在塔夫茲大學經歷過的思考模式。「我對塔夫茲大學的想法歪了。我在那裡受到的對待令我氣憤，連帶影響我的呼吸，影響我的生理，影響我的內分泌系統。」那個朋友又與另一名同事分享，之後風聲慢慢傳開。「大概有八個研究生來敲我的門，問我能不能幫幫他們。他們鼓勵我走出學術界，從事自然健康療法的職業。我也認真想過。」

人類學系一名教授結識安東尼後，當了他的導師，給了安東尼辦公空間和額外的經費，後來學校決定把人類學系移至新大樓，與他系的教授併用空間。「某一天清早，我一個人在新辦公室冥想，忽然聽到門外有人掏鑰匙。我知道不是我的導師哈蒙教授，因為他出差去了。我心想：

好喔，看來今天我會認識別的教授。我脫離冥想狀態，回頭看到一個胖胖禿頭的矮個子白人。他一看到我脫口就說：『你走錯辦公室了吧。』我如果還是塔夫茲時期的大學生，我一定到現在還會咒罵他。但我當時已經做了很多自我修練，我心想：**這裡對我們大家都是新環境，他卻直接斷定我不屬於這裡**。不過他說得對，我不屬於這裡。我後來決定，**是我來錯了地方，因為我不想為了拿人類學博士，受這些老白男的氣**。大學時代，我不懂得選擇戰場，所以見到每個人都死命戰鬥。但現在我是個博士生，我選擇優雅退場，在自然健康療法領域另起爐灶。」

我請安東尼詳細描述這一次關鍵互動。同樣身為黑人，在歷史上多是白人菁英就讀的大學環境度過大半個職業生涯，我明白被人認定不屬於這裡是怎樣螫人的心情。我在那種時刻，無不覺得受到貶低。你以為自己好不容易做到了，下一秒卻又被人按在地上。安東尼真的超越了這種心情嗎？他真的就這麼優雅退場？正念有這麼神奇嗎？

「我的意思是，我有自覺地做出回應，而不只是衝動反應。我跟他說：『不對，我屬於這裡。我是哈蒙教授指導的學生。我叫安東尼。』」換句話說，安東尼禮貌回應這名白人，這不只讓對方好過，他自己也比較好過。我懂。我在矽谷這裡也做過相同的事，我在自己住的鎮上敲了朋友家的門，來應門的是朋友的朋友，對方看到我的反應就和安東尼遇到的白人教授一樣。「是的。」安東尼聽了我的小故事之後說。「我禮貌地帶過，我們都常這麼做。」但其實我們不只是裝作沒事帶過。不一樣，而且更好。這不是姑息種族歧視，這是為了去到他需要去的地方，而在那當下就是安全離開現場。這是做他該做的事，以主導他自己的命運，幫助自己往他的目標前進。這就是正念。「我要是當初那個憤怒的黑人，我們都知道會怎麼收場。要我把事情鬧大，我也不是不會，但我單純選擇不那麼做。我從這些情境裡抽離自己。我現在是瑜珈士，輔導高階主管、職業運動員、高風險學生，以及青少年和成年收容人。」安東尼沒有因為他人的鬼話而卻步。他不斷前進，靠的就是隨時維持百分之百的正念。

「我必須做個決定。我是要忍受老白男的砲火夾擊，取得博士學位？還是決定不參與這場鬥？這時在加州大學的我，已經知道我不一定只有一條路。我有很多方法可以旅行世界，同時維持溫飽。如果真的要經歷砲火夾擊，我會昂首從容通過，不會像以前在塔夫茲一樣，緊握拳頭頑強對抗，每堂課都掄著拳頭和人對幹，隨著準備戰鬥戰鬥。我現在的想法完全不同了。我已經養成了應對這些老白男的工具。那是一種心境。更具體來說：憤怒就像短促而淺的呼吸。改變呼吸模式，我們就能改變想法。正在做深沉腹式呼吸的人，沒有誰會受到焦慮侵襲。丹田的熱氣會改變你的想法。只要你用丹田呼吸，就不會感到恐慌。」

他又向我詳述了另一次互動，他在過程中不只能覺察自己的心境變化，也能對周圍的人清晰明確地表達自己。「我在中學是校方妝點門面的象徵。我想進那一所學校，而他們想要有我來展現多元。大家各取所需。四十年後的現在，身為瑜珈教師，我聽過一些白人想找比較有「原生經驗」的人到他們的瑜珈教室工作。我對他們說：『我可以去與你們工作。我能以老師的身分去，但要我以黑人身分去當個橡皮圖章認證你們的成就？不，我不會當橡皮圖章去讓你們自我感覺良好，因為你們實際上並未付出努力，而且你們一言不發就想要社區仕紳化。』」

我問安東尼，「一言不發就想要社區仕紳化」是什麼意思。他解釋說：「仕紳化可以很人性化，你可以說：我們現在要來優化社區，引入比較豐厚的財力基礎，讓全社區一起變好，別再不把人當人看。但若你表現出一副自視優越的模樣，其餘則都沒你的事，那你就是個屁。我在越南遇過一位原住民，他提醒別人說：『不要露出一副白人大老爺的樣子，看什麼都好像是他的財產。』什麼是白人大老爺，就是搬到爵士樂名家隔壁，卻整天嫌人家製造噪音。」

所以，安東尼對他的學員說：「你們如果想與我合作，我們有計劃和程序，我們可以在友愛中實踐。這會讓你們不自在，但你們是應該不自在。你們應該反省自己說的屁話，對自己、對你們生活的社區有很高的期待。如果你身為白人，去到原住民保留區卻還覺得舒服自在，那表示你沒有努力，是他們迎合你，讓你舒服自在。這樣不對，你本來就應該不自在。每個人都配合你，不代表那是你的努力。」

我問他，對於另一些需求相反、對內心力量缺乏意識的人，有沒有什麼建議。

「首先，停止用以往的經驗來折磨自己。顛覆你的信念結構。舉個例子，我跟很多寄養長大的孩子聊過，他們從小被攆來攆去，覺得自己很差勁。但我介入之後，把這種觀念顛倒過來。我說：『嗨，我也是寄養出身的孩子。咱們來聊聊誰有精彩的成長故事。』」安東尼邀請孩子舉手發言，與彼此分享自己的故事。「之後我也會分享我的故事，我說，就是因為我在寄養家庭長大，反而有機會就讀私立中學。我很確定，我的社工莫瑞蒂小姐今天一定也會這樣說，因為她也成了這個精采故事的一部分。我跟這些孩子說：『你們的處境正好有最精彩的故事可說。中產階級的好學生可能會為了上大學爭破頭，因為有你們在這裡砥志礪行，很多人想參與你們的故事。』我跟孩子們說：『你們會看見光明延續下去。說出你轉變的故事。別人能感受你的故事。』」

我問起他長久以來矢志要把他個人在非洲大陸經歷的轉變，帶回給美國的黑人弟兄。

「我的想法是這樣。既然我不能帶你去沙漠，那我就用故事的力量，把沙漠帶到你面前。我曾和死刑犯弟兄坐在一起。我跟他們說：『我不害怕你們。』沉默能使人瓦解，所以我一開始也沒說，靜靜坐了五分鐘後才開口：『兄弟，我和你們來自同樣的街區，你們看看自己現在人在哪裡？你們為什麼在這裡？是誰代替你在思考？』我當初要是聽信莫瑞蒂小姐說的：『噢，安東尼，你只是個 黑人窮小孩，私立中學不是你去的地方。』現在我會淪落在哪裡？但我沒有聽信別人的話。現在我要來顛覆你的信念結構——首先最重要，也最普遍的，就是你以為自己不重要。『那是誰說的？誰？是誰？你們告訴我。』我會追問他們，跟他們說，在井底溺水的青蛙不知道自己在井底。你們盡量要讓自己接近自己觀念圈以外的人。留在目前的觀念圈裡，你永遠不會成長或轉變。我要讓你們侷促不安，把這種感覺吸進身體裡，那是會改變你的人生、拓展你觀念的東西。我今天就是來挑戰你們的。」我問安東尼，一名囚犯能怎麼接近他觀念圈外的人。「我跟他們說：讀完這層架子上的每一本書。讀麥爾坎・X（Malcom X）的書。讀字典。學會新的字詞也能拓展觀念。」

他繼續說。「轉變來自於好的疑問，而不是答案。你如果沒有疑問，應該好好想一想。我會知道這點，要歸功於我大學時代的羅賓森教授。她問了那個使我大受撼動的問題：『你有沒有想過去非洲看看？』我必須停止我的憤怒。我必須把一切都停下來，抬起頭，看著我衷心尊敬的這位女士說：『你說什麼？』我五體投地。你有沒有想過去非洲看看？哈，不得了的問題。我必須和這個問題搏鬥。我當下就知道，那是我該去的地方。這個問題改變了我的人生，挽救了我的人生，我的人生因此改頭換面。」

安東尼把瑜珈修行介紹給收容人和寄養家庭的孩子，但同時他有不少富裕的瑜珈學員，這也是他的謀生方式。我問他，他想傳達的事要怎麼讓優勢族群接受。他怎麼和他們建立連結。「我以前上學，同學都是有錢人。私立中學時期，我就像這些有錢人家孩子的父母親，因為他們在家沒有溫暖。他們是最寂寞、最失意的孩子。他們擁有的就只有錢。我雖然出身貧民區，但我漸漸很能同理他們。」

「我跟他們說，杜博依斯說過『雙重意識』的概念，意思就是有能力切換語碼。我們了解黑人世界，也了解白人世界。我會為想至收容機構關懷黑人的白人女性規劃跨文化敏銳度工作坊。首先最重要的是，我必須讓他們覺得自在，才能觸及他們的精神和心靈。我會把護照帶在身上，告訴他們我的故事是怎麼開始的，我原先甚至不知道出國需要護照，但從那之後，我出國蓋的章填滿了三本護照。我告訴他們，我以黑人樣貌去到索馬利亞，但一拿出美國護照，我就不再是黑人兄弟，我是一個美國人。那是後來啟發電影《黑鷹計劃》（*Black Hawk Down*）的事件發生前後，我在索馬利亞機場，隨時有人準備持槍擊斃我。我一方面既是黑人兄弟，不是我決定破壞他們國家的；但另一方面，美國僑民撤離之際，我掏出證件還是能享有特權。我在美國不被當成美國人，但在世界各地，我卻能利用美國護照和我的黑人外表去想去的地方。我對跨文化工作坊這些女性說：『伸出手看看你的手心，再翻過來看看手背。那就是你的護照，那就是你的特權。你們要知道自己享有什麼特權。』我也提到在肯亞村莊，村童問我會幾種語言，他會說五種語言，且才十五歲就在寫他的第二本書了。我跟他們說，看到那個孩子，我對我的中學和大學感到無比憤怒。我以為自己多少有些與眾不同、高人一等，這種觀念滲透在我心裡。我的養母會說：『你是在臭美。』去了非洲讓我明白，我如果真的想成為博學之人，成為真正走遍世界的專家，自恃優越的心態會是妨礙。」

「學員如果是大企業執行長這些富二代，我會告訴他們：『你要知道，優勢特權是個盲點。你有一天會發覺自己不夠格在這裡。我不會直接告訴你，但我會在你自我覺察的路上加入種種關卡。你身為一個優越的白人，面對一個見多識廣、對世界各地都有所認識的人，其實是不利的條件。你的優勢也有缺點。因為從來沒人質疑過你，反而陷你於不利。』我跟他們說：『我了解你們。我的同學都是和你一樣的人。我知道怎樣能讓你覺得自在。我也知道怎麼趁你不備把你剝光，等你發覺自己赤裸裸的，我才會說沒錯。我們在你的豪宅裡，你和團隊移地開會時，我會讓你當老大，我不會在你的同事和員工面前貶損你。但會議結束後回到屋裡，多難聽的話我都會說。你有必要知道的事，我都會告訴你。』我們做過一次四小時的輔導課程，那個人轉變很大。隔天去上班開始會友善慰問他人：『你好嗎？該下班回家了。』朋友還問他：『你到底是誰？』我指引他們到達能看見自己的地方。我必須處理每個人的痛點、不安的來源，尤其對方如果是有權有勢之人。緩解他們的苦痛，他們就能對他人產生興趣。反之，苦痛喜歡拉人作伴。他們會覺得，如果我很悲慘，我也要讓你悲慘。如果我快樂，我也會讓你快樂。」

安東尼的事業中，指導有錢人學習正念，讓他能衣食無憂。但指導青少年及成年收容人學習正面，則是純粹的奉獻。「他們從小活在不是殺人就是被殺的環境。我的職責是協助這些兄弟體會同胞給予的無條件的愛。」這無非是正念、善良、感恩的終極目標。也是讓愛傳遞、活在世上的終極目標。

【重點整理】

你已經有超能力了

正念、善良、感恩——這每一項練習，都能徹底翻轉你倒楣的一天。而且運用這些能力，你也能讓某個別人的一天變得美好。只要有心練習，你可以將上述每一項能力磨練成直覺，變得像呼吸一樣自然。它們是你的劍、你的盾，是你的披風和神鎚，是你的魔法。解開束縛，釋放它們吧，你不會失望的。

那一天我跟丹恩說，本章開頭我要引用拉姆・達斯對於人為何存在的想法：我們無不只是陪伴彼此走一段路回家。我跟他說：「這其實不合邏輯，你陪伴第一個人回到家，這個人又要轉身陪伴第二個人回家，最後其實沒人到得了家。不過我愛每個人彼此有責任的概念，只要做得到，我們就會為彼此這麼做。」丹恩看著我說：「重點不是到家，同行的那一段路就是家。」我無話可說，眼淚突然滾落臉頰。

同行的那一段路就是家。

你不知道這一段路、這一生中、這一趟旅程上會發生什麼事。但你有能力。我們的最末一章就要來看看，到現在收集了這麼多藥水、工具、技能和資源後，要如何迎接未來。走吧？

第十三章　持續成長

我會牽著馬，走上那老城道
我會駕著馬，直到無法再走

——饒舌歌手，納斯小子（Lil Nas X）

有人會說，在這個時代步入成年很辛苦。全球疫情導致全球停工，也益加突顯原就影響美國及世界各地民眾工作機會和生活品質的巨大制度性不平等。你的各種規劃可能被徹底打亂。經濟尚在復甦，你可能很難找到工作，更遑論想找有意義的工作。事情不該是這個樣子的，如果你曾經這樣想過，你想的並沒有錯。

但這並不是最壞的時代。你的祖輩經歷過戰爭和戰火的威脅，忍耐過糧食和住居的缺乏、挨受過暴力、法律的歧視，以及其他各種苦痛。他們活得夠久才給了你生命，使你得以誕生。花點時間，品味這甜美的念頭吧。

而現在輪到你了。你生來註定會經歷成長。長大成人，你會遇上放聲大笑、興奮狂喜、驚奇美妙的時刻，你也會遇上絕望、毀壞和失敗。很多事不在你的掌控。你唯一能主導的只有你自己，雖然就連這個自己有時候也不肯輕易就範。但就像我兒索亞愛說的一句話，大自然總會找到出路。即使是這樣的他，也每天與焦慮症搏鬥，但我能預見總有一天，他將能與他的恐懼和平共處，從而能找到屬於他的出路。在我的預見中，你也可以。

轉大人的十三步驟

以下這些步驟讀來應該很熟悉，阿姨只是希望為你整理出來，放在一個方便的地方。這些步驟來自本書各章節的內容主軸，湊在一起看，你會發現它們提供了長大成人的路線指南。

一、決定你想要長大。
二、明白你有能獨力自主，並且立志做到。
三、不再著重完美，持續學習成長。
四、建立良善的品格。
五、思考你是怎樣的人，此生希望完成什麼。
六、反省你停滯不前的地方並練習克服。
七、與他人建立好的關係。
八、為你的用錢負責。

九、好好照顧身體和心靈。
十、即使壞事發生，也深信自己有能力且會熬過來。
十一、大小事都好，為世界貢獻己力。
十二、盡可能隨時保持正念、善良、感恩。
十三、繼續前行。

【別只聽我說】

再告訴你們一個故事

尚恩——輪到你了

單憑照片和電話上的聲音，我的澳洲朋友尚恩給我一種樂天的印象。他邀請我上他的教養播客節目，我馬上答應了，一是因為我喜歡走訪新地方（哪怕只能透過線上），二是因為教養界寫作及製作播客節目的男性非常之少。我向來對不同觀點很感興趣。兩小時的對話過程中，我和尚恩一拍即合。我尤其喜歡他提到兩歲半的兒子奧斯卡時，聲音裡的溫柔。我發現他的育兒觀察和教養觀念都很到位，而且也很踏實，完全不會妄自尊大，單單這點就輾壓了很多現代教養觀念。通話結束前，我跟尚恩說，我不想聽起來像長輩訓話，但我真心想讚許他在相對年輕的年紀就養成了這麼成熟的心態。「你今年幾歲，三十一嗎？」我問。他笑答：「我二十四歲。」這代表奧斯卡在尚恩二十一歲時就出生了。這下子我可真的好奇了。幾星期後，我們又通上電話，這回是我為了本書訪談他。

我用尚恩的故事為本書作結，不是因為我認為你總有一天會生小孩，所以有必要知道怎麼應付。（你可能會生小孩，也可能不會，這大半取決於你的想法和能力，包括身體能力和經濟能力，但不管你怎麼選擇都值得尊重）。我用他的故事作結，是因為**真的沒有哪一件事，比生養小孩更能使一個人快速成長**。如果購屋是邁向成年的一小步，養狗是跨一大步，那生養孩子就是飛躍一大步，同時在內心裡祈禱，但願你沒有做錯太多事——因為那可是個**孩子**。「每次回想我都忍不住要紅了眼眶。」尚恩告訴我。「擁有奧斯卡大幅改變了我的人生。發生在人生這麼早的時候，著實出乎意料。不過我一直都想當爸，只是理由不同了而已。」

尚恩遇見孩子的媽潔絲時，他十九歲，她二十歲。他剛搬到澳洲西海岸的大城市伯斯，遲遲沒找新的牙醫，拖拉了幾個月後，終於下定決心去看牙。他躺在診療椅上，忍受著被人低頭注視的尷尬。就在此時，他看見一雙美麗的藍眼睛，那正是牙醫助理潔絲的眼睛。「也不知道為什麼，我們四目相對。我卻沒覺得尷尬或不自在。她一個字也沒說，但我感覺到她眼底的柔和。我感覺彼此連在了一起。我們經常忙著想等等該做什麼或解決什麼，但在那一瞬間，感受到那股柔和簡直就像單純感受到存在。就像放鬆地嘆了口氣。」

你可能還記得，我和摯愛的丹恩開始交往時，也是十九和二十歲的年紀。所以，跟這個年紀還不到我一半的陌生人尚恩聊天時，我的思緒也頓然回到了一九八八年。我不禁察覺自己反覆感受到那份喜悅，能在這寶貴的一生中遇見攜手同行之人的喜悅。

牙醫看診結束後，尚恩和潔絲在原地多聊了一會兒。他很不願意對話結束，甚至考慮再預約一次可怕的看診，只為了再見她一面，不過用不著他這麼做。一星期後，潔絲主動透過臉書聯繫他，一個月後，兩人開始交往。一年半後，二〇一七年一月，他們發現潔絲懷上了奧斯卡。

容我們倒帶片刻。

尚恩小時候家裡有三個男孩，他是長子。他父親酗酒成性，每當見到苗頭不對，他總會盡力陪在母親身邊，同時保護兩個弟弟。高中畢業後，他直接投入職場，做過酒行和便利商店的進貨上架工作，也在泳池承包商手下當過「挖洞」的苦力。不過他很快就意識到，他一生熱愛運動，應該想辦法找個運動界的工作。他上了一年課程，取得「運動發展」文憑，先是在一個板球協會找到工作。下一份工作則去到了西澳大利亞足球委員會（Western Australian Football Commission），職責是到各級學校、社區中心及課後活動推廣澳式足球。「其實就是想辦法讓孩子們喜歡上這個運動，並提供一個地方讓他們一個增進健康、廣交朋友、成為運動終生愛好者。」他也由此展開教練事業，為運動員提供一對一指導。

二〇一七年一月，尚恩剛滿二十一歲，生活開始步上軌道。透過口耳相傳介紹，他的教練事業頗有起色。他在市區租了一間新潮的公寓，每星期有兩晚和朋友同事出外餐敘。他和潔絲也開始同居。某個週六傍晚，他們和另一對情侶一同到郊區避暑（一月在澳洲是夏天）。「我們吃了一頓豐盛晚餐。續攤去了兩間酒吧。當時，我在足球俱樂部的一個朋友剛得知自己要當爸了，對方是他一個分分合合的女友。他一向花名在外，所以老實說，我們聽了都笑著心想：**他是要怎麼當人家爸爸？**」

當晚，潔絲覺得身體不太舒服。隔天更嚴重，整天都臥病在床。到了星期一，她還是不舒服，於是下午去看醫生。尚恩因為有教練課，沒陪她一起去。何況兩人都認為只是腸胃作怪而已。但教練課上到一半，尚恩的手機忽然不停震動，收到一籮筐訊息，他「有種微妙的預感」。等課程一結束，他立刻查看手機，訊息全是潔絲傳來的，問他：現在能回家嗎，拜託？「我打電話回去，沒人接。我心想，我是不是該取消下一堂課？我又打了一遍，沒人接。再打一遍，還是沒接。終於，她接起電話，但只有沉默。我問：喂？你在家嗎？卻只聽見微弱的啜泣。我忽然靈光一閃，像被一列蒸汽火車撞上。我問她說：「你是不是懷孕了？」她落寞地答說對。我呆愣在原地，同時感受到焦慮、興奮、愛和恐懼。我跟她說我馬上回去，隨即掛斷電話，跳上車。滿心想著**我就要和我深愛且願意一生廝守的女人有孩子了，這不是太美好了嗎？**我猛踩油門，想像自己是《玩命關頭》電影裡的唐老大，但這時候另一個念頭襲來。**慢著，萬一潔絲還不想要孩子呢？萬一她不想和我生孩子呢？**我們從來沒討論過這件事。我打電話給我媽說：『媽，我有件事想跟你說。』她一聽就說：『潔絲懷孕了，對不對？』她接著對我說：『尚恩，你想支持她，陪著她就是了。』我幾乎是用跑的奔上樓梯，衝進家門，給了潔絲我們至今最用力的擁抱。我雖然很想開口說話，搞清楚現在該怎麼辦，但我惦記著我媽的忠告，陪著她就對了。所以我靜靜等待，靜靜聆聽。結果潔絲的心情其實和我一模一樣：她很開心要當媽媽了，也很高興和我一起生養孩子。但她也怕這多少會拖累我，包括事業等各方面，她也擔心她自己的事業。我們談了好久好久。最後我們決定，我們願意一起踏出旅程的下一步。」

人生還會更加瘋狂。他們把喜訊告訴了潔絲的父母，兩人都大表支持。沒想到也在這個時候，尚恩獲得了聘用。那是他夢寐以求的工作，公司地點在小縣城布魯姆，位於伯斯北方，開車需要三天。到了那裡，他會負責指導十五歲到十九歲有志往職業發展的運動員，其中多數來自原住民族群。「那是我兩個月前投出的履歷，我真的付出很多努力。但我原本以為大概沒機會了。潔絲走進房間，看到我一臉茫然。我對她說實話。我說，這是很棒的機會，但考量現在的一切真的值得嗎？」他們倆才剛發現自己即將為人父母，緊接著又必須決定該不該離開各自的父母，搬到兩萬多公里外的地方，好讓尚恩接任新職。

這不叫惶恐，什麼才是？

這不叫成長，什麼才是？

考慮了一週後，尚恩接下工作。一切進展順利。奧斯卡如期誕生，在小城布魯姆度過人生最初的十八個月。無論如何，布魯姆是個適合他們一家三口的地方。我問尚恩，他和潔絲是怎麼下定決心搬去布魯姆的，他們還這麼年輕，那應該是他們至今最冒險的決定吧。「我相信人要追隨自己的心，盡可能多聽從你的心，不能只聽你的腦。」尚恩告訴我。「我感受到這個機會的牽引，而潔絲也贊同。搬離大城市，到鄉間過生活，這個念頭長年以來一直很吸引我。到頭來，雖然我相信育兒需要全村之力，有父母在旁協助會很好，但我也覺得，在現在這個時候搬家，不是拆散我們，就是讓我們更堅定。我也不清楚原因，但我想奔向這個機會，獲得某種形式的成長。我們在布魯姆遇到無數考驗。但對彼此也多了非常多認識，這是留在伯斯不會有的。我們有充足的時間和空間活著。」尚恩說的「活著」不是「閒著放空，什麼也不做」，而是「反觀內心，探索自我」。這是很重要的事。

當然了，對於他搬到布魯姆，我忍不住超級好奇一件事。身為一個五十三歲的黑人女性，我想像這個（當時）二十一歲的白人青年是不是認為自己反正只要去了，就能指導澳洲內陸的原住民孩童。我問他對這份工作有文化方面的準備嗎。他的回答我很喜歡。「我一直對學習地球上的古老文化很感興趣。布魯姆的原住民族有六萬五千多年美麗豐富的歷史。住在伯斯這樣的大城市是絕對學不到的。趁此機會，我能與當地族群、偏鄉學校，與這一帶鄉村的男女居民建立關係，幫助他們的年輕人。我們除了想培養他們的體育能力，也協助他們為將來可能搬去我們戲稱為『大煙囪』的地方做準備，那指的是伯斯、雪梨或墨爾本之類的大城市。」

我問什麼是他育兒至今遇到的最大難題，發現答案圍繞著他父親的酒癮。「我跟他說：爸，我不讓我的家人與這種行為為伍。」他父親答應為了孫子，不會再碰酒，起初也真的兌現了諾言。「他用很多方式陪伴我們和奧斯卡。他是很好的爺爺，奧斯卡也很敬愛他。」但過了一陣子，尚恩的父親又重回酗酒的老路，尚恩不得不劃清界線。「我們現在和他沒有任何往來了。」尚恩百分之百清楚，他不要讓兒時目睹的事影響奧斯卡受的教養，但他也承認很難。這就是長大的感覺——一切操之於你。你可能有被命令的感覺，恨不得立刻選擇退出，寧可受別人照顧。但你其實可以也應當想像這是邀請你成為主掌大局的人，為你希望過的人生設立規則和界線。這也就是我說的，長大的恐懼與喜悅。

「我很明白，你創造的環境和你投入時間心力來往的對象，不是促成你進步，就是帶給你危害。」尚恩對我說。**「不管是不是家人，我都不想付出時間心力在有害的關係裡。如果在某人身邊，我能展露最好的自己，而我們又有共識，那絕對最好。如果我們道不同，那也沒關係，因為人生中還有很多關係，別花時間心力在這一段關係就是了。」**

尚恩和潔絲是兩個成長在藍領與中產階級的年輕人，現在突如其來有了孩子。所以我好奇他們的經濟狀況。「我一直牢牢盯著用錢，確保我們的生活不只安穩還能豐盛。」潔絲現在是一間蒸蒸日上的醫美牙醫診所經理。「我以她為榮。」尚恩說。他自己也拓展運動教練事業，現在還擔任生活教練和製作播客節目（我們也因此認識），每個都經營得很順利。他告訴我，他和潔絲大量吸收史考特・帕普（Scott Pape）理財書《赤腳投資者》（*The Barefoot Investor*）中的建議。尚恩想推薦這本書給「任何國家的年輕人，因為書中對於設立自動理財機制有按部就班的見解和教學，讓你可以不必再經常為理財煩惱。」這本書教他們如何為未來和奧斯卡儲蓄。但尚恩也說，在哲學的概念上，他們重視時間勝過金錢，「因為時間是有限的。」奧斯卡白天在「他很喜歡」的托兒中心，回家後，他們夫妻會輪流陪伴他。尚恩的母親和潔絲的父母交情不錯，能花很多時間陪孫子。尚恩和潔絲也把彼此的關係擺在優先，持續增進對彼此的認識。

我問他當了父母後，他對自己有何認識。「我向來很有抱負，包括個性上、精神上、事業上，現在也還是。我一直以為自己算得上體貼，但當了父母真的從各方面惹毛我，逼迫我不能只考慮自己的利益，也要更常為奧斯卡和潔絲著想，考慮我的行為舉止對他們有什麼暗示。」我請他舉個例子。「比方說，我一開始不知道小寶寶的睡眠模式和我們不同，這是一條學習曲線。所以老實說，我當時想當然爾地認為，潔絲身為媽媽，晚上多半會起來照顧寶寶。我並不是認定她應該這麼做，我只是以為一般就是這樣。但我對這整個過程的好奇心，引起我和潔絲的多次對話。我學到「我以前愛怎麼做，現在還是可以這麼做」的心態，用於現在就是忽視我的角色，會導致潔絲心力交瘁。奧斯卡因為諸多原因，很早就改用奶瓶餵奶，所以我學會開始在半夜起床餵他吃奶、替他拍嗝、換尿布，該花多少就花多久，給潔絲多些時間休息。」

尚恩說，這是他老愛追問為什麼，用好奇的浪潮席捲一切（因此經常惹惱他的老師、家人和同事）的實例。「但這也是我能活出豐富人生的原因。」他說。「當上父母讓我在職場上更能聽取他人的看法。我變得更有耐性，更懂得聆聽，更能當個好的朋友。不變的是我的抱負。我們西方社會建立的框架，期待你從小學讀到大學，畢業後找工作、買房子，結婚生子，成家立業。我並不反對這整套框架，因為我多多少少也符合框架，只是我用自己的方式實行，這讓我心中充滿驕傲。誰知道呢？奧斯卡說不定不會注意到我是怎麼嘗試的，但我希望多少能耳濡目染，多少讓他體會到，你是自己的主人，凡事都沒有絕對既定的方法。說不定我們明天就得換個方法。所以追隨你的夢想，用你自己的方式過生活。」

尚恩尤其好奇他能從奧斯卡身上學到的事。「有奧斯卡之前，我以為教養就是指引孩子，教導他各種關於人生的事，現在一部分的我仍如此相信。但也有部分的我全心相信，奧斯卡來到我和潔絲的人生裡，教導我們的事多過於我們能教他的事。他不是我們的產物，他只是通過我們來到人世，而我只是比他早二十一年來到而已。我覺得每一天都有無數時刻，他教我的事多於我能教給他的事。」

我第一本書《如何養出一個成年人》談過度教養的傷害，舉行座談時我總會跟家們說，我們做家長的要是凡事替孩子代勞，卻沒有教他們自己做事，等於是剝奪他們活著的機會，即尚恩說他和潔絲大老遠搬到布魯姆後感受到的感覺。我所謂的「活著」，是學習當一個人所須經歷的難關，這不是任何人能替你代勞的。

你必須自己去做。必須想要去做，也必須學著去做。此外你還**不得不為**——意思是人生會在某一刻逮住你說：「抓，該你了。」奧斯卡就是尚恩被「抓到」的契機。不見得只能是小寶寶，契機可以是任何東西。可以是存在方面的大事，如發自內心的一聲原始吶喊，催促你去做他人不理解的事。可以是處理搬家卡車失火危機這種務實的事。聽尚恩重述他這個階段的人生。聽各種不確定感在他腦中燃燒，從而做出一個決定、一個承諾，一份願意為之努力、向其學習的心情，不怕最後有何結果。這就是活著。活著不單是個問題，更是這一生的重點。

附錄　學習指南

本書聊到的許多概念值得你獨自思索，或與朋友、家人、伴侶、父母、治療師或教練討論。以下從本書各章整理出問題，可以協助你開啟思考或討論。

第八章

- 我覺得自己和金錢的關係如何？
- 談到金錢，我有哪些負面情緒？
- 關於金錢，我希望更認識哪些方面？
- 我有哪些理財目標？
- 我能採取什麼行動，讓我更能有效運用金錢？

第九章

- 照顧自己方面，我做得很好的事？

- 還可以更好的事？
- 我能做什麼來改善身心健康？
- 什麼原因妨礙我把照顧自己置於優先？

第十章

- 我至今遇過最難熬的經驗？
- 我從中學到什麼？
- 朋友遭遇類似情境，我會給予什麼建議？

第十一章

- 哪一件不公義的事你格外關心？
- 我覺得自己怎麼做，對我關心的議題最有貢獻？
- 什麼原因阻止我投入更多？
- 我能怎麼做，讓社區或公民參與成為我生活的重要一環？

第十二章

- 我已經在人生中運用正念、善良、感恩、慈悲的例子。
- 我可以如何開始練習或增強我的正念、善良及感恩。

第十三章

- 回顧這整份清單。哪一組項目是你想再精進的？
- 你可以取用哪些資源，幫助你實現目標？
- 閱讀本書後，你對自己多了許多認識，你希望和誰聊一聊？

參考資源

自給自足

- 「Dad, How Do I」，介紹生活訣竅的 YouTube 頻道，兩百三十九萬人訂閱

零工經濟

- 安潔拉・希斯（Angela Heath），《*Do the Hustle Without the Hassle*》，https://www.amazon.com/Do-Hustle-Without-Hassle-Affordable-ebook/dp/B07CMGF4T1

正念

- 喬・卡巴金，《當下，繁花盛開》（*Wherever You Go, There You Are: Mindfulness Meditation In Everyday Life*）
- 喬・卡巴金，《正念療癒力：八週找回平靜、自信與智慧的自己》（*Full Catastrophe Living: Using the Wisdom of Your Body and Mind to Face Stress, Pain, and Illness*）

金錢管理

- 關於還債和理財，你在第八章見過我們的在駐顧問，狄妮・漢娜（Denae Hannah）。以下網站可與她聯繫：wealthydenae.com
- 羅伯特・T・清崎（Robert T. Kiyosaki），《富爸爸，窮爸爸》（*Rich Dad, Poor Dad: What the Rich Teach Their Kids About Money That the Poor and Middle Class Do Not!*）
- 史考特・帕普（Scott Pape），《赤腳投資者》（*The Barefoot Investor: The Only Money Guide You'll Ever Need*）
- 拉米特・塞提（Ramit Sethi），《從 0 開始打造財務自由的致富系統》（*I Will Teach You to Be Rich: No Guilt. No Excuse. No BS. Just a 6-Week Program That Works*）
- 珍・辛賽羅（Jen Sincero），《喚醒富思維：從此不再為錢煩惱》（*You Are a Badass at Making Money: Master the Mindset of Wealth*）

人際關係

- 莉迪亞・丹維斯（Lydia Denworth），《友誼》（*Friendship: The Evolution, Biology, and Extraordinary Power of Life's Fundamental Bond*）
- 馬修・利伯曼（Matt Lieberman），《社交天性》（*Social: Why Our Brains Are Wired to Connect*）
- 了解你的狀況
- 強納森・穆尼（Jonathan Mooney），《不一樣又怎樣：你的正常才不是我的正常》（*Normal Sucks*）

焦慮

- 以下是「Very Well Mind」網站（https://www.verywellmind.com/）提供的「二〇二〇年最佳焦慮支援團體」名單，此網站是附屬於美國頂尖醫院克里夫蘭醫學中心（Cleveland Clinic）的線上資源：
- 總評分最佳：Turn2Me (https://turn2me.ie/)
- 最佳免費篩檢工具：Mental Health America (https://www.inspire.com/groups/mental-health-america/topic/anxiety-and-phobias)
- 最佳資訊網站：美國焦慮症及憂鬱症協會 Anxiety and Depression Association of America (https://adaa.org/adaa-online-support-group)
- 最佳免費一對一輔導：7 Cups (https://www.7cups.com/)
- 最佳同儕支援團體：The Tribe (https://support.therapytribe.com/anxiety-support-group/)
- 最活躍焦慮症論壇：Daily Strength (https://www.dailystrength.org/group/anxiety)
- 最適合加入複數支援團體：SupportGroups.com (https://www.supportgroups.com)

理財學習

- www.WealthyDenae.com —建立理財框架及理財學習資源
- https://mindovermoney.stanford.edu/ —給大學生的理財學習
- https://mytrustplus.org/ —全國理財資源列表及線上理財諮詢
- https://fecpublic.org/ —尋找你所在地的理財培力中心
- https://www.coucilforeconed.org/ —從幼稚園到中學的理財知識
- https://www.afcpe.org/find-an-afcpe-certified-professional/ —尋找合格理財顧問
- https://www.plannersearch.org/ —尋找合格理財規劃師（有無償服務選項）

做自己的人生教練

Your Turn
How to Be an Adult

作者：茱莉・李斯寇特－漢姆斯（Julie Lythcott-Haims）｜譯者：韓絜光｜主編：鍾涵瀞｜特約副主編：李衡昕｜行銷企劃總監：蔡慧華｜行銷企劃專員：張意婷｜社長：郭重興｜發行人：曾大福｜出版發行：感電出版／遠足文化事業股份有限公司｜地址：23141 新北市新店區民權路108-2號9樓｜電話：02-2218-1417｜傳真：02-8667-1851｜客服專線：0800-221-029｜信箱：sparkpresstw@gmail.com｜法律顧問：華洋法律事務所 蘇文生律師｜EISBN：9786269702961（EPUB）、9786269702954（PDF）｜出版日期：2023年 6 月／初版一刷｜定價：600元（兩冊不分售）

國家圖書館出版品預行編目(CIP)資料

做自己的人生教練 / 茱莉・李斯寇特-漢姆斯(Julie Lythcott-Haims) 著；韓絜光譯. -- 新北市：感電出版, 遠足文化事業股份有限公司, 2023.06

568面；17×23公分

譯自：Your turn : how to be an adult

ISBN 978-626-97029-4-7（平裝）

1. 成年 2. 生活指導 3. 自我實現

177.2　　112005842